DU MÊME AUTEUR

Biographies

MONSIEUR DASSAULT, Balland, 1983, Portaparole, 2010.
GASTON GALLIMARD, Balland, 1984 (Folio n° 4353).
UNE ÉMINENCE GRISE. JEAN JARDIN (1904-1976), Balland, 1986 (Folio n° 1921).
L'HOMME DE L'ART. D.-H. KAHNWEILER (1884-1979), Balland, 1987 (Folio n° 2018). Grand Prix des lectrices de *Elle*.
ALBERT LONDRES. VIE ET MORT D'UN GRAND REPORTER, Balland, 1989 (Folio n° 2143). Prix de l'essai de l'Académie française.
SIMENON, Julliard, 1992 (Folio n° 2797).
HERGÉ, Plon, 1996 (Folio n° 3064).
CARTIER-BRESSON. L'ŒIL DU SIÈCLE, Plon, 1999 (Folio n° 3455).
GRÂCES LUI SOIENT RENDUES. PAUL DURAND-RUEL, LE MARCHAND DES IMPRESSIONNISTES, Plon, 2002 (Folio n° 3999).
ROSEBUD. ÉCLATS DE BIOGRAPHIES, Gallimard, 2006 (Folio n° 4675).

Entretiens

LE FLÂNEUR DE LA RIVE GAUCHE (avec Antoine Blondin), François Bourin, 1988, La Table ronde, 2004.
SINGULIÈREMENT LIBRE (avec Raoul Girardet), Perrin, 1990.

Récits

LE DERNIER DES CAMONDO, Gallimard, 1997, édition illustrée 2021 (Folio n° 3268).
LE FLEUVE COMBELLE, Calmann-Lévy, 1997 (Folio n° 3941).

Documents

DE NOS ENVOYÉS SPÉCIAUX. LES COULISSES DU REPORTAGE (avec Philippe Dampenon), J.-C. Simoën, 1977.

Suite des œuvres de Pierre Assouline en fin de volume

L'ANNONCE

PIERRE ASSOULINE

L'ANNONCE

roman

GALLIMARD

© *Pierre Assouline et Éditions Gallimard, 2025.*

À Kate, ma fille chérie.

Tragiquement, Israël n'a pas réussi à guérir l'âme juive de sa blessure fondamentale, la sensation amère de ne pas se sentir chez soi dans le monde.

DAVID GROSSMAN

AVERTISSEMENT

Ce livre, j'aurai passé un demi-siècle à ne pas l'écrire. Une stratégie d'évitement éprouvée par bien des écrivains. Ce serait *L'annonce* car tout tournerait autour de ça, ce comment dire, ce comment *le* dire.

Un matin, il s'est imposé d'évidence à moi en dehors de toute réflexion, de tout déclic, de toute incitation, de toute résonance dans l'actualité, comme ce fut le cas pour chacun de mes livres. Juste une insondable question, un désir que rien ni personne ne saurait réprimer.

Le jour même, je lançai des poignées de phrases en vrac sur l'écran. Le soir, ma fille aînée m'appelait pour m'annoncer une mauvaise nouvelle. Je le pris pour un signe.

Ce livre, j'aurai mis près d'un demi-siècle et douze mois à l'écrire.

50 ANS AVANT

6 octobre 1973

— Tu as écouté la radio ?
A-t-on jamais interrompu l'intime conversation d'un fidèle avec le Tout-Puissant par une question aussi extravagante, incongrue et, pour tout dire, déplacée ? C'était le moment des prières de la mi-journée. Il s'agissait d'expier les fautes commises envers Dieu et d'apaiser Sa colère. Un 6 octobre 1973 à Paris ou presque.
— Tu as écouté la radio, oui ou non ?
J'avais plutôt envie d'éclater de rire, mais Georges, un garçon auquel j'étais lié depuis notre rencontre sur les bancs du collège Eugène-Delacroix à Casablanca, en ignorait le motif. Car sa question me renvoyait à une blague juive. Le jour de Kippour dans une synagogue de New York (ces choses-là n'arriveraient jamais chez nous, c'est bien connu), un homme d'affaires de la Bourse s'étonne d'apercevoir son fondé de pouvoir, affolé, gesticuler à la porte en lui faisant signe de venir. Comme il s'y refuse d'un signe de tête répété, brandissant son livre de

prières ouvert, l'homme insiste. Alors il le rejoint à l'entrée : « Je t'avais pourtant dit de ne me déranger qu'en cas de situation extrême ! — Justement : à Wall Street, ils ont perdu quatre points... — Et alors ? Ici on en a déjà regagné six ! » Mais il en eût fallu davantage pour extraire Georges de son idée fixe.

— La radio, mon vieux !

« *... Éternel notre Dieu, Tu nous as fait la faveur d'appartenir à la famille d'Israël et Tu nous as donné cette journée pour le renouvellement de notre âme...* »

Son excitation avait fini par en sortir quelques-uns de leur tête-à-tête avec le Tout-Puissant. Ils se retournaient vers nous en fronçant les sourcils, lui intimant d'un regard noir de se taire ou de sortir, certains accompagnant leur injonction muette de mouvements de bras ou joignant leurs doigts en direction du plafond et au-delà, en principe.

— T'excite pas comme ça. Quoi, du nouveau sur l'affaire du Watergate ? Tu veux vraiment les sortir de la prière pour ça ?

— Israël ! Is..., bégayait-il tant sa propre émotion le troublait.

— *Chema Israël ?* Mais ce n'est pas le moment...

— Ils ont attaqué Israël, les Arabes... Mon petit frère a écouté Europe 1... Ils ne parlent que de ça...

— Il a quel âge déjà, ton...

Il retourna à sa place en haussant les épaules. J'allais replonger dans mon livre aux pages des Poèmes et litanies quand j'observai que la houle de la rumeur remuait manifestement l'assemblée dans ses châles de prière, à commencer par notre rangée. Celle des Abergel. Mon grand-père, mon père, mon oncle, moi et une place vide pour mon frère qui n'était plus là, dans cet ordre. Trois générations. Les autres familles aussi. Des années qu'il en était ainsi dans la salle des fêtes et des sports de Neuilly-sur-Seine où nous nous trouvions, louée chaque année par les Oranais de Paris en attendant qu'ils puissent réunir assez de fonds pour suivre les offices entre eux, selon leur liturgie multiséculaire, dans leur propre synagogue encore à construire. Et avant leur exil parisien, des décennies qu'il en était ainsi à Oran en Algérie française. Et avant encore, des siècles qu'il en était ainsi à Figuig du temps de l'indigénat israélite en terre d'Islam. Et avant, allez savoir où depuis la destruction du second Temple. Derrière nous, la rangée des cousins, et derrière eux d'autres, tous plus ou moins cousins à force de se retrouver et de voisiner, entre deux panneaux de basket.

N'empêche, et si c'était vrai ? On n'avait jamais interrompu les commandements de ce jour unique dans l'année pour un simple bruit colporté par un enfant. Un bruit non vérifié. De l'intox. De l'agit-prop. Nous aussi connaissions cela. Mais enfin, un jour consacré au sacrifice de propitiation et à la mortification des esprits, tout de même. La guerre attendrait bien un moment encore, que le chantre souffle à plusieurs reprises dans la corne de bélier pour annoncer la fin des abstinences, le retour à la vie normale à l'issue de nos vingt-cinq heures passées en 5734 hors du monde du coucher du soleil à la tombée de la nuit. Tout de même, cela paraissait un peu gros, une attaque un jour pareil, même de leur part.

« *... réponds-nous, notre Créateur, réponds-nous ; réponds-nous, notre Sauveur, réponds-nous ; réponds-nous, Toi dont nous invoquons la majesté...* »

— La radio, tu dis ? demandai-je à Georges de retour. Entendue ou écoutée, ce n'est pas pareil...
— Pas le moment de finasser ! s'exaspéra-t-il.
— Pas non plus celui de poser une telle question...
— J'ai quelque chose à annoncer.
Il me fixa du regard, grave et solennel. Face à ma moue sceptique, il insista.
— Oui, à tout le monde ici. Quelque chose d'important, ça vient d'arriver.
Pas de quoi modifier l'expression de mon visage. Tout pour la renforcer.
— Tu as écouté la radio ?

« *... puissions-nous opérer un retour sur nous-mêmes et choisir ce qui est digne de la vocation que Tu nous as assignée...* »

Là, je me demandai si mon ami était dans son état normal. Manifestement, quelque chose lui était arrivé et il tenait à en faire part à la masse des fidèles en prière. Un trouble du comportement, voilà comment m'apparaissait alors son problème. J'étais tout prêt à le baptiser « le syndrome de Georges ». Car il fallait vraiment avoir la tête à l'envers pour demander à l'un de nous s'il avait écouté la radio le seul jour de l'année où nul ne l'aurait fait.
— Et que comptes-tu annoncer, au fait ? Tu te maries ?

Son regard se fit pesant jusqu'à en être oppressant. Il sortit un mouchoir de sa poche pour s'éponger le front.
— La guerre, mon vieux, la guerre ! Depuis ce matin, Israël est attaqué, envahi. Voilà ce que je voudrais annoncer à tout le monde, mais je n'en ai pas la force.

Et il s'en retourna à son fauteuil pour s'abîmer en prières, me laissant incrédule dans ma muette sidération.

« *… réponds-nous, vivant et fort, réponds-nous ; réponds-nous, bon et bienfaisant, réponds-nous ; réponds-nous, Toi qui connais les défauts, réponds-nous ; réponds-nous, Toi qui maîtrises la colère…* »

Ma rangée n'avait rien perdu de l'échange. Je me tournai vers mon père :
— Tu y crois, toi ?
— Nul n'est à l'abri.
Puis vers mon grand-père :
— Tu as entendu la nouvelle ?
Pour toute réponse, il m'intima de cesser de parler en posant un doigt sur ses lèvres, sa manière de me rappeler au jeûne de la parole ; mais il est vrai que, dur d'oreille, il l'invoquait aussi lorsque ça l'arrangeait. Si je les interrogeais, c'est que moi-même j'avais des doutes. Ibn Khaldoun, le grand géographe qui avait sondé leur vraie nature comme nul autre, ne disait-il pas qu'au cours de l'histoire les Arabes s'étaient toujours entendus pour ne jamais s'entendre ? Mais s'il avait ressuscité au XXe siècle, il aurait pu constater qu'en dépit de leurs rivalités et de leurs divisions, ils s'accordaient toujours lorsque le Juif était l'ennemi.

« ... *réponds-nous, Toi qui es sublime et élevé, réponds-nous ; réponds-nous, Toi qui pardonnes et absous, réponds-nous ; réponds-nous, Toi qui réponds dans les temps de détresse...* »

La réponse ne tarda pas. Sitôt que la corne de bélier eut retenti avec un élan dans le souffle à ébranler les murailles de bien des Jéricho, la foule se pressa vers la sortie avec une précipitation inaccoutumée. À l'issue de ces heures de liesse et de mortification passées ensemble, les hommes se séparèrent en se lançant en hébreu des «Puissiez-vous être scellé dans le Livre de Vie». Cette année-là, les fidèles parurent moins friands de nourriture que de nouvelles. S'ils avaient hâte de rentrer chez eux, c'était avant tout pour regarder la télévision. Le café au lait et les brioches à la croûte dorée couronnée de sucre perlé et parfumées à la fleur d'oranger censées couper le jeûne attendraient, la soupe chaude et le couscous-boulettes aussi.

L'attaque était inédite, du moins d'une telle envergure. L'Égypte et la Syrie avaient conjointement lancé leurs armées à l'assaut d'Israël. Une invasion en bonne et due forme. Son efficacité immédiate témoignait de l'effet de surprise. Ils avaient fait reculer leur horizon.

C'était vraiment la guerre.

Le lendemain, il n'était question que de cela partout. L'événement avait tout éclipsé. Comme si tous avaient déjà pris la mesure de sa portée, s'installant dans la crainte de ses répercussions. En France, les esprits étaient mobilisés à défaut des corps. La solidarité s'organisa. Les militants se retrouvaient naturellement en première ligne de ce combat de l'arrière, très loin du champ de bataille mais au plus près des sensibilités. Car l'émotion l'emportait sur le reste, malgré les explications des experts.

Depuis quelques années, la défense et l'illustration de la cause m'avaient accaparé. Mon immense lycée, la plus grande cité scolaire du pays, situé dans les quartiers bourgeois de l'Ouest parisien, vivait encore comme les autres dans l'onde de choc des intenses journées de mai 68. Davantage qu'un écho, il en restait une certaine vibration dans la manière de réagir à l'actualité. Les murs et les piliers étaient en permanence recouverts d'affiches politiques. Les lycéens entraient et sortaient de l'établissement entre les fourches caudines de distributeurs de tracts. Quelques frictions s'ensuivaient parfois, le matériel de propagande était foulé aux pieds, des mots peu aimables échangés, de rapides et éphémères accès de violence clôturaient le débat idéologique. Toutes les tendances se trouvaient représentées – ou presque. Entre gaullistes, maos et fachos, il m'était apparu qu'une manquait cruellement à l'appel. Celle qui me parlait le plus. Comme je n'étais pas le seul à établir un tel constat de vacance, je pris l'initiative de nous regrouper. Un groupuscule de plus était né. Grâce à la générosité d'un imprimeur qui se trouvait être l'oncle de l'un des nôtres, nous disposions d'affichettes et d'autocollants. Lorsque, un matin de 1970, on put lire un peu partout sur les murs les mots « Comité Israël vivra » se détachant en lettres bleu ciel sur fond blanc, nous eûmes le sentiment d'exister. De fait, une cinquantaine de lycéens *naturellement* concernés nous rejoignirent dès la première convocation à une assemblée ; à la deuxième, les touristes s'étaient déjà éloignés. Un noyau dur de militants déterminés se constitua de facto, prêts à faire respecter leurs convictions. Nous fûmes vite jetés dans l'action, mais cela ne suffisait pas. Un cadre, une structure, un appui faisaient défaut. Un étudiant qui avait entendu parler de nous vint assister à l'une de nos réunions. À la fin, il m'entreprit :

— Vous ne pouvez pas continuer comme ça. On va vous aider. Venez nous voir au Cless...

— Au quoi ?

— Le Comité de liaison des étudiants sionistes socialistes. Le local est dans le onzième, au 68 rue de la Folie-

Méricourt, métro Oberkampf. Il y a une permanence et du monde tous les soirs. Et là, on parlera un peu. Deux jours après, un petit groupe du lycée s'y rendit. Ils avaient effectivement beaucoup à nous apporter. En fait, tout ce qui nous faisait défaut. Des moyens, une vraie pratique de l'organisation, un sens politique, une direction. La capacité d'intervention de ce comité était évidente, de même que son sens de l'action et de l'agitation à chaud, autour d'un slogan dont la mélodie résonnait bien dans l'esprit post-soixante-huitard (« Une seule solution, le retour à Sion »). Ses militants, à peine une cinquantaine, s'avéraient rapides, efficaces et doués pour l'improvisation. Trois doctorants plus âgés que nous de quelques années à peine nous impressionnaient par leur maturité. Jean, Simmy, Meir, tout à la fois politologues, juristes, historiens, économistes, étaient les têtes pensantes du mouvement. Envoyés en Israël pour y être formés, ils étaient rentrés en France pour en former d'autres. Le Cless était une émanation d'HaAvoda, une coalition de gauche autour du Parti travailliste dont le haut personnel politique était issu, les Ben Gourion, Yigal Allon, Levi Eshkol, Golda Meir, Abba Eban... L'encadrement idéologique était fermement tenu. Avant même de les suivre, de manière à ne jamais être pris en défaut sur les fondamentaux, nous planchions sur les traités des classiques, ceux de Herzl, Borochov, Katznelson. Parallèlement, un entraînement aux techniques de combat devait nous permettre d'assurer la sécurité de nos meetings au palais de la Mutualité ou à l'entrée des salles historiques de l'hôtel de l'Industrie face à l'église Saint-Germain-des-Prés.

Des cours et des coups. Jamais les uns sans les autres. Pour être des sociaux-démocrates déjà éprouvés et parfaitement capables d'argumenter, nous n'en avions pas pour autant négligé les leçons de Max Nordau, l'un des pères fondateurs du sionisme, sur le « judaïsme du muscle ».

Le jour, j'étais français; le soir, juif. Le lycée puis la fac m'arrimaient dans la journée au meilleur de la culture française par la littérature, la philosophie, l'histoire via la langue; le militantisme me ramenait au plus près de ma condition juive par le culte du passé d'Israël et des penseurs du sionisme socialiste. Spinoza était l'un des rares à faire le lien entre mes deux conditions. On se demandait en permanence si la centralité d'Israël était fondamentalement vécue comme essence ou comme accident par les Juifs de la diaspora. Les réunions se poursuivaient parfois en petit comité après le départ des ouvriers dans une imprimerie sur cour de la rue de Turenne, des presses de laquelle venaient de sortir le journal sioniste *La Terre retrouvée* ou encore *Unzer Wort*, dernier quotidien de langue yiddish dans le monde.

Dès mon inscription à l'université, je ne pensais qu'à y ouvrir une antenne du Cless. *Aux* universités plutôt, puisqu'il y en eut d'emblée deux : Nanterre pour l'histoire, passion héritée de mon père dont je partageais la bibliothèque assez focalisée sur les deux guerres du xxe siècle, bien qu'il eût préféré me voir dans une faculté de droit puis à ses côtés dans l'entreprise qu'il avait créée; et Asnières, où Langues O' avait logé sa section des études arabes, langue et civilisations que je comptais étudier tant je regrettais d'être né et d'avoir vécu au Maroc tout en étant passé à côté de sa culture profonde.

L'arabe demeurait à jamais la musique familière de mon enfance avec le muezzin. Le journalisme était ma vocation et je n'en démordais pas ; je me projetais même comme correspondant de presse au Moyen-Orient. J'aurais atteint mon but, pensais-je, lorsque je serais capable de lire tous les matins dans *Al Ahram* les éditoriaux du rédacteur en chef Hassanein Heikal, homme d'influence à la séduction madrée et confident de Nasser.

L'histoire pour comprendre mon père, l'arabe pour comprendre mon grand-père.

Dès les premières heures de la guerre d'Octobre dite guerre du Kippour – dite également guerre du Ramadan ou encore opération Badr en référence à l'une des rares batailles évoquées dans le Coran, question de point de vue –, nous nous considérions comme mobilisés sans autre forme de procès. Notre engagement allait de soi. Il n'était pas négociable. Mais encore… Que faire ? La question posée par Lénine en titre de son fameux traité politique du début du siècle était assortie d'un sous-titre généralement négligé : « Les questions brûlantes de notre mouvement ». Brûlants, nous l'étions. Nous brûlions d'en découdre. Nul d'entre nous n'envisageait de se limiter à participer aux grandes manifestations, notamment celles des Champs-Élysées, noirs de monde comme le 30 mai 1968 en soutien au Général pris dans la tourmente ou deux ans après pour lui rendre un dernier hommage. On se devait d'en être mais on se jurait de ne pas en rester là. Combien étaient-ils dans cette marée humaine ? Des dizaines et des dizaines de milliers à clamer leur solidarité avec Israël sous les banderoles « Nous sommes tous des

27

volontaires ! ». Tant de Juifs français prêts à se battre jusqu'au dernier Israélien.

Nuit et jour, nous collions des affiches et distribuions des tracts. Les réunions succédaient aux réunions dans les locaux du Cless. Elles se prolongeaient le plus souvent autour de grandes tablées dans un café enfumé de la place de la République, Le Thermomètre. À plusieurs reprises, j'entendis des garçons commenter entre eux notre arrivée bruyante par un « Tiens, v'là les pidlous ! ». Un soir, je voulus en avoir le cœur net :

— Ne me laissez pas mourir idiot...

— Eh bien, vous êtes des pidlous..., fit l'un, un peu embarrassé.

— Non, les enfants des pidlous ! corrigea un autre.

— ... parce que autrefois, les vieux Polaks du quartier passaient des journées entières là où vous êtes assis à discuter, devant leur verre de thé et pour ne pas avoir à renouveler leur consommation ils demandaient régulièrement « un peu d'l'eau », mais ils le faisaient avec leur accent yiddish à couper au couteau et ça donnait « un *pidlou* »...

Un soir, nous fûmes convoqués d'urgence rue de la Folie-Méricourt. Rongés par l'impatience, nous n'y croyions plus. Les liaisons aériennes de toutes les compagnies avaient été coupées à l'exception de celles d'El Al, assurées a minima, ses avions de ligne étant les seuls à être équipés pour parer aux secousses de la guerre. C'est du moins ce que l'on se disait pour se rassurer. Avec toute la gravité requise, nos chefs brandirent un télex :

— C'est bon, vous allez pouvoir partir ! Un appareil a été affrété par la Croix-Rouge pour transporter du sang et des médicaments. Nous avons pu obtenir une vingtaine de places à l'arraché. Vous serez attendus à l'aéroport puis dans un village. Pour le reste, vous en saurez davantage sur place. Les volontaires, rendez-vous demain à la première heure à l'ambassade d'Israël, rue Rabelais en bas des Champs-Élysées, avec votre passeport pour les visas, ou à l'Agence juive, rue Fortuny près du parc Monceau, cela vous sera précisé cette nuit.

On se dispersa sur le boulevard. Plusieurs d'entre nous se retrouvèrent dans le métro.

— Alors, tu en es ?
— Bien sûr ! Et toi ?

Un hochement de tête lui suffit.

— Mais pourquoi tu te tiens la joue ?
— Mal aux dents... terrible...
— Depuis quand ?
— Depuis le 6 octobre. Étrange, non ?

Je ne voulus guère m'étendre sur mes maux mais, outre la rage de dents, le stress avait également réveillé mon cher ulcère au duodénum, celui qui me forçait à m'arrêter régulièrement dans les bistrots pour boire un verre de lait afin de colmater les brèches. Une double peine qui se matérialisait par un chemin de croix en forme de voie lactée. De fait, nous étions quelques-uns à somatiser à mort. La nuit fut brève et blanche et l'excitation intérieure à son comble. Une intense activité sans le moindre mouvement, voilà qui inquiète. Il y a des moments dans la vie d'un homme où il n'y a pas à réfléchir ni à se réfugier dans la conscience et ses échappatoires, d'autant qu'elle ressemblait à un champ de bataille. Juste réagir. Kant l'avait écrit et mon prof de philo l'avait une fois soumis à notre sagacité : « Fais ce que dois, advienne que pourra ! » Une forte pensée pour l'avenir et un peu plus. L'une de ces rares décisions qui donnent l'impression, à l'instant même où vous la prenez, qu'elle changera votre vie.

Nous étions de la classe 73. Celle qui eut vingt ans cette année-là. On s'identifiait comme tels. À vingt ans on ignore la zone grise, on ne soupçonne même pas son existence. À vingt ans on croit aller dans l'âme des choses chaque fois qu'on lit un livre. À vingt ans on voudrait n'accorder de valeur qu'à ce qui n'a pas de prix. À vingt ans on est achevé d'imprimer. Entendez que les fondations sont en place, ne reste plus qu'à construire autour, dedans, à côté, embellir, rajouter, modifier. Mais l'essentiel est bien là. À vingt ans, du moins lorsqu'il se souvient d'avoir eu vingt ans en 1926, Paul Nizan ne supporte pas d'entendre dire que c'est le plus bel âge de la vie. Il s'apprêtait alors à quitter Normale sup. Mais qu'avait-il donc vécu pour en arriver là ? Ceux qui ont eu cet âge totémique sous l'Occupation et qui l'ont vécue dans l'engagement total de leur âme et de leur corps en conservent un souvenir inouï, exalté, incandescent car magnifié par le danger de tout instant.

Les formules, quelle plaie ! Tant de lecteurs s'y laissent prendre car la radicalité, avec sa charge d'excès, est souvent séduisante de prime abord. Mais quand on y pense à froid, quel piège... Les slogans sont réducteurs. Un obstacle au débat d'idées. De quoi tuer la nuance et la complexité. Sionistes convaincus, nous l'étions tous sans qu'il fût nécessaire de le justifier, notre présence dans ce coin de terre en une telle circonstance en témoignait. Mais je ne pouvais réprimer un soupir d'exaspération chaque fois que l'un de nous assénait avec la solennité d'un argument définitif que les Juifs avaient eu trop d'histoire et pas assez de géographie. S'il y a bien une Babel de langues, d'origines, de sensibilités qui est irréductible à une formule, c'est Israël. On y croise tous les visages de la terre.

À vingt ans, mon père était à Monte Cassino avec ses camarades du lycée d'Oran. Il n'en parlait pas car le souvenir lui en était douloureux. Ils ont dû déguster là-bas, voilà ce que je me disais faute d'en savoir davantage. À côté de l'ombre portée de mon père et de l'admiration muette qu'elle suscitait, les vingt ans de Paul Nizan glissaient sur moi sans produire le moindre effet.

On passe sa vie à faire des choix qui nous engagent seuls et personnellement ; lorsque c'est collectif, ça ne compte pas, car la responsabilité est diluée. La première fois est un baptême. C'est là qu'on entre dans la vie d'adulte. Il y a des situations où il serait indigne de ne pas s'engager. Tout de même, quitter Paris et la France pour aller vivre dans un pays en guerre, a-t-on idée. Surtout ne pas réfléchir, obéir à son instinct, à sa conscience ou à ce qui en tient lieu. C'est ce qui me reste d'une chanson que ma mère me gazouillait pour m'endormir après avoir entendu Doris Day la chanter dans *L'Homme qui en savait trop* :

> *Que sera, sera*
> *Whatever will be, will be*
> *The future's not ours to see...*

Une grande agitation régnait à l'ambassade, rue Rabelais, face au Jockey Club. Les mesures de sécurité étaient draconiennes. Un hôtel particulier en état de siège. Une fois accomplies les formalités administratives, il ne me restait plus qu'à franchir le Rubicon, le moment tant redouté : annoncer mon départ à mes parents. Ce n'est pas tout de le décider. Il faut savoir dans quelle direction aller, sinon on ne fait que s'en aller, se mettre à distance de soi. Or il ne s'agissait pas de fuir quoi que ce soit et certainement pas ma famille. Juste de mettre en accord mes actes et mes idées et les deux en règle avec ma conscience, sans rien attendre en retour comme dans le Livre de Job, inutile d'aller chercher des modèles ailleurs, il avait tout compris. Si clair à énoncer mais si lourd à engager. Tout autour de moi, on me déconseillerait de partir, je n'en doutais pas. Mais n'avions-nous pas appris avec le philosophe Alain que penser, c'est dire non ? Et puis quoi, n'est-ce pas la résistance à son milieu qui crée l'homme ?

À dix-huit ans, un petit frère m'était né. Son arrivée ramena le bonheur dans la famille. J'avais révisé le bac toute la nuit en poussant du pied son berceau afin de l'endormir, avant de lui laisser ma chambre et d'en profiter pour aller vivre dans une pièce de service plus réduite mais seul, au rez-de-chaussée de l'immeuble.

Comment dire et comment leur dire ? J'attendis la fin du déjeuner.

— J'ai quelque chose à vous annoncer... enfin... voilà, je pars.

— Tu déménages encore ? fit ma mère.

— En fait, je vais quitter la France.

— Mais ce n'est pas encore les vacances universitaires, si ?

— C'est-à-dire que... Je me suis engagé comme volontaire en Israël, pour aider, avec plusieurs copains.

— Comment ça, volontaire ? demanda mon père, stupéfait.

— Volontaire civil, bien sûr.

— Mais c'est un pays en guerre, tout de même...

L'état de sidération dans lequel l'annonce les avait plongés installa un lourd silence dans le salon durant un long moment. Un épais voile de tristesse enveloppa l'après-midi. Un temps, mon père se ressaisit en laissant l'ancien soldat en lui reprendre le dessus sur le père de famille. Il jeta un œil distrait aux journaux dépliés sur la table. Partout des photos aériennes de chars calcinés dans le désert, des manchettes des plus sombres.

— Et puis tu sais bien que la situation militaire est catastrophique pour Israël...

Ils étaient accablés et meurtris mais ils ne tenteraient rien pour me dissuader, par respect pour mes convictions. Juifs attachés aux traditions, sionistes de cœur, ils se voulaient avant tout des Français, des républicains et des humanistes. Toutes choses qu'ils étaient parvenus à concilier au fil des exils, de l'Algérie au Maroc, puis du Maroc à la France, en espérant bien que le nomadisme s'arrêterait là. Leur solidarité avec Israël était indiscutable. Ce qui ne va pas de soi. Le soutien à son existence et non à l'un de ses gouvernements successifs n'est pas consubstantiel à l'identité juive. Il en est tant qui n'y ont jamais mis les pieds alors que leurs villégiatures les ont promenés autour du monde. Mais sur cette bande de terre, jamais. Nous avions vécu la guerre des Six-Jours, mon grand frère et moi, allongés sur le lit de nos parents autour du transistor branché en permanence sur Europe 1, à écouter solennellement les vibrants reportages de Julien Besançon. Mais de là à tout quitter pour… Même s'ils n'ignoraient rien de mon activisme militant, mes parents n'en revenaient pas.

— C'est un sacré coup que tu nous fais là, mon fils.
— Pardon, mais je n'ai pas le choix. C'est plus fort que moi.
— Puisque ta décision est prise…

Le doute ne m'effleurait pas. Tout en moi exprimait ma résolution une fois bravé le noir étourdissant de l'angoisse et du pessimisme. J'aimais trop ma famille pour me croire prisonnier de son cercle magique. Mes parents se réfugièrent dans leur chambre ; et, pour ne pas me freiner, je m'interdis alors d'imaginer que c'était pour y dissimuler leurs larmes. C'est peu dire qu'ils avaient le sentiment d'un désastre imminent, car tout y inclinait.

Partir, s'arracher à soi-même autant qu'aux autres. Quitter la France.

Dès cet instant, ma mauvaise conscience vis-à-vis d'eux me hanta. Je devinais sans peine leur désarroi, leur inquiétude, leur désolation. Comment avais-je pu leur faire ça, à eux, les derniers à qui cela aurait dû arriver ? Quand on vient de perdre un fils, on ne se résout pas à en laisser un autre aller à sa perte. La guerre, la mort. Civil ? Tu parles ! Pas de civils dans cette circonstance, mon père le savait mieux que quiconque. Il avait le cœur lucide. Ma résolution était irrévocable car ma conscience, justement, la dictait, avec Lady Macbeth en embuscade. *What's done is done*, ce qui est fait est fait et dès lors que c'est sans remède, ce doit être traité sans égards. Une fois encore, mon Shakespeare intérieur volait à mon secours, mais que c'est dur lorsque les êtres qui vous sont les plus chers en sont la cible. Les passions humaines, seule dimension de la littérature qui soit vraiment intemporelle et universelle, sont dans la Bible ; et celles qui n'y sont pas se trouvent dans Shakespeare. Inutile d'aller chercher ailleurs. C'est lui le patron.

Ma conscience souffrait mais le remords, son inflammation, ne la rongeait pas. Le regret pas davantage. Mon repentir pour ma faute, bien qu'elle ne me fût pas reprochée, ne pouvait prendre qu'une seule forme : la promesse de revenir vivant et entier. Par la noblesse de leur attitude, exempte de la moindre plainte et si empathique alors que ma décision les faisait souffrir, mes parents m'épargnaient d'avoir à affronter mes souvenirs comme autant de vivants reproches. Moi qui voulais tant partir l'esprit léger, ils avaient la délicatesse de m'y aider.

Plus j'écoutais les récits d'enfance autour de moi, plus j'en lisais, plus je me réjouissais d'avoir été élevé par des parents aimants, attentifs, ouverts. Des gens tout simplement équilibrés, un couple harmonieux, ce doit être devenu assez rare pour qu'on en vienne à le remarquer. Davantage qu'une chance, je l'ai tôt vécu comme un privilège. Combien de vies fracassées dès l'envol par la somme vertigineuse de toutes les violences accumulées jusque-là. Je n'eus même pas besoin du choc que produisit l'annonce de mon départ pour en prendre conscience.

Après mes parents, mes grands-parents. J'attendis le dîner pour me rendre trois étages plus bas. Une partie de la famille habitait le même immeuble. Mon grand-père avait souhaité que les siens soient ainsi regroupés à ses côtés. Et ses souhaits... Nul ne lui résistait. Avec le parfum de ses havanes qui traînait sur son passage, sa canne en bois de frêne, ses costumes des meilleurs faiseurs, ses chemises sur mesure à ses initiales de Hilditch & Key, son feutre gris ou noir de Motsch & fils, son crâne parfaitement chauve de lutteur, son chauffeur en livrée, il en imposait. Personnage d'une autorité incontestable, aussi admiré que craint, d'un caractère impérieux et d'un fort tempérament, il régnait sans partage sur sa tribu. Sa réussite imposait le respect. Un lien particulier, puissant, durable nous attachait lui et moi. Une véritable complicité. Nous avions le même nom et les mêmes yeux. Il croyait en moi même si, natif d'un monde ancien, il avait parfois du mal à comprendre mes choix. Je le vénérais. Jamais je n'aurais pris une décision sans le consulter, sauf que cette fois, c'était moins pour des conseils ou une autorisation que pour un assentiment qui aurait eu valeur d'encouragement.

Assis en pyjama, le regard perdu dans le vague, il semblait anormalement éteint, moins planté dans le canapé que posé dessus, ailleurs. Contrairement à son habitude, il ne m'accueillit pas avec effusion, non plus qu'avec hostilité. Quelque chose d'autre qu'une indifférence qui ne pouvait être que feinte. Il savait déjà. Dans l'après-midi, l'information n'avait pas eu de mal à dévaler les étages jusqu'à lui. Ma décision m'avait soudainement invisibilisé à ses yeux.

— Jacques, le petit est là, il vient d'arriver, lui lança ma grand-mère sans provoquer la moindre réaction.

Pourtant il ne boudait pas, ce n'était pas son genre. Son visage trahissait la dévastation et son corps, l'anéantissement. Pour une fois, lui qui maîtrisait tout depuis toujours pour toute la famille, voyait la situation lui échapper. Un élément du bel édifice allait se soustraire à son autorité et, plus encore, à son affection. On passa enfin à table. Il ne mangea presque pas, quasi muet. Comme à son habitude, et comme il était de coutume dans leur monde issu du XIXe siècle et du bled profond à l'orée du Sahara marocain, ma grand-mère restait debout pendant tout le repas, deux pas derrière lui, pour le servir. Par un signe de tête, elle m'enjoignit de la rejoindre à la cuisine.

— Ton grand-père vient de rentrer, me confia-t-elle à voix basse.

— Ne me dis pas qu'il a perdu aux cartes...

— Il n'a pas été au cercle aujourd'hui. Il a été à l'ambassade d'Israël. Ça s'est mal passé.

La nouvelle m'assomma car j'ignorais tout de sa démarche. Nous nous assîmes autour de la petite table en formica.

— Il a demandé à être reçu. Ils lui ont répondu : Monsieur, on est en pleine guerre, on n'a pas le temps... Alors il a insisté : Mon petit-fils part demain comme volontaire, il faut à tout prix l'en empêcher, vous ne vous rendez pas compte, cette famille a déjà perdu un enfant... Il a tempêté et tu connais ses colères, il peut être terrible. Et qu'est-ce qu'ils lui ont répondu ? Les volontaires français sont si peu nombreux que ce serait le comble d'en refuser, maintenant laissez-nous, monsieur, on a d'autres urgences à régler... Tu le connais, il n'a pas l'habitude qu'on lui tienne tête. Je ne l'ai jamais senti aussi humilié. Ils n'ont même pas voulu l'écouter, il n'a même pas été reçu.

Sonné, il n'en revenait pas d'être ainsi traité, lui d'ordinaire si respecté. Cette rebuffade me peinait d'autant plus que j'en étais la cause. On l'avait salement éconduit. Malgré son amour profond pour ce pays, il ignorait tout des manières israéliennes. Déjà, en temps de paix, ils ne s'embarrassaient pas de la courtoisie si française, des précautions de langage et d'une certaine politesse, alors en temps de guerre... Au-delà de la blessure d'amour-propre, il parut accablé de se retrouver démuni de tout moyen pour m'empêcher de partir, cette ultime cartouche lui ayant explosé entre les doigts avant même d'avoir été tirée.

En reprenant ma place à la table du dîner, je ne trouvai pas les mots, mais le geste. Je posai ma main sur la sienne. Et, sans jamais cesser de regarder fixement droit devant lui, il la retourna paume contre paume, la serra fort. Puis, après un long moment silencieux, il la retira brusquement pour dissimuler son visage en sanglots. Je n'étais pas encore parti que déjà, il revivait la tragédie de la perte quatre ans auparavant, lorsque le grand-père avait accompagné l'aîné de ses petits-fils, premier porteur du nom, au tombeau.

À Nanterre comme à Asnières, chez les historiens comme chez les arabisants, je renonçai à la cérémonie des adieux. Toute explication aurait pris des allures de justification. Quant à la tournée des copains, elle tourna court rapidement. Deux frères, l'un gaulliste, l'autre socialiste, tentèrent de me convaincre contre toute évidence qu'une fois de plus, une fois encore, Israël avait attaqué le premier ses voisins, qu'ils avaient dû se défendre et que je ne pouvais donc décemment me porter à son secours ; un ami d'enfance, à qui je ne demandais ni ne reprochais rien, avança que, eu égard au sérieux de ses études de droit et de ses différents engagements familiaux, il ne pouvait s'en absenter quelque temps pour aller crapahuter là-bas, si chère que lui fût la cause. Cette chanson-là résonna à maintes reprises à nos oreilles, laissant un goût amer car elle insinuait a contrario que ceux qui mettaient en accord leur conduite avec leurs idées poursuivaient des études fantaisistes et vivaient sans attache aucune.

Il ne s'agissait pas d'une expérience, surtout pas. Juste d'être cohérent avec soi-même. Aussi incroyable que cela parût, ce qui nous semblait normal et naturel passait pour naïf, relevant d'une utopie à laquelle seuls de jeunes idéalistes pouvaient être sensibles. Dès lors qu'il est intériorisé et vécu comme intime, un événement d'une telle intensité révèle et cristallise. Il confronte chacun à son identité et, dans bien des cas, à sa vacuité identitaire.

Vraiment, il était temps de partir.

À l'aube, mon groupe se retrouva à l'enregistrement d'El Al à l'aéroport d'Orly, sous protection militaire. Mon père m'accompagnait ainsi que mon petit frère, Stéphane. Il n'avait pas trois ans mais voulait ardemment en être. En regardant mon père déplier le journal alors que la sécurité n'avait pas commencé à contrôler, il me revint que la rage de lire la presse m'avait pris dès l'adolescence lorsque j'ouvrais la porte chaque soir à son retour du travail; je l'embrassais avant de lui subtiliser *France Soir* et *Le Monde* qu'il tenait en main avec sa serviette puis de les étaler aussitôt sur le tapis afin de les dévorer. Un agent leva la barrière, signe que ce serait bientôt notre tour. Lorsqu'il replia son journal, mon père découvrit la une qu'il avait négligée dans sa hâte d'avoir des nouvelles. La manchette annonçait la plus grande bataille de chars depuis la Deuxième Guerre mondiale. Près de deux mille sur le terrain ! Une impressionnante photo aérienne du désert occupait tout l'espace de la page. Il leva le regard vers moi par-dessus le journal. Ses yeux exprimaient un sentiment mêlé d'angoisse, de tristesse et de fierté. Il me caressa la joue et m'étreignit comme jamais auparavant. Mon petit frère montait la garde. Armé d'un nunchaku miniature que je lui avais confectionné à sa taille avec des fragments de caoutchouc, il paraissait pressé d'en découdre ; en position de combat, bien campé sur ses deux jambes, la tête casquée par la capuche de son anorak vert, il menaçait quiconque s'approchait de notre petit groupe. Les rires que la situation déclencha eurent raison des larmes naissantes.

Dans le regard mélancolique de mon père, je vis le reflet de ses adieux à dix-huit ans en 1941 lorsqu'il quitta ses parents et sa ville d'Oran afin de devancer l'appel et d'intégrer l'armée. Son propre père en avait fait autant en rejoignant un régiment de zouaves à dix-huit ans en 1918. Ce souvenir le retenait de formuler aucun reproche à mon égard. Il revivait ses choix à travers les miens bien que les circonstances fussent différentes. Seul point commun entre nous trois, l'engagement volontaire dans la guerre. De quoi créer un atavisme familial. La guerre nous hantait. Son lapsus en témoignait : ne venait-il pas de dire « paquetage » au lieu de « bagage » ? Un pays en pleine guerre, quand on y va, on ne sait rien de ce qui nous attend, absolument rien. C'est ce qu'ils m'avaient dit.

Une scène du *Cid* me trottait dans la tête. Non pas les âmes bien nées et la valeur et les années, mais juste après, dans la même scène, la deux de l'acte deux, lorsque le Comte interpelle Rodrigue qui ose se mesurer à lui : « Qui t'a rendu si vain, / Toi qu'on n'a jamais vu les armes à la main ? » Bien sûr les situations sont différentes et les

contextes tout autres, mais la mémoire est ainsi faite qu'elle récupère, détourne et s'approprie sans demander l'autorisation à personne. Les alexandrins de Corneille m'avaient parlé à ce moment-là et cela seul comptait.
La compagnie aérienne avait doublé ses effectifs de sécurité en raison des circonstances. Je savais d'expérience qu'au contrôle des passeports, ils essaient juste de vous troubler. C'est à peine s'ils écoutent les réponses aux questions qu'ils vous posent. Il s'agit de vous désarçonner, de vous pousser à la faute par l'insistance à répéter une question et de tester votre réactivité. Comme j'en étais informé, je ne pus m'empêcher de tirer ce petit jeu du côté de l'absurde.

— Vous avez quel âge ? me demanda l'agent alors qu'il tenait mon passeport ouvert entre ses mains.

— Difficile à dire précisément, ça change tout le temps.

— Mais aujourd'hui ?

— Ça dépend. On est en quelle année ?

— Euh... 1973.

— Alors vingt ans, disons.

Je n'insistai pas car le visage de mon père qui oscillait de gauche à droite me signifiait comme à son habitude en pareille circonstance : Fais pas le malin ! Son sens de l'humour l'avait rendu populaire dans son cercle d'amis mais il se méfiait de l'usage intempestif que je pouvais en faire, surtout lorsque j'usais de reparties empruntées à Woody Allen. La sécurité ayant commencé à retourner mes vêtements chauds et mon linge, il devait craindre que je ne leur serve un « Je ne crois pas en l'au-delà mais j'emporterai tout de même des slips de rechange par prudence ».

Le grand sac de toile bleue qui me servait de valise les intriguait. Ils passèrent rapidement sur l'insignifiant contenu pour détailler la nature de mes livres. Pour des raisons d'encombrement, j'avais dû faire des choix, c'est-à-dire exclure. Aucun ne concernait la chronique du sionisme ni même celle du judaïsme alors que j'en lisais tant d'ordinaire. J'avais faim d'auteurs qui agrandissent la conscience quand tout dans l'époque puait le renfermé. Je lisais de l'histoire, de la psychanalyse, des sciences humaines mais pas de fiction, que ma prise de conscience politique avait mise à distance depuis quelque temps. Ou plutôt *presque* pas de fiction, hormis notamment les polars bien français de Manchette et d'A.D.G. dont je venais de me gaver, comme pour faire provision d'une certaine France profonde au cas où elle viendrait à me manquer.

J'embarquais la tête bourrée de livres, un véritable chaudron de sentiments, d'idées et d'idéologies, pris entre les injonctions contradictoires de mes maîtres à penser. Un seul, un vrai, m'aurait comblé ; or il y avait foule.

Sartre, je lui en voulais à mort. C'est qu'il m'avait fasciné, l'intellectuel *numero uno*, par son refus de poursuivre une carrière universitaire et même de soutenir une thèse. Jusqu'à ce que l'on me dessille sur ses séduisants paradoxes. D'abord il m'avait trompé, moi qui portais aux nues entre autres ses *Réflexions sur la question juive* ; son explication de l'antisémitisme selon laquelle le Juif n'existe que par le regard de l'antijuif m'avait semblé lumineuse avant de découvrir à quel point elle était fumeuse. Et puis, l'impardonnable, ce qu'il avait dit en

1972, sa justification du massacre des athlètes israéliens (tous des soldats, après tout !) par un commando palestinien aux olympiades de Munich, à savoir que le terrorisme est certes une arme terrible mais que les opprimés n'en ont pas d'autre... Exit ! Mais mon admiration pour un sartrien demeurait inentamée. Issu d'une famille séfarade de Turquie, il s'appelait Robert Misrahi et était titulaire de la chaire de philosophie morale et politique à la Sorbonne. Ses livres m'avaient révélé Spinoza, son souci des passions humaines, les rapports entre déterminisme et liberté, la primauté accordée au désir... Et puis, pourquoi le dissimuler, un détail peu connu de la vie de cet intellectuel à l'intelligence bouillonnante m'avait épaté : en 1947, à l'époque de la guerre d'indépendance d'Israël, activiste sioniste au sein du groupe Stern, il avait posé la bombe à l'origine de la destruction du Colonial Club, un cercle militaire à Londres, et fut même peu après arrêté, détenu et jugé à Paris pour détention d'explosifs. Sa personnalité m'enthousiasmait. Un *mentsch* à n'en pas douter et, allez savoir pourquoi, je doutais qu'ils fussent nombreux parmi les philosophes. Mais plutôt que l'essai dans lequel il réglait impitoyablement son compte à l'antisémitisme de Marx (la cause était entendue, inutile d'y revenir), j'emportais *L'Étrange Défaite*, de Marc Bloch, pour le relire et tenter de mieux en pénétrer l'esprit. Depuis que j'avais découvert ce témoignage et son analyse sur l'effondrement de 1940, je ne cessais de méditer en particulier les lignes dans lesquelles il assurait que, décidément, deux catégories de Français ne comprendraient jamais rien à l'histoire de France : ceux qui refusaient de vibrer au souvenir du sacre de Reims et ceux qui lisaient sans émotion le récit de la fête de la Fédération – et, à dire vrai, je craignais d'en être, tout en m'interrogeant sur la validité de ces définitions en un temps et dans un pays où il y en avait tant encore pour murmurer, quand ils ne le disaient ou ne l'écrivaient pas, qu'il n'est de Français que chrétien. Peut-être y verrais-je plus clair sous le ciel d'Israël. *L'Étrange Défaite* avait donc rejoint dans mon sac *L'Homme unidimensionnel* et *Éros et civilisation* d'Herbert Marcuse, dont l'intelligence critique me fascinait, *Psychopathologie de la vie quotidienne* de Freud, qui me serait certainement utile pour démêler l'écheveau de la situation là-bas, *Race et histoire* de Claude Lévi-Strauss, brochure d'une conférence à l'Unesco que mon professeur de philosophie m'avait offerte, et quelques autres choisis pour leur faible encombrement. Des livres achetés exclusivement à La Joie de lire, la librairie de Maspero au Quartier latin, pour le plaisir d'y traîner des heures à bouquiner sur place dans l'espoir jamais déçu d'y faire des découvertes et parfois des rencontres, sinon les deux en même temps. Le service de sécurité d'El Al ne s'attarda pas sur ceux que j'avais emportés. Non, ce qui retint son attention, son souci premier, et comment en aurait-il été autrement, c'était une large inscription au feutre noir sur mon sac.

— Et ça, qu'est-ce que c'est ?
— Mon nom.
— Je vois bien, mais pourquoi en arabe ?

Était-ce vraiment le moment de lui expliquer que s'intéresser à une civilisation sans en connaître la langue c'est se condamner à la superficialité, que c'est par la langue que l'on pénètre l'âme des peuples, que l'on perçoit l'écho de leurs voix, que l'on est saisi par l'origine de leurs larmes, pas par la statistique ? Ce gars du Mossad demeurait sceptique. Je n'allais tout de même pas l'entretenir des cours sur les invariants et les variables du monde islamo-méditerranéen que je suivais assidûment depuis deux ans à l'écoute de l'érudit Jacques Berque au Collège de France.

Mon père, qui ne perdait rien de la scène quoiqu'il fût à distance, prit son air sévère, celui de la désapprobation qui, dans toutes les langues, signifie : Mais qu'est-ce qui t'a pris, hein, si ce n'est pas de la provocation, ça ! Mon choix de l'arabe l'avait pourtant fait sourire, comme, quelques années auparavant au lycée, celui de l'allemand – pour les mêmes raisons : toujours connaître la langue de l'ennemi –, et j'avais pris son sourire pour une approbation.

— Alors, pourquoi ? reprit l'agent.

Mon sac n'était pas le problème, eussé-je transporté des explosifs. Juste l'inscription manuscrite au feutre noir en gros caractères. Mon nom. En arabe. Il eût fallu creuser puis étaler mon inconscient et ce n'était pas le lieu ni le moment d'évoquer une scène primitive. En quittant Casablanca au cours de l'été 1965, mon père avait discrètement dévissé devant moi la plaque de cuivre à l'entrée de son entrepôt d'importexport comme son propre père l'avait fait avant lui en quittant Oran au lendemain du massacre des Européens par la foule lyncheuse le 5 juillet 1962. Une grande plaque où était fièrement gravé, en lettres calligraphiées, le nom de notre famille en arabe. L'avais-je reproduite par un réflexe tapi dans la mémoire de l'exilé ? Allez savoir...

Comme ses doutes persistaient face à mon silence, l'agent du contrôle israélien en référa à son supérieur. De leur colloque sécuritaire émergea la forte pensée : C'est un Séfarade, quelqu'un qui doit encore parler arabe à la maison comme au bled d'où il est venu, alors après tout... Il n'en continua pas moins à me poser des questions stupides dont il connaissait les réponses, à seule fin de me faire perdre patience et révéler ce que j'aurais pu vouloir dissimuler, selon une technique éprouvée. La patience commençait effectivement à me faire défaut, épuisé que j'étais par l'enchaînement de nuits sans sommeil où j'avais eu l'impression de dormir à côté de moi dans un entre-deux-mondes qui n'était plus vraiment la France mais pas tout à fait Israël. La fatigue accumulée dans mon corps gourd m'avait fait ressentir ce que c'est que de porter son poids sur son propre dos.

— Mais enfin, vous voyez bien que nous sommes des volontaires et vous nous parlez comme à des touristes !

— Au suivant !

Mon père et mon petit frère se rapprochèrent pour une dernière étreinte, le sourire aux lèvres.

— Sois prudent !

Les paroles de *Father and Son* me revinrent à la mémoire mais, en la circonstance, je ne me voyais pas jouer les Cat Stevens avec mon père qui ne savait pas l'anglais. Et puis le refrain, «*I know I have to go*», était trop triste pour que je le lui traduise, d'autant que dans cette chanson sur laquelle nous avions tant dansé les samedis soir, si c'est le père qui annonce son départ, c'est le fils qui lui répond des mots déchirants que je ne pouvais me défendre de murmurer en français – « Maintenant il y a un chemin et je sais que je dois partir / je sais que je dois partir » – tandis que le père lui répond : « Reste, reste, reste, pourquoi dois-tu partir et prendre cette décision seul ? » Des mots simples et des rimes simplistes comme dans tant de chansons, mais qui provoquent l'émotion la plus pure par la grâce de la musique et du grain de voix qui les portent. À ceci près que la vie, elle, ne se passe pas toujours comme dans les chansons.

La prudence... Il était parfaitement conscient du côté dérisoire de cette injonction dans un pays en guerre mais, pour cette raison même, elle me mit du baume au cœur. À tout prendre, cela valait mieux que de subir les derniers mots qu'une mère adressa devant moi à son fils avec un étonnant sens de l'à-propos : « J'espère que cette expérience te mettra un peu de plomb dans la cervelle... »

— Hep ! Hep !

Un touriste m'interpellait de loin à grand renfort de moulinets. J'avais oublié ma liasse de journaux sur une banquette. Je remerciai l'homme en les récupérant. Tout en rondeur et bonhomie, il paraissait vraiment trop bienveillant pour que je lui confie la réminiscence que son appel provoquait en moi : « Hep ! Hep ! » était un cri de guerre des croisés lorsqu'ils appelaient au meurtre des Juifs, repris par les émeutiers lors des pogroms qui ravagèrent les communautés dans l'Europe du début du XIXe siècle, puis par les étudiants nationalistes dans l'Allemagne des années 1920 lorsqu'ils les chassaient en meute dans les couloirs des facultés. Hep ! Hep, acronyme de *Hierosolyma est perdita*. Jérusalem est perdue, et c'est peu dire que, en latin comme en français, l'instant présent lui accordait une tragique résonance.

Un étrange silence régna tout au long du vol. Les Écritures disent bien que le silence est le rempart de la sagesse, mais tout de même. Celui-ci, couvert par le ronflement des moteurs, devint vite pesant. Les gens ont peur du silence comme les enfants ont peur du noir. Nos conditions de voyage étaient inédites. Tous les hublots du Boeing 747 devaient rester clos sans discontinuer et la lumière, a minima. On n'en attendait aucun confort; jamais les inévitables turbulences ne nous avaient autant inquiétés. La nervosité mêlée d'incertitude du personnel de bord, notre trouble qu'elle alimentait, la nature de la cargaison... Et puis quoi, l'atmosphère n'était pas à la franche gaieté. Jusqu'à la dernière minute avant notre départ, les nouvelles des fronts, celui du Nord comme celui du Sud, étaient contradictoires. D'un côté comme de l'autre, la censure militaire s'employait à contrôler toute information jugée sensible, ce que les services de propagande instrumentalisaient aussitôt, d'un côté comme de l'autre. On s'en remettait aux envoyés spéciaux des journaux, des radios et des télévisions tout en sachant qu'eux-mêmes sur le terrain subissaient une stricte surveillance. Une présence parmi nous mais isolée de nous, plusieurs sièges à l'avant, détonnait. On l'avait remarquée dès l'embarquement. L'homme était célèbre et sa belle allure difficilement oubliable car il passait à raison pour être le sosie de l'acteur autrichien Curd Jürgens. Ambassadeur d'Israël en France, Asher Ben-Natan rentrait à Tel-Aviv dans l'urgence pour enterrer son fils Amnon, officier de réserve tué au combat dans le Golan. Et c'est peu dire que cela contribua à nous assombrir car, à la sympathie que nous éprouvions pour le diplomate, se superposa l'empathie pour le père meurtri.

— Si cela peut te rassurer, sache que le plancher de l'avion est renforcé au cas où il y aurait une bombe dans les soutes, me glissa à l'oreille mon voisin de gauche.

— Plus que rassuré, me voilà hautement apaisé... Tu as l'air de t'y connaître. Tu fais quoi dans la vie ?

— Apprenti coiffeur.

— Étudiant comme nous, en fait. Et après, tu envisages quoi ?

— Devine...

Si seulement on pouvait avoir la présence d'esprit de se taire lorsqu'on a le cerveau enfumé, ce serait sage, mais justement on flotte dans un état qui ne permet pas cet éclair de lucidité. On entendit le train d'atterrissage se déployer. Mon voisin remonta à demi le volet du hublot et me fit signe d'approcher discrètement :

— Viens voir, on va toucher terre dans le noir absolu. Pas une lumière...

La vue était des plus impressionnante.

En débarquant dans un pays en guerre depuis toujours, j'avais l'impression d'entrer en guerre comme jamais. Comme si je quittais le réel pour pénétrer dans le vrai. J'arrivais en terre dite sainte, constituée d'un étoilement d'identités qui toutes se retrouvaient d'une manière ou d'une autre en l'étoile de David.

L'aéroport de Lod était plongé dans l'obscurité. Le silence paraissait encore plus épais qu'à bord. Les formalités de douane furent expédiées. Des silhouettes kaki armées allaient et venaient mais c'étaient bien les seules âmes qui vivent. Des soldats et des volontaires venus de partout. Pas de quoi se croire unique ni jeté hors de toutes les séries. Juste un volontaire parmi les autres, bien qu'à première vue les Français fussent rares. Ce fut notre première déception. La seconde ne tarda pas car, une fois franchie la barrière, une mauvaise surprise nous attendait : ceux qui devaient nous accueillir n'étaient pas au rendez-vous. Les employés d'El Al n'en pouvaient mais :

— En temps de paix, c'est déjà le balagan, alors en temps de guerre...

Je découvrirais par la suite que ce mot de *balagan*, qui m'était à ce jour inconnu, ne l'ayant même jamais lu dans mon Lagarde et Michard, était la clé pour comprendre la vie quotidienne dans ce pays. Il résumait la situation pas seulement depuis le 6 octobre mais depuis la naissance d'Israël. J'aurais dû creuser davantage du côté de chez Freud, là où il évoquait d'obscures forces émotionnelles susceptibles de créer chez l'individu un certain désordre psychique. *Balagan* a voyagé : le mot est né en Turquie, puis il a été ramené en Russie où il a été capturé pour entrer dans le lexique yiddish, lequel a nourri ensuite l'hébreu moderne.

Bref, la pagaille, le foutoir !

Dov, l'un des membres du Cless avec lesquels j'étais déjà lié d'amitié de même qu'Alain, aperçut son oncle Joseph venu le saluer. Dès qu'il prit la mesure du problème, celui-ci s'affaira, régla les formalités et nous amena non pas jusqu'au car qui aurait dû nous être affecté mais à des taxis.

— Vous n'allez quand même pas dormir dehors, non ?

La circulation était ralentie par l'intense activité de quelques dizaines de lycéens à la sortie de l'aéroport : armés d'un pot de peinture noire ou bleu foncé et d'un pinceau plat, ils obligeaient chaque véhicule à s'arrêter pour obscurcir les verres de ses phares. Sans leur demander leur avis. Les Mig égyptiens et syriens avaient déjà fait suffisamment de dégâts pour inciter à la prudence.

Sur la route, tous roulaient à moins de trente kilomètres-heure, soit l'allure d'un cheval au galop. Le fait est qu'on n'y voyait rien. Seul le spectre du clair de lune pouvait guider. L'expédition fut brève. L'oncle de Dov nous avait trouvé non sans mal un petit hôtel bon marché pour une nuit tout au bout de la rue Allenby. Les touristes avaient pourtant déserté le pays. Le problème venait d'ailleurs : les personnels hôteliers avaient été mobilisés. Mais qui ne l'était pas ? Dès cette première nuit de couvre-feu, nous éprouvâmes la sensation inédite de voir un peuple entièrement et unanimement tourné vers l'urgence des conditions de sa survie dans l'attente d'un désastre imminent. Un peuple qui était aussi le nôtre.

Le lendemain en fin de journée, un car nous attendait devant la porte. Notre car, enfin retrouvé. À mi-chemin des quelque quatre-vingts kilomètres annoncés, il se rangea sur le bas-côté de la route. Deux camionnettes l'y attendaient. On dut subir une prise de sang. Subir, c'est bien le mot. Pas pour analyse mais pour transfusion. La moindre des choses, car la demande était urgente eu égard à l'afflux de blessés dans les hôpitaux. Les réserves ne suffisaient plus. L'équipe du Maguen David Adom nous pompa sans ménagement. Quelques-uns vacillèrent en se relevant. Le biscuit de compensation ne produisit guère d'effet. On ne faisait pas les fiers.

— Ah les vaches… Il ne me reste plus rien dans le corps. Ils m'ont vidé de mes globules !

Notre accompagnateur assura qu'une unité de sang pouvait sauver la vie de deux ou trois soldats, mais il en fallait davantage pour calmer notre humeur.

— Des vampires, oui !

Nos silhouettes se détachaient à peine sur la toile du ciel. Le car reprit sa route vers l'inconnu, trouant l'épaisseur d'une obscurité qui apparaissait de plus en plus enténébrée à ceux qui ne s'étaient pas déjà rendormis, épuisés. Mon voisin me donna un coup de coude :

— Tu ne te tiens plus la joue ?

— Crois-moi si tu veux mais dès que notre avion a atterri hier soir, ma rage de dents a totalement disparu. Pfftt !

C'est peu dire que cette révélation des vertus thérapeutiques de la Terre sainte le laissa sceptique. N'empêche que le sentiment d'incomplétude qui me rongeait depuis l'attaque du 6 octobre avait disparu et avec lui, mes maux. Étrangement, nous nous sentions plus en sécurité dans un Israël en guerre que dans une France en paix.

Le village auquel nous étions affectés s'appelait Aharon Al Tsadikim. Autrement dit : Le Dernier-des-Justes. Quelques familles françaises l'avaient fondé au début des années 1960 avant que sa population ne s'élargisse à d'autres. Nul doute que parmi elles on comptait un sinon plusieurs admirateurs du grand roman qu'André Schwarz-Bart avait publié sous ce titre à Paris en 1959. Un autre, qui avait été fondé non loin, dans la région du Lachish entre Ashkelon et Kyriat Gat, à la même époque par des Juifs d'Afrique du Nord, avait été baptisé Nir Hen, en français « La prairie des cinquante-huit », en hommage aux cinquante-huit passagers du Constellation d'El Al abattu sans sommation par des Mig bulgares après avoir pénétré accidentellement dans leur espace aérien. Un autre encore s'appelait le mochav Hadar, un mot repéré à maintes reprises dans le Livre de Job et dans les Psaumes, qui évoque l'éclat, la majesté, la parure, avec tout ce que le concept de nation recèle dans le registre de la fierté, de la gloire et de l'honneur.

Ce n'est pas rien, de tels noms de baptême. D'une manière ou d'une autre, ils obligent ceux qui se les approprient en y vivant. Les noms sont bourrés de fantômes, les prénoms sont pleins de spectres.

Ce village était un mochav et non un kibboutz. Seuls les moyens de production y étaient mis en commun. Pour le reste, chaque membre vivait dans une maison individuelle avec sa propre famille. Le goût de la communauté a des limites fixées par celui de l'intimité. Appelons cela du collectivisme bien tempéré.

À peine le chauffeur de notre car nous avait-il jetés sur la place principale qu'un tracteur dévia légèrement de sa route pour s'arrêter devant nous, sans couper le moteur. Le conducteur, un petit homme râblé gracieux comme un cactus, au teint gris et au timbre rocailleux d'alcoolo-tabagique, nous agressa en français du haut de son siège :

— Qu'est-ce que vous foutez là ? On n'a pas besoin de vous ici ! Barrez-vous et retournez en France dans vos boîtes de nuit !

Et il cracha par terre dans notre direction avant de repartir en trombe en nous enveloppant d'un épais nuage de poussière. C'était donc ça, la terre où coulaient le lait et le miel ? Décidément ce pays avait le génie de l'accueil. La guerre avait bon dos. On avait tout laissé pour venir aider dans ce trou au centre d'un pays sous la menace, et ce type nous traitait comme si nous étions une association de malfaiteurs. C'était d'autant plus absurde que, même si nous habitions pour la plupart Paris ou sa région, socialement nous venions de partout. L'un de nous en parut vraiment ébranlé. Je ne le connaissais pas encore mais je posai ma main sur son épaule pour le consoler. La perte de l'innocence, ça peut être aussi de découvrir que tous les Juifs ne sont pas des chics types. Ilan, le secrétaire général du mochav, intervint aussitôt :

— Ne vous inquiétez pas, ce Tune, c'est rien qu'un gros con. Une plaie dans nos réunions. Il est toujours contre, quel que soit le sujet. C'est le seul d'entre nous à avoir voté contre le recrutement de volontaires étrangers. Le genre de gars dont s'éloignent instinctivement les animaux et les enfants.

— Quel salaud...
— Tout le monde est des salauds.

Notre petite compagnie n'avait pas de leader malgré les dispositions de Dov au commandement, acquises durant ses années militantes. Le fait est que, dépourvus d'identité collective car nous n'étions pas vraiment un groupe structuré, le pouvoir d'un chef ne s'imposait pas. Nous fûmes dirigés vers la salle commune du village, en son centre. La mission la plus urgente était la répartition des fonctions car d'elle dépendait celle des toits sous lesquels nous allions vivre, séparément. Ilan, un ancien rapatrié d'Algérie, s'en acquitta parfaitement au nom de l'organisation du mochav. Fidèle à mon habitude, je ne me précipitai pas, préférant laisser venir les choses à moi. En bien ou en mal, *que sera sera* et il suffirait de s'adapter. De toute façon, nul ne savait au juste ce que recouvrait chacune des activités, aucun d'entre nous n'ayant la moindre expérience du monde paysan, de l'élevage ou de l'agriculture. La culture des glaïeuls, des oignons de tulipes et autres plantes à bulbe remporta un franc succès probablement parce que c'était joli, surtout les pastels ; celle des roses aussi, naturellement, comme celle des fraises en hauteur, selon un procédé israélien annoncé comme révolutionnaire qui permettait leur épanouissement verticalement sur de larges gouttières en plastique, ce qui avait la vertu de soulager le dos, et quelques autres spécialités tout aussi excitantes nonobstant le fait, ignoré à l'instant du choix, que ces choses-là piquent méchamment les doigts et que les journées dans la chaleur de serres inamicales aux mollets nus sont plus qu'éprouvantes.

— Et vous là-bas, vous n'avez rien ?

Nous étions deux ou trois à faire figure de cancres, planqués au fond de la salle contre le mur en vertu d'un tenace atavisme scolaire.

— Nous, on est là pour aider, pas pour se faire plaisir ! On prendra ce qui se présentera.

— Alors *tarnigolim*, personne n'en a voulu. Allez, on va vous présenter vos familles d'accueil.

Manifestement, l'heure tardive le dispensait d'éclairer le mystère de cette affectation. Ma famille me plut d'emblée. Haya était une femme de petite taille d'une trentaine d'années, énergique, de beaux yeux bleus, un visage souriant, une sabra d'origine allemande qui ne parlait que l'hébreu. De même que ses deux très jeunes enfants. Le mari, Hananya, « un Marocain comme vous », était tankiste dans le Sinaï. On allait s'entendre. Haya avait quelque deux mille *tarnigolim* sur les bras, tout récemment arrivés chez eux ; elle était seule à s'en occuper et comptait sur moi. Moi qui n'osais même pas lui demander ce que ce terme pouvait bien signifier. De toute façon, ce n'était toujours pas le moment. Elle me fit visiter la maison. Pratique et impersonnelle. Des murs blancs, des meubles fonctionnels, un sol lisse. Pas de livres, pas de dessins, pas de peintures, pas de photos hormis les portraits des petits. Disons que la finesse des demi-tons lui faisait défaut et que cela n'avait aucune importance. Après avoir avalé un plat dont je ne saurais dire au juste de quelle tradition culinaire il relevait, un gars du mochav klaxonna pour me faire sortir sur le palier.

— Viens ! me lança-t-il en me hissant sur le tracteur.

Quinze minutes plus tard, nous étions en plein champ, entourés d'autres champs à perte de vue, à l'une des portes du village. La nuit était d'un noir de jais. De ces nuits auxquelles rien ne s'oppose. Il m'expliqua que chacun montait la garde à tour de rôle jusqu'à ce qu'on vienne le relever. Mais que craignaient-ils au juste dans ce non-lieu au bout du monde, à bonne distance des fronts nord et sud ?

— Il y a régulièrement des intrusions. Du terrorisme, des sabotages, tout ça quoi. Alors on surveille. Avec les Bédouins, on n'est jamais sûr. Au fond, on les connaît mal. Tu sais démonter une Uzi ?

Une Uzi, je savais juste ce que c'était mais pas davantage. Et jamais l'idée de la déconstruction possible de cette chose ne m'avait traversé l'esprit, ce que je n'osais avouer. Sans même attendre la réponse, il m'assura qu'il m'expliquerait plus tard comment la démonter et la remonter en un temps record, alors que moi, je voulais juste savoir comment manipuler le cran de sûreté pour éviter de me tirer dessus le cas échéant, pour le reste on verrait plus tard. À quelques exceptions près, nous avions tous échappé de justesse au service militaire. Alain, qui avait choisi la marine française par provocation, histoire d'infiltrer une institution de tradition antisémite comme sa réputation l'assurait de longue date de la Royale, avait été chauffeur d'un général. Quant à moi, au moment de la conscription, j'avais choisi le fameux bataillon de Joinville. Comme je pratiquais sérieusement l'aviron depuis plusieurs années, je me réjouissais de pouvoir me consacrer à ma passion sous les drapeaux. Las ! Non seulement j'avais trop peu de compétitions nationales à mon actif – aucune en fait –, mais au moment de la visite médicale, on me découvrit un ulcère duodénal qui avait si profondément creusé dans la muqueuse gastrique de la paroi interne que les médecins militaires proposèrent de m'opérer illico, ce que je refusai aussitôt en me sauvant l'après-midi même de l'hôpital Bégin. Le gars du mochav me ramena brutalement à la réalité en me balançant le faisceau de sa lampe torche en pleine figure et l'Uzi, sur le ventre.

— Prends-la, manipule-la un peu, il faut que tu te familiarises. C'est quoi ta spécialité ici ?
— Ma spécialité ? Euh... *tarnigolim* !
— Bon, suis-moi bien : ce pistolet-mitrailleur, quatre kilos à peine, est idéal pour la guérilla urbaine, dit-il tout en le mettant en pièces détachées avec une dextérité qui me laissa pantois. Sélecteur de tir, mires, hausse... tu verras, il y a peu de pièces à assembler, très pratique... deux pièces pour la crosse pliable, une carcasse en tôle, le magasin est encastré dans la poignée... ici le bloc de culasse, la chambre, la queue de détente, la gâchette, tout ça tu connais bien sûr...
— Bien sûr.
— Il y en a qui aiment bien tirer en automatique, le bras tendu, mais fais gaffe, quand on ne sait pas, on peut se blesser...
— C'est comme tout : ça paraît simple quand on sait, mais quand on ne sait pas...
— N'oublie pas : plus ta cadence de tir est, disons, raisonnable, mieux tu contrôles ton arme ; plus tu tires en rafale, moins c'est précis.
— Logique.

— Pour être efficace, tire avec la main droite, toujours. Autre inconvénient : les balles, ce n'est que du neuf millimètres parabellum au faible pouvoir de pénétration...

— Neuf millimètres, c'est tout ! déplorai-je, moi qui n'avais de ma vie jamais touché une munition.

— Maintenant, tu es prêt. Moi, je me casse avec le tracteur et la lampe car j'ai à faire. Ouvre l'œil jusqu'à la relève.

— Ah bon... À propos, comment tu t'appelles ?

— Isaïah. Ça veut dire « Dieu est délivrance », mais si c'est trop compliqué pour toi tu peux m'appeler Jean-Louis, ça marche aussi...

Et il me planta là, l'Uzi entre les mains. Encore heureux qu'elle n'ait pas été munie d'un viseur à infrarouge. Si je venais à m'en servir un jour, je m'arrangerais pour en prendre une toute prête en priant pour qu'elle ne s'enraie pas.

Je le hélai de loin :

— À propos, elle est chargée ?

Un éclat de rire résonna dans la nuit.

Le lendemain à l'aube, je n'étais pas frais. La récupération attendrait. Il me fallait être à pied d'œuvre pour affronter le moment de la révélation : le mystère de l'identité de ceux dont la vie sur terre dépendrait de moi, de ma volonté, de ma disponibilité, de ma technicité.

Les *tarnigolim*, des dindons ! Très jeunes, ils m'avaient précédé de peu dans le *loul*, l'immense poulailler où ils s'égaillaient.

— Tu dois t'en faire des amis tout de suite, sinon... Attrapes-en un ! dit Haya.

Passé une certaine appréhension et de multiples essais infructueux qui provoquèrent les fous rires de ses enfants accourus en spectateurs, ayant renoncé à utiliser des gants qui me ridiculisaient, je finis par posséder non sans fierté le tour de main pour les attraper par les pattes, les retourner d'un coup et les balader ainsi la tête en bas autant que nécessaire, aucun d'entre eux n'ayant suffisamment travaillé ses abdos pour se redresser d'un coup et attaquer ma main à coups de bec vengeurs.

Lorsque Haya me montra ce qu'elle attendait de moi,

je compris vite pourquoi une aide lui était indispensable. Étancher leur soif en permanence, changer l'eau afin d'éviter la prolifération de bactéries, veiller à la situation des seaux en partant, remplacer souvent la paille et les copeaux de chanvre afin d'éloigner cette maudite humidité qui pourrait leur causer un rhumatisme articulaire, garder les blessés à l'œil pour les protéger, quoi encore ? Le principal : les nourrir. Les sacs de grain de plusieurs kilos pesaient à l'épaule mais il fallait les vider régulièrement dans des dizaines d'abreuvoirs et de mangeoires verticales. Autant dire que le soir venu, en posant la barre de métal pour fermer la porte, je ne traînais pas trop les premiers temps avant d'aller me coucher, plus fourbu qu'à l'issue d'une course d'aviron ou d'un entraînement de judo.

La nuit, dans mes cauchemars, on me forçait à manger tous les jours de la dinde aux marrons comme dans un Noël sans fin jusqu'à m'en dégoûter à jamais lors d'un Thanksgiving au gloussement apocalyptique. Pour les oublier, je ramais sur la Seine. Ma façon de m'évader. Quitter la terre pour les flots comme chaque ouikende à Paris en temps normal. Mais qu'est-ce qui est encore normal et qu'est-ce qui ne l'est plus dans un pays où les voisins ont porté la guerre ?

Dindon, dinde, dindonneau, je ne pouvais plus les voir en peinture. Cela n'avait rien d'épidermique car certains de ces gallinacés ne manquaient pas de charme. En fait, mon aversion était purement intellectuelle. On m'avait prévenu mais il me fallut en faire moi-même l'expérience pour en juger : le dindon est le plus bête de tous les oiseaux, bien au-delà de la famille des *Phasianidae* ;

d'une bêtise insondable, une bêtise irrattrapable que l'on dirait à front de taureau si l'image n'était trop métaphorique. Malgré tout, passé un certain cap, après un peu plus d'un mois d'une intime fréquentation, je finis par m'y attacher sentimentalement. Trop nombreux pour être reconnus ou identifiés individuellement, certains avaient leur personnalité. Un tempérament d'élite, sûr de lui et dominateur facile à identifier. Quelque chose dans la démarche, le port de tête, le regard. Dès le deuxième jour, ma première faute eut des répercussions immédiates. Haya, qui s'était levée avant moi, vint me chercher dans la cuisine alors que je n'avais pas encore terminé mon café :

— Viens voir par tes yeux...

Une fois dans le *loul*, elle me désigna deux seaux à eau que j'avais apportés la veille :

— Toujours les laisser à l'envers, renversés, tu vois. Parce que sinon, c'est la catastrophe...

Les deux seaux étaient chacun remplis d'une dizaine de dindons. Le premier à avoir sauté dedans par curiosité n'avait pu remonter malgré ses efforts désespérés. Un deuxième l'y avait suivi pour les mêmes raisons et ainsi de suite. Seul celui qui trônait sur le tas d'asphyxiés paraissait en forme, pas mécontent de lui. Bilan : quinze morts.

J'en étais mortifié. Haya m'emmena dans un coin où un jeune pensionnaire était à l'agonie. Il avait suffi d'un coup d'ongle ou d'une morsure de bec pour faire couler un peu de sang ; aussitôt ses compatriotes s'étaient rués sur lui et l'avaient dévoré vivant. Un authentique comportement de nazis. Il était trop tard, ses minutes étaient comptées.

— Rappelle-toi : dès que tu vois une petite trace de sang, tu isoles la bête, tu la soignes et tu la protèges. Parce que eux, ils ont un champ de vision beaucoup plus important que le nôtre, ils repèrent tout, même la nuit. Le premier qui a le malheur d'être blessé y passe. Tout ça, c'est une question d'angoisse.

Voilà le chapitre manquant chez Freud : le stress du dindon et ses effets sur son agressivité. Les miens avaient l'air heureux d'autant qu'ils avaient de quoi s'égailler. Leur *Lebensraum* de neuf mètres carrés minimum était largement respecté. Désormais responsable de l'avenir incertain de quelque deux mille gallinacés dont certains avaient déjà connu le trépas par ma faute, ma très grande faute, autopromu expert en la matière et envié par mes camarades fleuristes qui souffraient dans la chaleur des serres, au fond je ne m'autorisais que de moi-même tel un psychanalyste selon Jacques Lacan.

Le mochav n'était pas du genre de ces villages français isolés dans la campagne où l'on se tait dans toutes les langues. Non seulement ça parlait tout le temps mais dans toutes les langues. Une Babel en miniature à l'image du pays. La perspective était plate. Rien qui dépasse. Aucun de ces édifices qui tiennent le paysage en joue. Dans ce lieu improbable, ce no man's land où je ne m'étais jamais aventuré auparavant malgré deux séjours touristiques, j'appréhendais autrement la surface de perception entre le monde extérieur et moi. À la tombée de la nuit, une heure de pur silence face à la nature m'était indispensable pour me débarrasser d'une journée passée dans le vacarme et le tohu-bohu incessant de ma chère volaille en conversation. Ces soixante minutes hors du monde me permettaient de me rassembler. Tout endroit sous le ciel ayant son *genius loci*, son génie protecteur qui en révèle l'identité profonde, ce moment privilégié me paraissait des plus propice pour la révéler.

Un soir après dîner, alors que je lisais allongé sur mon lit, des cris me parvinrent du dehors. Une agitation inhabituelle à une telle heure. Plusieurs personnes couraient dans tous les sens en hurlant autour du *loul*. Une attaque de l'ennemi contre mes dindons paraissait inconcevable, encore que le pire n'est jamais sûr. Je courus aussitôt les rejoindre.

— Tu as mal refermé la porte ! Ils n'ont eu qu'à pousser et voilà ! Regarde, il y en a partout ! me cria Haya essoufflée tandis que son beau-frère organisait la battue avec des voisins venus à la rescousse.

Une heure durant, nous avons couru dans les champs jusqu'à en perdre haleine. L'absence de lumière à la nuit tombée n'arrangeait rien. Pour me faire pardonner, j'allais plus loin que les autres, quitte à en ramener trois ou quatre à la fois à bout de bras – et je sentis bien ce soir-là qu'ils avaient pris du poids depuis mon arrivée au mochav. Combien en avions-nous perdus par ma négligence ? Une vingtaine probablement, qui s'ajouta à la quinzaine lâchement assassinée par ma faute. Relativement peu sur une population de deux mille âmes et assez insignifiant par rapport aux pertes humaines de la guerre qui faisait rage, mais tout de même.

Tous les soirs, ceux qui le souhaitaient pouvaient se retrouver dans un local mis à la disposition des volontaires. Des amitiés s'étaient nouées en fonction d'affinités improbables. Une routine s'installa. Les amateurs de cartes se groupèrent naturellement autour de la table de poker tenue par Jo, l'apprenti coiffeur. Je tentais d'en rameuter quelques-uns devant l'échiquier que j'avais apporté de Paris, mais sans grand succès. Le backgammon, ou plutôt le shesh-besh, sa variante moyen-orientale, avait les faveurs, et le baby-foot, ses amateurs éclairés. Je n'en étais pas davantage. On me prenait pour une sorte d'aristocrate parce que le soir je préférais la compagnie des livres à celle des cartes. À quoi ça tient, un quartier de noblesse.

Tous n'étaient pas comme nous des militants sionistes formés au Cless. À notre mochav Aharon Al Tsadikim, on en avait vus qui n'avaient fait que passer. On les appelait les clandestins, les touristes, les électrons libres. Seuls ou même en famille, ils avaient pris le premier avion et débarqué sans prévenir personne. *Ecce homo!* La belle affaire. Les loups solitaires représentaient un fardeau pour les autorités, qui ne savaient pas quoi en faire. Comme ils venaient de France, elles s'en débarrassèrent sur nous, mais leur difficile intégration et leur déception les firent pour la plupart rentrer au pays au bout de huit jours. Un échec annoncé dès que l'on réagit à l'émotion. Ils voulaient faire quelque chose quitte à faire n'importe quoi. De ce fiasco avait surgi un bon mot qui fit florès dans l'opinion publique, selon lequel Israël se battait sur trois fronts : contre les Égyptiens, contre les Syriens et contre les volontaires. Parmi ceux-ci, rapidement disparus du paysage, il y en avait au moins un que je ne regrettais pas. Un personnage obséquieux qui enveloppait son interlocuteur de compliments comme autant de bandelettes. Assez satisfait de lui-même, il tenait à nous faire savoir qu'il sortirait bientôt de l'ENA – ce qui lui valut en retour cinglant : « L'école nationale d'admiration ? » Le genre de type qui se réchauffe à son propre soleil au risque de fondre sous la chaleur dégagée par son génie incandescent. Le soir au local, lorsqu'il s'adressait à l'un de nous, il donnait toujours l'impression de chercher en lui son arrière-plan. À force de regarder derrière il ne faisait plus face à l'autre. De quoi créer des rapports nécessairement obliques. Lorsqu'il s'exprimait, il nous contraignait à une impardonnable contorsion : on passait davantage de temps à élucider ce qu'il avait voulu dire que ce qu'il disait. Il fallait attendre un certain moment avant que le sujet ne se décide à rejoindre le verbe. On résolut de le laisser faire ce qu'il faisait le mieux, c'est-à-dire rien.

Comme j'étais manifestement celui qui recevait le plus de courrier, on m'avait confié la mission de le collecter puis de le distribuer, tâche à laquelle je m'appliquais chaque soir entre deux parties. Ma tournée s'effectuait à bord d'un tracteur. Après des débuts chaotiques durant lesquels, ayant confondu la marche avant et la marche arrière, je mis l'engin dans un fossé, je finis par le maîtriser. J'en tirai aussitôt, et pour la vie, une morale de l'action selon laquelle il ne faut jamais se laisser dominer par la technique, il suffit d'être patient et de recommencer pour en venir à bout.

La pièce était si chaude et enfumée que les enveloppes s'ouvraient sans forcer, mieux que la vapeur échappée d'une marmite. En fait, mon coin préféré était celui tenu chaque soir par Jean-Michel. Il le tenait vraiment, tel un bistrotier derrière son zinc. Nous nous regroupions naturellement autour de lui pour l'écouter car dans ce pays qui avait en temps normal la religion des nouvelles, elles étaient alors cruciales. Mettant à profit sa bonne connaissance de l'hébreu, ce garçon, plus âgé que la moyenne d'entre nous de deux ou trois ans, préparait une thèse d'histoire militaire à Sciences Po. Sa passion, son hobby bien que, en vertu d'un admirable pragmatisme, il poursuivît parallèlement des études de finances afin de se destiner à une carrière de banquier car l'Histoire, c'est la chair du temps ; ça nourrit son âme mais pas son homme. EOR, entendez élève officier de réserve, tendance « fana mili » (au début c'était son surnom, qui sonnait comme un patronyme juif – on l'avait cru maltais, allez savoir pourquoi, il est vrai que là-bas tout le monde s'appelle Camilleri, Spiteri, Azzopardi...), il constellait son calepin de positions en hiéroglyphes codés dont le sens nous échappait. Ses mises à nu de la situation paraissaient d'autant plus lumineuses qu'il articulait chacun de ses mots à la manière de Fernandel dans un film de Pagnol : en les démantibulant chacun en syllabes quoique, insigne différence, non avec l'accent de Marseille mais avec celui de la Goulette. On comprenait tout, même l'obscur.

Nous l'appelions « le colonel ».

Son coin, il l'avait accaparé dès le premier jour et nul n'aurait songé à le lui disputer. Un angle au fond de la pièce. Une grande carte, pas tout à fait d'état-major mais presque, en tout cas pas une carte Michelin, récupérée on ne sait où, était punaisée au mur ; des sortes de chars, d'avions et de troupes mais en très primitif, sculptés à la diable dans des bouchons de liège, la balisaient ainsi que de petits drapeaux. Leur maître d'œuvre suivait en permanence à la radio et à la télévision les mouvements qu'il commentait pour nous en faisant le point et en dressant le bilan chaque soir.

Avec des épingles de couleur, notre Clausewitz décrivait l'avancée des troupes avant de la commenter avec le sérieux d'un général en campagne. On le chambrait de temps en temps. N'empêche que grâce à lui, on parvenait à peu près à savoir où la guerre en était après décryptage et lecture entre les lignes de ce que laissaient passer la censure militaire et le culte du secret qui hante les chefs de Tsahal*[1]. On suivait les événements en temps réel. La brèche de l'armée syrienne dans la trouée de Rafid, la reconquête du mont Hermon par les bérets marron de la brigade Golani et la prise de la station d'écoute, et au moment des attaques et des contre-attaques après la percée du déversoir de Sharon, on se laissait emporter par les noms de code l'opération Cœur vaillant, la Ferme chinoise, qui eût été assez romanesque si ça n'avait pas reflété des combats implacables – et le nom donné à l'un de ces lieux quand les armes se sont tues : la vallée de la mort. La poche de Sassa et Serapeum, la colline de Tsach, endroits improbables dont l'existence même nous était inconnue, revêtaient soudainement une importance considérable.

Dans la bouche du Colonel, la guerre prenait des accents de tragédie racinienne. Après tout, n'obéissait-elle pas elle aussi à la règle des trois unités : temps, lieu,

---

1. Les termes suivis d'un astérisque sont définis dans le glossaire en fin de volume.

action ? La première fois qu'il fit cette analogie, Charly se précipita à ses pieds.

— Mais qu'est-ce qui te prend ?
— Tu vois bien : je me roule dans la poussière.
— Tu es malade !
— C'est une expression consacrée : l'élève se roule dans la poussière aux pieds de son maître afin de recueillir toutes les étincelles de son génie.

Un soir que les esprits étaient chauffés à blanc par la contre-offensive israélienne, des « À Damas ! » et des « Au Caire ! » fusèrent. On se serait cru dans *Lawrence d'Arabie*. On entendait déjà Peter O'Toole lancé à l'assaut sur son chameau, hurlant « Akaba ! » et pointant sa baguette de jonc vers la soldatesque turque comme s'il allait la sabrer. Sauf qu'eux ne bougeaient pas de leurs chaises. Ce qui n'empêchait pas des conseils stratégiques : « Pour un œil les deux yeux, pour une dent toute la bouche », interprétation légèrement hyperbolique de la loi du talion telle que lue dans le livre de l'Exode. Ils gueulaient et s'engueulaient sur les vraies raisons qui empêchaient Tsahal d'aller au bout de sa contre-attaque. Pour les uns, l'absence de moyens ; pour les autres, le veto des grandes puissances assorti de la menace d'une intervention soviétique. Le Colonel les laissait s'étriper et, avec un flegme remarquable, n'en poursuivait pas moins son compte rendu des opérations sur la ligne des cols Mitla-Gidi et à Ras Missala, dans les collines de Généïfa et sur les terrasses fortifiées de la Missouri, dans la poche de Khushnieh et sur le plateau du djebel Shaïfa. Son auditoire étant trop occupé pour l'écouter, nul ne s'étonna de l'entendre évoquer Milano et Budapest à la frontière avec l'Égypte. À la bataille de Diên Biên Phu, les collines fortifiées portaient plutôt des noms de femmes. Les esprits étaient si galvanisés que si tous imaginaient une défaite, nul ne l'envisageait. Le poids de l'Histoire en marche se faisait sentir sur les épaules de chacun d'entre nous comme sur celles de tout Israélien. Puisque nous y étions, nous en étions. Soudain, un écho de la radio m'intrigua.

— Taisez-vous ! vous avez entendu ?

Un joueur de shesh-besh monta le son.

— Rien de notable sur le front, murmura le Colonel.

— J'ai entendu le nom de Cohen, quelques accords de guitare et des paroles de chanson et puis...

— Original, dans un bulletin militaire !

— J'aurais pourtant juré que...

Ce n'était pas la première fois que je leur parlais de lui. Mais cette fois, visiblement, il se passait quelque chose.

— Ils ont parlé d'un concert de Leonard Cohen, j'en suis sûr, en écorchant son prénom comme d'habitude... Quand ils n'y arrivent pas, ils lui substituent son prénom hébraïque, Eliezer. Ce qui ne facilite pas ma tâche car on se cogne à des Eliezer Cohen à tous les coins de rue de ce pays.

— Celui-là, tant que tu ne lui auras pas mis le grappin dessus, tu nous bassineras avec...

Même le Colonel se prit au jeu. Il mit son grain de sel :

— On a signalé sa présence à la station radar de Charm el-Cheikh, à la Ferme chinoise et ailleurs. Il est partout ce mec, il n'arrête pas de bouger ! Il a chanté au QG de Sharon sur le canal pour les troupes de la division commandée par le général. Ils sont même tous les deux sur la photo.

— Il aime ses chansons, Sharon ?

Un parfum d'irréel flottait dans ces soirées entre nous car des conversations s'entrechoquaient, le coq-à-l'âne était permanent, on passait d'un sujet à l'autre selon qu'on allait de table en table, de chaise en canapé sans égards pour des lecteurs isolés dans leur silence intérieur, tandis que l'un de nous, avec un léger retard à l'allumage, revenait vers le Colonel :

— C'est quoi cette histoire de déversoir dont tu as parlé tout à l'heure ?

— Un coup génial du général Sharon qui aurait pu mal tourner mais qui a réussi. Une percée qui a tenu à un cheveu. Un cas d'école, quoi ! Ce plan a consisté à traverser le canal de Suez via une tête de pont afin d'envelopper et d'encercler la 3e armée égyptienne sur ses arrières. Nos forces spéciales y avaient constaté l'absence de troupes ennemies. Un trou, un ventre mou sur la rive est du grand lac Amer. Le général Chazli s'était dit qu'avec toutes ces mines et une largeur de près de vingt kilomètres, ça suffirait à dissuader Tsahal. Mais pas Sharon, visiblement. Une tête brûlée, mais quelle intuition ! Et quelle *chutzpah** quand on y songe... Il a dû penser que l'improbable pouvait changer le cours de l'Histoire. Général à la retraite, rebelle, insubordonné, il porte le béret rouge des paras français. Ils le lui ont offert après un stage chez eux. Ça le distingue des paras israéliens.

Quelle guerre étrange, tout de même. De l'arrière, on avait la nette impression qu'un incroyable *balagan* avait caractérisé ses premiers jours. L'ennemi l'avait déclenchée le jour de Kippour en tablant sur le fait qu'en ce jour sacré, la quasi-totalité des habitants juifs du pays se trouveraient en recueillement dans leur synagogue. Ce qui était bien vu. Ce qui le fut moins, en revanche, c'est l'interprétation de cet état de fait. Car les autres jours de l'année, les Israéliens sont dispersés, et plus encore les autres jours de fête, sur tout le territoire et à l'étranger. En ce jour unique ils purent se regrouper comme jamais en faisant du porte-à-porte. C'est ainsi que ce jour-là se transmit le mot de passe, tout soldat et tout réserviste possédant une liste de noms à prévenir afin que chacun gagne un carrefour de son quartier pour être aussitôt embarqué au front. Très vite la nouvelle de l'attaque se répandit. Dans l'urgence, les rabbins avaient autorisé l'écoute de la radio car les ordres de mobilisation et les codes de regroupement des unités de réservistes passaient par ce canal. Certainement pas les rabbins ultraorthodoxes qui s'en remettent exclusivement au bras armé du Tout-Puissant pour repousser l'envahisseur, mais les autres.

Nombre d'Israéliens partirent directement de la synagogue pour leur caserne afin de s'y équiper avant de rejoindre aussitôt l'un des deux fronts. De plus, ce jour est certainement le seul de l'année où ce pays voué en permanence aux embouteillages offre la vision irréelle de routes absolument désertes. Les tankistes et les chauffeurs de transports de troupes ne pouvaient rêver mieux.

Du vendredi après-midi au dimanche, nous avions quartier libre, repos du chabbat oblige. La première fois, j'étais resté au mochav, par paresse. Mais il était si déserté, comme abandonné par ses habitants, que l'ambiance en était sinistre. Le spectacle des petits matins enveloppés d'une brume douce et désolée, où je guettais le moment où se lèverait enfin une joie ample, ne suffisait plus. Aussi, dès le deuxième ouikend, décidé à m'en aller sur les routes tel Achille immobile à grands pas, je me joignis à quelques camarades qui avaient formé le projet d'aller à Eilat, au bout du désert du Néguev. Les bus étaient rares et pleins. La plupart de ceux de la compagnie Egged avaient été réquisitionnés ainsi que les camions de marchandises. Ne restait que l'auto-stop. En voiture, cela risquait de prendre du temps. Les militaires étaient prioritaires sur les civils, et parmi eux, les aviateurs : considérés par tous comme d'authentiques demi-dieux, les seules divinités de ce que ce pays peut avoir de polythéiste, ils passaient avant tout le monde. Leur identité était ultra secrète, ce qui ajoutait au mystère qui les entourait. Pas de photos, pas de noms, mais un uniforme d'un prestige sans égal. À moins d'être des héros officiellement consacrés : Giora Epstein, as des as avec dix-sept victoires, déjà dans la légende, de même que les pilotes Abraham Salmon, Yftah Spector, Asher Snir... Au Japon, chacun d'eux aurait été un trésor national vivant. Ils restaient rarement plus de quelques minutes sur le bas-côté de la route. C'était un honneur de les convoyer. Mais nous ? Les camions militaires ne s'arrêtaient pas, jusqu'à ce que, des soldats ayant fait du raffut, l'un d'eux reculât pour nous cueillir à condition de nous dissimuler au fond du véhicule derrière une bâche.

— On n'a pas le droit, vous ne saviez pas ? Nos supérieurs nous l'interdisent. Il paraît qu'il y a des espions, des infiltrés peut-être parmi les... volontaires ! lança un sergent en éclatant de rire. Bon alors restez discrets et racontez-nous : c'est comment, Paris ?...

On s'improvisa guides virtuels de lieux enchantés, quitte à en rajouter un peu sur le magnétisme de la tour Eiffel et la puissance d'attraction de l'Arc de Triomphe – celui des terrasses de cafés et celle des Parisiennes leur parlaient davantage. Quand on eut terminé, à bout d'imagination, un voile de mélancolie enveloppa les soldats, des gamins pour la plupart. Un long silence prolongea nos évocations. Il fut rompu par une jeune recrue à la chevelure ébouriffée, le regard traversé d'une lueur de bonheur absolu à la seule évocation de Paris :

— Je connais, j'y étais, Paris... il y a trois ans... Je n'ai rien vu de tout ça. J'ai juste visité l'Olympia.

— Ce n'est pas en Grèce plutôt ça ? demanda son chef.

Un soldat se pencha à mon oreille :

— Il ment, celui-là, il vendrait des ordures aux éboueurs !

— Je le crois pas.

— Il fourguerait du shit à un orthodoxe, tu le crois ça ?

— Ça oui. Ils sont allumés ces mecs...

— Pas du tout, je dis la vérité ! Je voulais juste suivre mon idole en concert. J'ai économisé pour le billet d'avion et la famille s'est occupée de tout là-bas et puis... Inoubliable. À la fin il a même chanté un peu en français. C'était tellement émouvant qu'une partie du public s'est assise sur scène autour de lui. Alors moi aussi, comme si on était une famille et Leonard...

Je l'interrompis aussitôt :

— Tu parles bien de Leonard Cohen là ?

— Bien sûr ! Tu connais un autre Léonard dans le monde qui soit chanteur et ne soit pas Cohen ?

Le chauffeur du transport de troupes freina brusquement et tapa à grands coups sur sa portière.

— Dehors, les volontaires, il y a un contrôle à cent cinquante mètres, allez !

Nous fûmes prestement éjectés.

— Si tu l'aimes aussi, sache qu'il est là ! me hurla le soldat tandis que le camion s'éloignait.

— Leonard ? En Israël, tu es sûr ?

— Mais oui ! Il chante pour les soldats au front ! Et j'y serai aussi... bientôt... youhou ! O-lym-pi-a ! O-lym-pi-a !

Je n'avais donc pas eu une hallucination auditive. C'était bien lui, mon chanteur de chevet, que la radio évoquait l'autre soir entre deux bulletins militaires. Je le vénérais plus encore que Bob Dylan. À égalité dans leur génie poétique et leur capacité à nous emporter dans leur univers, Leonard était meilleur musicien, il jouait mieux de la guitare ; surtout, il me paraissait moins malin et roublard que le Zimmerman si doué pour emprunter à gauche et à droite et se l'approprier pour en faire du Dylan.

Dans un pays où tout le monde s'appelle Cohen, nous avions pris l'habitude de ne l'évoquer que par « Leonard » comme s'il n'y en avait qu'un ; et à mes yeux, il ne pouvait y en avoir d'autre. Enfoncé, Vinci, que l'histoire de l'art avait pourtant immortalisé par son prénom.

Je me serais damné pour aller l'écouter. La majorité des Israéliens n'avaient pas conscience de leur chance. Je renonçai à leur faire comprendre que ce chanteur dégageait un magnétisme à affoler les boussoles. Sur les photos de ses apparitions sur le front du Sinaï, ils paraissaient pour la plupart passifs sinon indifférents.

Alors que leur camion disparaissait déjà de la route pour s'enfoncer dans le paysage, des vers terribles d'un poème d'Aragon me revinrent à la mémoire :

> *Déjà la pierre pense où votre nom s'inscrit*
> *Déjà vous n'êtes plus qu'un mot d'or sur nos places*
> *Déjà le souvenir de vos amours s'efface*
> *Déjà vous n'êtes plus que pour avoir péri…*

De tous les mots que ces lignes contenaient, « déjà » était le plus terrible. On est juif par le sang reçu mais israélien par le sang versé. Et si ça tournait mal et qu'on dût finir par se battre nous aussi, que dirait-on de nous ? Pour nous aussi c'était la guerre, car nous étions solidaires du pays dans lequel nous avions choisi de vivre à ce moment précis. Mais la guerre sans la faire. Un pays où l'on est constamment rattrapé par la situation, les événements, les nouvelles. Toutes choses qui se ramènent à une seule : la guerre sous une forme ou une autre. N'empêche que nous n'en étions que des figurants. Nous n'avions guère conscience du péril même si les nouvelles nous y ramenaient sans cesse.

La station balnéaire d'ordinaire si bruyante et colorée était vide de touristes et de personnel hôtelier. De toute façon nous comptions dormir sur la plage. De rares voyageurs avaient eu la même idée. En les voyant allumer un feu et jouer de la guitare, nous nous joignîmes à eux. Le répertoire du musicien m'allait parfaitement. Lorsqu'il gratta les premiers accords de *Famous Blue Raincoat*, nous nous mîmes à chanter en chœur mais tout doucement, comme si nous l'accompagnions par notre murmure et non l'inverse : « *It's four in the morning, the end of December…* » C'est alors que l'ami du guitariste fit une révélation fracassante avec l'air de ne pas y toucher, en passant :

— Ah, Leonard, décidément il ne nous quitte pas…
— Moi non plus, il ne me quitte pas.

J'avais cru bon d'en dire autant pour bien lui exprimer que nous étions à l'unisson, alors qu'il s'agissait d'autre chose :

— Je l'ai suivi dans sa tournée du Sinaï, d'une base militaire à l'autre, parfois tout près du front…
— Mais alors, il a vraiment fait une tournée ?
— Bien sûr puisque j'en viens, reprit-il avec un tel

naturel que mes amis jugèrent aussitôt moins étrange ma quête infinie du Leonard. Une tournée tout ce qu'il y a d'informel. On l'appelle, il y va. Sans façons. Après tout il est là pour ça. Et elle se poursuit peut-être encore, qui sait.

Quoique déjà bien allumé, le type nous parut crédible ; il travaillait pour la version hébraïque de *Rolling Stone*, le grand bimensuel américain, mon magazine de chevet, celui qui ne nous révélait pas seulement la vie new-yorkaise *downtown* et nous faisait découvrir des groupes de rock californiens tels que Grateful Dead, mais bien davantage une autre forme de journalisme, le *gonzo*, qui mettait les rencontres en récit avec un humour assez radical et une subjectivité aussi assumée que l'engagement politique. De quoi installer aussitôt la confiance entre nous. Je n'en revenais pas. Lorsqu'il eut fini de planer et qu'il redescendit parmi nous, je le pressai de raconter ce qu'il comptait mettre dans ses articles.

On savait Leonard Cohen dépressif depuis des années. À trente-neuf ans, il n'en faisait pas mystère. Les femmes et les substances ne lui permettaient plus de domestiquer ses démons intérieurs. Cela ressurgissait inopinément lors de ses prises de parole en public, parfois à la fin d'un concert, lorsqu'il appelait à plus de verticalité des intellectuels happés par l'horizontale facile. Sa manière de dénoncer le manque de spiritualité chez ses contemporains. Il paraissait si désespéré que, plus d'une fois, il avait annoncé son retrait définitif. Plus d'enregistrement, plus de scène, plus rien puisque rien ne lui disait rien. Et le voilà à trente-neuf ans, ce Canadien père de famille, volontaire pour se jeter en plein milieu d'une guerre. Nul ne l'avait sollicité, pas plus lui qu'un autre dans le monde. Sa présence était spontanée.

Cohen justifiait sa présence en Israël à ce moment précis par une tautologie assénée avec une sérénité désarmante : Je suis venu ici pour être là, juste pour être là. Exprimer sa solidarité en marquant sa présence. Étant chanteur, il chantait pour aider, soutenir, renforcer. Se rendre utile. Voilà, c'est bien de cela qu'il s'agissait. Il se considérait à l'égal d'un volontaire. Comme les chanteurs Danny Kaye, né David Kaminski à Brooklyn, et Enrico Macias, né Gaston Ghrenassia à Constantine, également volontaires. Comme nous, au fond. Encore le violoniste Pinchas Zukerman et le chef Daniel Barenboïm étaient-ils israéliens, directement concernés, de même que les musiciens de l'Orchestre philharmonique d'Israël qui avaient joué pour les soldats sur les hauteurs du Golan jusqu'au Sinaï sous la baguette d'un Zubin Mehta toujours solidaire. Mais le violoniste Isaac Stern et quelques autres, qui étaient venus tout exprès ?

Sur les photos prises pendant sa tournée, et dont notre nouvel ami avait quelques exemplaires dans son sac, on voyait bien la perplexité sur les visages de nombre de soldats : tous n'étaient pas capables d'identifier ce civil venu d'ailleurs, nettement moins populaire que, disons, Yaffa Yarkoni ; mais ceux qui le pouvaient le raccrochaient immanquablement à *Suzanne*. Ou alors à l'au revoir du chanteur à sa muse, son amie de cœur. Ils durent avoir du mal à retenir leur émotion et les larmes qui, d'ordinaire, lui font cortège en reprenant le refrain « *So long, Marianne, it's time that we began* » à la suite du chanteur, leur chœur résonnant dans le désert du Sinaï. Il débarquait d'une jeep avec sa guitare entre deux canonnades dans le désert, se juchait sur une caisse de munitions ou s'asseyait sur un casque renversé sur le sol, attendait qu'un petit cercle se forme autour de lui, chantait trois ou quatre chansons et repartait pour recommencer ailleurs. D'écouter le journaliste de *Rolling Stone* nous raconter ces moments privilégiés me donnait la chair de poule. Il nous assura que même ceux qui ne comprenaient pas l'anglais avaient reçu son message. Ou plutôt perçu, puisque la poésie est avant tout affaire de sensibilité : elle était passée par-delà les mots.

Ce n'est pas Bob Dylan qui aurait fait le déplacement. Pourtant, quand on s'appelle Zimmerman, on doit bien avoir quelques cousins à saluer dans le quartier pour leur montrer qu'on ne les oublie pas. Meir Ariel, le Bob Dylan israélien, avait rejoint sa brigade de parachutistes à Suez. Leonard Cohen, lui, a même écrit des chansons pendant son volontariat. L'une, intitulée *Who by Fire*, est inspirée d'*Ounetanè Toqef*, poème de la liturgie des Jours redoutables appelant au repentir, omniprésent durant l'office de Yom Kippour.

— Et vous savez quoi, reprit le journaliste avant de remballer ses photos et son carnet de notes pleins de sable, il était tellement humble qu'il s'effaçait en chantant. On entendait la chanson, pas le chanteur tellement il s'y était enfoui. Un *mentsch*, ce type !

— Il faut absolument que je le retrouve, que j'aille l'écouter chanter où qu'il soit, je ne peux pas rater ça…

— Il vient de donner une interview à *Lahiton*, le magazine musical, regarde…

Sans être capable de la déchiffrer, je la tenais déjà pour la plus importante interview de l'Histoire depuis celle donnée par Allah à Mahomet. En tout cas, parmi les interviews qui avaient eu le plus d'effet sur la marche du monde, la plus considérable depuis celle accordée par l'Éternel à Charlton Heston sur le mont Sinaï. Au vrai, mon idole me paraissait insaisissable. Pas étonnant pour un homme lancé dans une fuite en avant. Mais dans ce pays tout le monde s'appelle Cohen et ceux qui y ont échappé s'appellent Lévy. Les sacs à dos de mon complice d'une nuit et de ses amis s'éloignaient sur la plage d'Eilat quand je l'entendis me crier en se retournant :

— Cherche dans les cendriers pour retrouver sa trace !
— Quoi ?
— Les cen-dri-ers ! Qui d'autre fume des Gitanes bleues sans filtre dans ce fichu pays ?

Le réveil avait été frais et précoce mais au moins nous nous désintoxiquions de ce que la vie au village pouvait avoir d'oppressant. Mochav ou kibboutz, ça restait un village avec son esprit de clocher, ses bruits, ses rumeurs, ses ragots. Peu avant notre départ, un volontaire avait dû être discrètement exfiltré d'une famille à une autre, et donc d'une maison à une autre, car un habitant le suspectait d'entretenir une liaison avec sa logeuse, sa belle-sœur...

À part les soldats qui montaient la garde sur la plage il n'y avait pas âme qui vive. Ils vinrent partager un café avec nous et nous mettre en garde :

— L'eau est froide mais si vous nagez quand même, n'allez pas trop loin. Akaba et la Jordanie, c'est la porte à côté...

Leur manière de nous rappeler que si l'endroit était connu pour être le paradis des plongeurs et des amateurs de récifs coralliens, il abritait également une base militaire de la marine.

Libération du corps, allégement de l'esprit. Loin du

vacarme des dindons et de la chaleur des serres, une version personnelle de l'*otium* romain suffisante pour y perdre toute envie de traquer ses propres misères. Quelques brasses au lever du jour, nus dans la mer Rouge, eurent raison de notre témérité. De quoi nous dissuader d'y chercher la goutte de néant qui lui manquait.

Le paysage était époustouflant. Dans ces moments-là, on est pris par le doute : n'étais-je pas sous l'emprise d'un romantisme sioniste nimbé du halo des pionniers ? Après tout, ils avaient inventé un État moderne sur les ruines d'un royaume englouti sous les sables. Juste assez pour marquer les imaginations. Idéaliste, je l'étais encore suffisamment pour croire qu'il faut partir de chez soi pour vivre sa vie, ce qui s'appelle vraiment vivre sa vie et pas seulement, comme disait Georges Perec, passer d'un espace à l'autre en essayant de se cogner le moins possible. On reprit la route, un exercice plein d'enseignements pour qui cheminait aux côtés de Charly. Parfois il se taisait longtemps avant de lâcher : « Ce n'est pas parce qu'une route est droite que sa pente n'est pas forte… » De quoi espérer qu'une voiture s'arrêtât bientôt.

À notre retour, une certaine routine s'était déjà installée. J'avais pris mes marques avec mes bestioles. On commençait à se connaître. On se dévisageait avant de s'envisager. Un véritable dialogue s'instaurait entre nous. Une sorte de complicité. Mes rares collègues en dindinologie ne le vivaient pas ainsi.

— Et toi, Daniel, comment ça va avec tes fafas… comment tu dis déjà ?

— Des phasianidés, ignare. Il faut beaucoup de sionisme et d'amour d'Israël pour s'occuper de ces gallinacés. Ils sont moches, ils sont bruyants et en plus, ils puent. Et comme ils sont gavés, ils ont des crises cardiaques quand on les entasse dans des cages. Bref, l'horreur pour eux comme pour moi. À part ça, ça va.

Le soir, je regardais rituellement les informations à la télévision assis sur le canapé, un enfant dans chaque bras ou sur chaque genou. Assise dans son fauteuil, Haya fumait des Chesterfield, comme la mère Golda qui était passée de deux à trois paquets par jour depuis le début de la guerre et qui avait l'air si anéantie dans ses conférences de presse ; mais contrairement à elle, Haya ne gardait pas son briquet en permanence dans la main qui tient la cigarette. Son grand moment de détente après la journée de travail. Un rituel familial, à ceci près que je n'étais ni le mari ni le père. Sans les images, une partie du commentaire m'échappait. Les nouvelles me faisaient le même effet que certains poèmes de Mallarmé, d'autant plus bouleversants qu'on n'y comprend rien. Je ne les quittais que pour rejoindre les autres au « club », ainsi que j'avais pompeusement rebaptisé notre médiocre local en souvenir d'un lieu semblable mais nettement plus stylé à Cambridge où mon meilleur ami m'avait fait admettre plusieurs étés de suite afin d'y perfectionner mon anglais.

Un mercredi, on nous présenta une femme charmante à peine plus âgée que nous, professeure francophone venue tout exprès de Tel-Aviv, habituellement chargée d'enseigner l'hébreu aux nouveaux immigrants. À la première séance, on se tint à peu près correctement. À la deuxième, ce fut déjà le tohu-bohu. Mes cours de philo sur les ravages collatéraux de la dynamique de groupe me revinrent à l'esprit. Une classe de cancres rigolards, insolents et si français, voilà ce que nous étions.

— Rendez-vous compte : si vous ne connaissez pas la langue, vous ne connaîtrez pas le pays. Ici la terre parle l'hébreu.

On ne se rendait pas compte. Elle nous observait comme des animaux en cage, éreintés par le travail physique et pressés de libérer notre trop-plein de testostérone. Une bande de petits cons qui la boycottaient pour le plaisir d'agir en irresponsables, immatures, incontrôlables. Seules les rares filles de notre groupe s'efforçaient au sérieux, par respect pour elle. À peine abordait-elle les questions de prononciation qu'une éternelle dispute reprenait entre nous. On en venait aux mots pour ne pas en venir aux mains.

— Ce n'est pourtant pas compliqué : l'hébreu étant une langue orientale, il doit donc se prononcer à l'orientale, comme le font les Marocains, et non avec l'accent de Vienne ou de Prague, *verstehen sie* ?

À la troisième séance, impuissante face au chahut, cette récente immigrante à peine plus âgée que nous, au regard sombre et soucieux (qui sait si son mari n'était pas mobilisé au front), jeta l'éponge et nous avec. L'Agence juive, qui nous l'avait envoyée, ne jugea pas nécessaire de la remplacer. La rue se chargea de nous apprendre l'hébreu.

Pour bien faire, plutôt que l'*oulpan** traditionnel pour mater ces petits Français récalcitrants, il eût fallu user de la manière forte : celle de Ben Yehouda avec son fils. Il lui fit uniquement entendre de l'hébreu et, pour y parvenir, le consigna pendant ses sept premières années à la maison afin qu'il ne soit contaminé par aucune autre langue. Il s'agissait de le plonger dès sa naissance dans la structure de la langue, dans son lexique et sa syntaxe, afin qu'il y grandisse. Une méthode pour le moins radicale que seul l'homme qui avait ressuscité l'hébreu antique pour en faire une langue moderne pouvait se permettre.

Pour moi, si fier d'être né natif de la langue française, si reconnaissant de ce privilège qui me permettait de savourer Montaigne, Diderot et Proust dans leur jus, la résurrection de l'hébreu justifiait à elle seule l'existence du sionisme, l'alpha et l'oméga de son discret triomphe sur les éléments et les infortunes de l'Histoire. Si discret qu'il semblait toujours à l'affût d'une lumière pour s'y cacher.

Tout pour la langue avant la terre même si sa renaissance était intrinsèquement liée à celle du pays. Ben Yehouda, son maître d'œuvre et l'inventeur de son dictionnaire, méritait davantage que sa grande avenue au cœur de Tel-Aviv. On disait qu'il avait mis au point sa méthode implacable et s'était juré de s'y tenir avec la plus grande rigueur sur le bateau qui le menait pour la première fois en Palestine. *Rak ivrit!* De l'hébreu et rien d'autre. Même pas de yiddish ! Surtout pas de yiddish, tenu pour un jargon par les pionniers du sionisme, pour ne rien dire du judéo-espagnol. S'il avait pu, il aurait même interdit à son fils de prêter l'oreille aux battements d'ailes des papillons comme au chant des oiseaux car leur musique ne relevait pas de l'hébreu. L'ouïe de son fils ne devait percevoir nul autre son.

— Un truc de malade! me souffla Charly, le visage mangé par la barbe, d'épaisses moustaches à la Groucho et une tignasse qui dissimulait ses yeux, le plus chahuteur d'entre nous.

Un garçon qui en savait bien davantage qu'il n'en laissait croire sous des dehors je-m'en-foutistes. De quoi douter qu'on pût jamais être profond sans paraître lourd.

Le plus souvent, il réagissait par onomatopées, rires ou haussements d'épaules. Assez pour se faire rapidement ranger parmi les primates alors qu'il était en réalité d'une grande finesse d'esprit. Ses réactions participaient d'une attitude.

— Tu sais quel est le premier néologisme que Ben Yehouda a inventé en hébreu moderne? *Milon*... « dictionnaire », tu le crois ça? De *mila* qui veut dire mot. Donc *milon*, recueil de mots. Il fallait y penser.

Une fois de plus, il m'avait séché avec sa réplique. Il suffisait de le pousser un peu, mais à part moi, inexplicablement attiré par ce genre de personnalité, les autres étaient découragés par son attitude désinvolte. Manifestement, il en savait un brin sur ce Ben Yehouda. Il m'apprit qu'il n'avait pas eu la tâche facile car il avait attaqué de front la *halouka*, ce principe selon lequel ceux qui s'enrichissent en travaillant dans le monde profane sont tenus d'entretenir les ultraorthodoxes censés nous enrichir en étudiant dans le monde spirituel. Tu parles d'un partage! Il voulait les priver de leurs revenus. Il les traitait de *schnorrers*, de mendiants; en retour, eux prétendaient qu'il était un *meshougge*, un maboul, quoi. Cette idée que l'on pouvait passer son existence sans travailler à seule fin d'étudier la Torah dépassait son entendement. Vivre de leurs subventions, de leur aumône parfois grandiose qui pouvait entretenir des écoles et des institutions, cela revenait à manger, dormir, respirer sur le dos des autres, fussent-ils consentants. Il en disait autant de la collecte récoltée en diaspora. À ses yeux, cette dépendance permanente vis-à-vis de la générosité des autres, laïcs ou religieux, était déshonorante. Les religieux en ont voulu à mort à Ben Yehouda. D'ailleurs, plus d'une fois, ils l'ont lapidé dans la rue. Ils le tenaient pour un blasphémateur parce qu'il modernisait la langue sacrée. Ça me rappelait ce que disait Amos Oz de la littérature israélienne : son problème, c'est qu'elle utilise la langue des prophètes pour dire que le héros descend les poubelles. Dov, laïciste absolu, était des plus virulents sur le sujet. Il considérait qu'Israël devait tenir non seulement les orthodoxes mais les religieux dans leur ensemble pour des ennemis de l'intérieur. Pas les seuls mais les plus dangereux. Renonçant à s'appeler Bernard, il avait fait intégrer son prénom israélien à son état civil contrairement à Alain, Marc et moi qui avions conservé nos prénoms de baptême chrétiens ou plutôt français.

De toute évidence, Charly avait lu les mémoires de Ben Yehouda publiés pour la première fois à New York en 1918.

— Tu connais les premiers mots ?

— Vas-y toujours...

— « J'ai fait un rêve ». Ça ne te rappelle rien ?

— *I had a dream!* Mais il y a du chemin de Ben Yehouda à Martin Luther King. Alors du calme !

— Tu sais quelle est la première affaire que Ben Yehouda fit en hébreu ? Changer de l'argent à un changeur séfarade dans une rue de Jaffa. Il avait le goût du risque.

En faisant sa connaissance à l'aéroport, j'avais spontanément engagé la conversation car le bonhomme respirait la sympathie :

— Tu fais quoi comme études ?
— Kant et karaté.
— De la philo, vraiment ?
— Kant… erbräu, ohoooo !
— Ah… mais, après ?
— Les jeans, avec mon père, boulevard de Sébastopol.

Pour la première fois ce soir-là, mon ami Charly m'apparut alors comme l'heureuse victime de l'effet du poulpe : il avait pris la forme et la couleur du fond sur lequel il se tenait. De nous tous, il était devenu le plus naturellement paysan. Il prétendait n'avoir presque rien lu, ayant déserté tôt les bancs du lycée, mais j'appréciais sa conversation comme nulle autre. J'avais quant à moi la passion de la littérature sans le culte des livres. Les maltraiter ne me gênait pas. Mes notes et surlignages en témoignaient : j'en faisais usage jusqu'à les user. La réminiscence d'une chose vue dans une librairie de Jérusalem déclenchait en moi un fou rire que nul ne s'expliquait : une cliente ayant bousculé par mégarde une pile de nouveautés et un quelconque best-seller s'étant bruyamment écrasé au sol, elle se hâta de le ramasser afin de le remettre en place non sans l'avoir auparavant baisé du bout des lèvres avec la solennité et le respect dû aux livres de prière en pareille circonstance. Où va se nicher le sacré !

— Désolé, m'avait-il confié un jour en prenant un air effectivement désolé, mais les livres et moi, ça fait deux, au moins. Je n'en lis jamais, je m'en porte très bien et je crois qu'il en sera longtemps ainsi. Quand on pense au nombre de conneries que balancent tant de lecteurs et pas uniquement sur cette guerre dont ils ignorent les ressorts... Tiens, j'en connais même un, de mes amis pourtant, qui termine Sciences Po et qui soutient mordicus que cette fois comme en 1967 Israël a attaqué les Arabes !

— Tu sais quoi ? Je suis persuadé qu'on peut très bien réussir dans la vie et mieux encore réussir sa vie sans jamais ouvrir un livre. Pas un seul, *bemet* ! Sauf le Code de la route, éventuellement, juste avant l'examen, mais c'est tout. Le secret de l'existence est d'abord dans la relation aux autres, dans la conversation car on n'a jamais raison tout seul, dans notre rapport aux arbres, à la terre, à la nature, il y a d'ailleurs chez Spinoza...

— Commence pas.

Au vrai, j'apprenais parfois davantage de nos parleries que de bien des pages analytiques, spéculatives et performatives. Tout en lui exprimait une sorte de primitivisme des perceptions qui avait le goût du réel et me faisait le même effet qu'un ruisseau d'eau claire l'été en haute montagne. L'amitié de Charly était aussi précieuse que rafraîchissante. Il disait ce qu'il pensait sans pour autant s'imaginer dire la vérité, contrairement à tant d'autres si souvent convaincus d'avoir raison sur tout tant leur esprit était armé. N'empêche qu'après avoir parlé durant toute une soirée avec lui du génie prophétique de Ben Yehouda, j'étais prêt à militer pour que fût commémorée au niveau national une certaine date de l'automne 1882 ; cette nuit-là à Jérusalem, pour la première fois, des Juifs ont commencé à communiquer entre eux en hébreu moderne.

À défaut des cours de langue, je ne ratais pas une conférence du Colonel. Ce soir-là, nous eûmes droit à une séance de rattrapage. Le cessez-le-feu étant annoncé une fois encore comme imminent, et sachant que nous avions signé un engagement pour rentrer en France au plus tôt deux mois et au plus tard trois mois après sa signature, il jugea le temps venu et le recul suffisant pour comprendre ce qui s'était passé au juste. Autrement dit : comment Israël en était-il arrivé là ? Nous étions bien placés pour entrevoir un début de réponse. On voit toujours mieux de biais. Si l'humanité faisait un pas de côté, elle aurait une tout autre vision du monde. Parfois la lumière est si vive et si cruelle qu'elle donne l'impression de produire des sons ; elle en devient si brûlante qu'on voudrait non baisser les persiennes mais l'assourdir.

Avant même qu'il prenne la parole, les questions fusèrent. Son exposé tourna naturellement à la conférence de presse, comme s'il était le chef d'état-major de Tsahal. Il est vrai que de nous tous, le Colonel était le mieux informé de la question. De notre bled, nous n'avions aucune image globale de la guerre. N'eussent été nos haltes quotidiennes chez lui, dans son QG, nous aurions été autant de Fabrice à Waterloo. De la guerre il nous manquait le vacarme ; seul l'écho assourdissant des chenilles des chars sur la route vers le front nous parvenait. Nous en étions protégés par une ombre acoustique comme celle que les historiens de la guerre de Sécession avaient observée lors de la bataille d'Iuka, dans le Mississippi, en 1862 ; l'armée confédérée devait être bloquée par une prise en tenaille lorsque la rumeur sonore de la bataille parviendrait à l'armée de l'Union ; mais elle ne les atteignit jamais en raison de ce phénomène sonore. Jamais je n'aurais imaginé que cette guerre civile à peine effleurée à la fac viendrait me rattraper jusqu'ici.

Debout, notre Colonel commença par raconter ce que l'on savait déjà, comme tout Israélien saturé sinon saoulé de nouvelles du matin au soir et de la tombée de la nuit au lever du jour trois cent soixante-cinq jours par an : les responsables alertés la veille au soir de l'imminence d'une attaque de grande ampleur, la réunion du cabinet de guerre dans l'urgence le 6 octobre à 8 heures du matin, Golda et Dayan rejetant le principe d'une attaque préventive – après le coup de 1967 et de la guerre des Six-Jours, Washington ne leur pardonnerait pas... et à 14 heures, les Égyptiens franchissaient le canal de Suez et pénétraient dans le Sinaï tandis que les Syriens lançaient leur offensive sur les hauteurs du Golan, et leurs paras sautaient sur le mont Hermon pour prendre la station d'écoute électronique israélienne...

Puis, pour une fois, il suspendit l'écoute de la radio, tapis sonore de toute maison et de tout lieu public israéliens, s'installa face à nous à califourchon sur sa chaise et fit signe à deux d'entre nous de se calmer.

— On n'est pas d'accord à propos de l'effondrement de la ligne Bar-Lev le premier jour de la guerre. Lui il dit...

— D'abord, le reprit le Colonel, la ligne Bar-Lev ça n'existe pas. L'armée n'emploie jamais l'expression. Elle doit sa fortune à la ligne Maginot, à l'analogie avec sa légende noire. Peu importe. À la veille de la guerre, c'était quoi ? Seize fortins et quatre cent six militaires de tous grades et toutes fonctions. Pas grand-chose quand on pense à ce qui lui est tombé dessus. Elle a été trouée par la puissance de... quatre cent cinquante canons à eau ! Dans les fortins, les sentinelles étaient terrées, assiégées, submergées. Et il leur a fallu affronter l'assaut de trente-cinq mille fantassins égyptiens et une pluie de cent mille obus ! Tsahal n'a pas pu refouler les têtes de pont ennemies établies dans le Sinaï. Les pertes ont été terribles car la tactique était inadaptée, c'est ce qui ressort des rapports. Et puis la sophistication des armements, la technologie...

— Y a pas que des histoires de chiffres !

— Tu as raison, Charly. Le facteur humain, essentiel.

— Y a aussi l'esprit. Je ne sais plus comment tu appelles ça, tu l'as dit l'autre jour...

— L'hubris, ce satané orgueil israélien qui s'est endormi sur sa réputation de supériorité (réelle) et d'invincibilité (ça se discute). Jusque-là, Israël paraissait bourrelé de certitudes. Il ne craignait rien ni personne. Aveuglés par un narcissisme collectif, une surestimation de soi et un excès de confiance, ils se sont laissé enfumer par les fausses nouvelles de la propagande, sans parler de l'obsession du terrorisme international qui a tout focalisé aux dépens de la vigilance. Leur triomphalisme de la guerre des Six-Jours, ils l'ont payé cash.

Il avait raison. C'était profond, quasiment ontologique car cela touchait au caractère national, ce cocktail d'arrogance, de mépris et de certitudes conforté par les coups d'éclat de Tsahal et du Mossad qui valaient au pays une admiration stupéfaite un peu partout dans le monde, y compris chez les ennemis héréditaires. Il y avait en eux du Zarathoustra : « Donnez-moi des ennemis dont je puisse être fier ! » Mais l'ennemi ruminait son humiliation. Comment imaginer qu'elle n'engendrerait pas un puissant désir de vengeance ? Inouïe, cette capacité de déni. Surtout dans la bouche ou sous la plume de hauts responsables politiques ou militaires. Rien ne *peut* arriver car rien ne *doit* arriver. Ils s'en étaient persuadés. Le problème, ce n'était pas tant le renseignement que son évaluation. Ajouté à cela le fait que les gens n'étaient pas sortis heureux de la guerre des Six-Jours six ans plus tôt à peine. Une poussière à l'échelle du temps. Quand on écoutait les gens, les simples citoyens, les hommes comme les autres, une fois passée l'euphorie de la victoire, une fierté mêlée de soulagement, leur ressenti était sombre. Ils ne s'étaient pas battus par héroïsme. N'empêche qu'en revenant à l'instant présent, l'héroïsme affleurait. Notre Colonel évoqua avec une certaine admiration le cas du lieutenant-colonel Avigdor Kahalani.

— Dans le Golan transformé en *emek ha-bacha*, comme disent les Syriens, en une vallée de larmes, en raison des centaines de chars T-62 et T-65 abandonnés ou calcinés, lui, à la tête du 77e bataillon de la 7e brigade, en a détruit vingt-cinq et son unité, cent cinquante ! Un Yéménite de vingt-huit ans. Sur la photo de son équipage, on ne voit que des gars hilares, barbus, hirsutes, dépenaillés.

Charly siffla d'admiration :

— Tant de tanks détruits...

— Aucun, répliqua le Colonel.

— Mais toi-même tu l'as dit...

— Des chars, pas des tanks. Des tanks ! et pourquoi pas des Panzer !

— Ce que tu peux être chiant parfois.

Lorsqu'il ne dévorait pas les journaux, notre précieux Colonel ne lisait qu'un seul genre de livres. Il allait chercher dans les batailles de l'Antiquité non seulement la clé de l'esprit des soldats et des officiers du XXe siècle israélien, mais surtout la stratégie de leurs chefs. Pour lui, il ne faisait guère de doute que leur inspiration venait de là. À commencer par ce principe qui faisait de Tsahal l'une des rares armées véritablement populaire au monde, « populaire » au sens d'« armée du peuple » dont les régimes communistes nous rebattaient les oreilles : tout citoyen apte à porter une arme doit défendre sa tribu. Plusieurs années de service militaire pour les garçons comme pour les filles à partir de dix-huit ans. Un rite de passage. Un mois de réserve sous les drapeaux chaque année au titre de « l'alerte ». Un citoyen israélien est un soldat en permission onze mois sur douze. On comprend son surnom : le fardeau.

— Le roi David disposait d'une armée de trois cent mille hommes. Rien n'a changé. Judas Maccabée avait l'esprit commando : d'abord tuer les officiers puis s'attaquer à l'état-major. À moins que ce ne soient les commandos d'aujourd'hui qui ont quelque chose de Judas Maccabée, allez savoir !

Certains d'entre nous, certainement plus religieux que le Colonel, complétaient utilement ses prises de parole qui nous nourrissaient tant. Ils puisaient dans l'histoire de la résistance juive à l'occupant romain leur mystique du sacrifice. Elle résonnait à travers les noms de citadelles assiégées et tombées à l'issue d'une lutte acharnée : Gamla, sur le plateau du Golan, où les résistants finirent par se jeter dans un ravin pour ne pas avoir à se rendre, Massada où près de mille zélotes résistèrent trois années avant de se suicider eux aussi, Betar, la dernière forteresse à tomber en Judée... Dans ces moments-là, Charly avait le chic pour faire redescendre la conversation des hauteurs où d'autres l'avaient placée :

— Tu crois en Dieu, toi ?
— Je ne sais pas.
— Mais alors pourquoi tu vas à la synagogue le vendredi soir ?
— Mon ami Berreby y va pour parler à Dieu.
— Mais toi ?
— J'y vais pour parler à Berreby.

— Ho! Oui, toi là-bas! C'est bien toi le facteur?

L'homme qui m'interpellait ainsi de loin était celui qu'on appelait le Tune depuis son accueil détestable à la seconde où nous avions posé nos valises au mochav. Toujours juché sur son tracteur – c'était à se demander s'il en descendait ne serait-ce que pour dormir –, il se rapprocha de moi. La lettre qu'il brandissait lui étant parvenue par erreur, il me la rendit.

— Alors, pas trop dur avec tes *tarnigolim*?

Son sursaut d'empathie me parut suspect, mais après tout la sagesse n'invite-t-elle pas à donner à chacun une chance de se rédimer? Il y a toujours une part d'humanité à chercher en creusant en tout être, même si chez certains il faut creuser plus longtemps et plus profond que chez d'autres. Dès mon premier séjour dans le pays, je m'étais fait ma philosophie quant aux mœurs locales. La cause est entendue: dans un pays constamment en guerre, les bonnes manières sont bannies par l'urgence de la situation. À croire que le savoir-survivre dispense de savoir-vivre. On n'a pas le temps d'être poli ou courtois.

M'étant fait ma religion sur le sujet, je ne serais jamais déçu : un Israélien, c'est quelqu'un qui vous bouscule et vous marche sur les pieds sans s'excuser à l'entrée du bus puis qui vous tend la main et vous aide à trouver votre chemin à la sortie du même bus.

On engagea la conversation, lui en haut, moi en bas. Il avait eu vent de mes ennuis lors de la grande évasion des dindons et relativisa l'affaire en dressant une analogie avec le pourcentage de pertes autorisé à l'armée. Or je suis ainsi fait que je donne ma confiance a priori à tous mais la retire à jamais dès lors qu'elle est trahie.

— Je te dépose chez toi ?

J'acceptai d'autant plus volontiers que je transportais un lourd matériel pour effectuer des réparations. Il me tendit sa main pour m'aider à me hisser en haut du tracteur par la force des bras en l'absence de marchepied. Au même moment il démarra brutalement et mon pied se retrouva coincé entre l'énorme roue et son garde-boue. Le cri que je poussai n'était pas tant de douleur mais d'effroi.

— Arrête ! Stooop !

Ma cheville était légèrement endolorie. Je retirai ma ranger du pied gauche et lui montrai les dégâts. La semelle était arrachée jusqu'au talon. Ses clous ressemblaient aux dents d'un squale ouvrant grande sa mâchoire. Si j'avais porté des chaussures ordinaires, mon pied y passait sans l'ombre d'un doute. Pas glorieux, pour une blessure de guerre. Mais après tout, si les photos du général Sharon prises au canal de Suez le montraient avantageusement en baroudeur – qu'il était vraiment –, la tête ceinte de bande Velpeau, c'est parce qu'il se l'était cognée en pénétrant dans son blindé. Le Tune redémarra en trombe et me planta sur la route, ma chaussure à la main avec son armature pendante. Il me gratifia d'un rire qui m'instruisit un peu plus sur la nature humaine. C'est peu dire qu'il n'avait pas le souci du monde. Étonnante, cette application que certains mettent à ne pas faire honneur non seulement à leur pays mais au genre humain.

De retour parmi les miens à Tarnigolim City, je m'employai à reclouer cette épaisse semelle qui m'avait sauvé la vie – ou presque. Alain, juché sur son tracteur à toute heure du jour quand il ne plantait pas des oignons de glaïeuls, s'arrêta et exprima sa compassion en ancien conscrit au fait du jargon technique :

— Mon pauvre vieux, sans ta BMJA, tu aurais pu dire adieu au sport !

— Ma quoi ?

— On s'exprime ainsi dans le langage administratif de l'armée française. On ne dit pas *rangers* mais « brodequins de marche à jambières attenantes ». Ça a soudain une tout autre allure.

La sienne me laissa songeur. Car le mystère que Dov avait un jour exposé demeurait inentamé : les impeccables mocassins éclatants de propreté de notre ami. Je les observais en imaginant que le monstre du Tune n'en aurait fait qu'une bouchée, ne laissant comme seule trace que quelques majestueux pompons de cuir au sol.

Les soirées au local étaient mon lien avec la France plus encore que le courrier. On s'y retrouvait comme pour y renouer avec ce qui demeurait irrémédiablement français en nous. La conversation en était le lieu privilégié. On n'a jamais raison tout seul. Notre entourage occupe une part mystérieuse dans nos réflexions les plus solitaires. Encore que tous les volontaires n'étaient pas d'un commerce également attirant. L'un avait une personnalité borderline quoique par intermittence, ce qui suffisait à m'éloigner de lui car manifestement il ne s'épanouissait que dans le conflit. Un autre pontifiait tant qu'il en devenait détestable ; quelle emphase dans le ton pour dire une chose aussi banale que : Le temps passe ! Dans sa bouche ça devenait aussitôt « Le temps pâââsse », quelle que fût la circonstance, au hasard d'une rencontre en faisant les courses du dimanche au marché comme dans la solennité d'un cortège funèbre.

Le village était notre montagne magique mais sans le surplomb sur le monde. À l'annonce du chabbat particulièrement et des départs du ouikende, nous vivions un moment suspendu sans lequel on aurait à peine su que c'était la guerre.

— Quelqu'un parmi vous a lu *La Montagne magique* ?
— Le guide du Golan ?
— Le mont Hermon ?
— Vous êtes décidément indécrottables ! Non, l'Engadine, le roman de Thomas Mann, un sanatorium à Davos... Bref, il y a deux personnages qui sont pris dans une conversation, le franc-maçon Settembrini et le mystique Naphta. Tout à fait vous. Reste à savoir lequel est lequel...
— Dire qu'il a fallu que je vienne dans ce bled paumé que même les Israéliens ne connaissent pas pour découvrir l'existence de l'Enga... comment tu dis ?

— L'Engadine !
— Ohé, les volontaires, un volontaire pour un poker ?

Parfois, il suffisait d'un rien pour lancer une querelle sur les sujets les plus improbables. La radio, par exemple. Non pas les nouvelles, territoire sacro-saint auquel nul n'aurait osé toucher, mais les chansons. Ma dilection pour la musique arabe n'était pas unanimement partagée, c'est peu de le dire. La guerre ne l'avait heureusement pas suspendue, ne fût-ce que par égard pour l'importante minorité arabophone du pays (si l'hébreu est la langue nationale, elle n'est que l'une des trois langues officielles avec l'arabe et l'anglais). En titillant le bouton sur le poste, les ondes égyptiennes surgissaient et, immanquablement, la voix envoûtante de la diva Fatima Ibrahim as-Sayyid al-Beltagi, dite Souma, dite l'Astre de l'Orient, plus connue sous le pseudonyme d'Oum Kalthoum, la divine chanteuse la plus populaire du monde arabe jusqu'à devenir *sawt al-Arab*, leur porte-parole stricto sensu.

— Ohé, du calme avec la divine ! Vade retro, antisemitas !

— Un bobard ! Une légende ! Arrêtez avec ça, une rumeur infondée...

— Une rumeur, ses appels au meurtre ? Tiens, chante-le-nous : « Égorgez, égorgez, égorgez les Juifs et jetez les cadavres à la mer ! »

— Et c'est dans quelle chanson, ça ? Cherche toujours, tu ne trouveras pas.

De fait nul ne trouvait. Elle avait chanté pendant la première guerre israélo-arabe, en 1948, mais c'était pour soutenir les soldats égyptiens piégés dans la poche d'Al-Falloujah. Dans plusieurs chansons, elle appelait bien à « anéantir l'ennemi », épousant et épaulant le panarabisme de Nasser. Rien d'autre. Afin d'apaiser les belligérants, je citai mes deux préférés chez les plus grands, dont elle n'était pas : Farid El Atrache, à qui sa qualité de Druze valait toutes les indulgences en cette période tendue, et Leïla Mourad, une beauté à la Joan Crawford, tant pour son génie musical que...

— Imaginez un instant qu'elle a réussi à s'imposer comme rivale de l'autre alors qu'elle était handicapée par ses origines. On ne cessait de les lui renvoyer à la figure. Certains l'appelaient même « l'Étrangère »...

— Pourquoi, elle venait de Saint-Nom-la-Bretèche ?

— Pire encore : c'était une Juive marocaine convertie à l'islam, Assouline était son nom de jeune fille et sa mère était ashkénaze.

— En effet, ça a dû être dur à vivre...

Parfois, mon goût de la provocation l'emportait. Si on ne frotte pas ses contradictions à celles des autres, à quoi bon la conversation ? Tout pour qu'elle ne s'enlise pas dans les lieux communs, l'inanité sonore, le *small talk* à l'anglaise, l'universel bavardage. Dans ces moments tant redoutés, quelques mots à peine insinués dans les interstices du babil suffisaient à tout relancer pour renouer avec le plaisir de la *disputatio*, comme dans les universités de l'Europe médiévale ; d'autant que nous étions presque tous étudiants bien qu'il n'y eût pas de maître parmi nous pour organiser la discussion selon un schéma dialectique thèse/antithèse/synthèse – autrement dit : je pose, j'oppose, je compose. Mais notre forum ne pouvait relever que du balagan ; c'était déjà le cas dans les cafés enfumés de la place de la République où l'on prolongeait jusqu'à pas d'heure les réunions et les entraînements. Que ce soit en exil ou sur la terre d'Israël, des Juifs entre eux tombent toujours dans le *pilpoul**. Ça leur vient de l'étude de la Torah, le commentaire infini. Deux Juifs, un parti ; quatre Juifs, deux partis. Voilà pourquoi les Israéliens de gauche comme de droite, religieux ou laïcs, ne renonceront jamais à la proportionnelle, système électoral qui donne du poids à de minuscules partis, exige des coalitions et rend leur pays si ingouvernable.

Les affinités naturelles jouaient. Même si le sionisme, le droit d'Israël à l'existence et celui du peuple juif à avoir un État, nous réunissait, nous ne nous accordions sur à peu près rien tout en nous efforçant de demeurer des gens de bonne compagnie. À la française, quoi ! D'où le *pilpoul* permanent, un méli-mélo d'opinions contrastées sinon conflictuelles, d'hypothèses audacieuses et de déclarations dogmatiques. On en sortait difficilement, l'essentiel étant, pour reprendre un mot du philosophe Gracián, d'y trouver son salut et de s'y retrouver non sali. La guerre n'en était pas le sujet exclusif, même si elle restait le lieu géométrique de toutes les passions – et comment aurait-il pu en être autrement puisque nous étions là pour ça ? Mais il suffisait d'un mot pour relancer la polémique. Parfois des noms d'oiseaux s'échangeaient. J'étais frappé par l'aisance avec laquelle certains portaient la malédiction sur l'autre. À peine Joshua, qui nous écoutait distraitement entre deux annonces au poker, eut-il lancé que certaines prises de position lui paraissaient

« peu opportunes » qu'il suscita aussitôt un nouveau débat.

— Mais qu'est-ce qui est inopportun, quand on y pense ?

— Lorsque cette guerre a éclaté, intervint Daniel, il se trouve qu'Enrico Macias donnait un concert organisé de longue date dans ma communauté, à Versailles. Comme prévu, il a commencé par « J'ai quitté mon pays… ». Une partie de la salle a trouvé ça scandaleux, cette nostalgie de l'Algérie au moment où Israël était envahi ; l'autre a jugé qu'il fallait la respecter. Des chaises ont volé dans les airs. Question de *timing*, ou d'opportunité.

Encore sous l'influence du professeur de philosophie qui avait ébloui ma dernière année au lycée, je croyais davantage au concept grec de *kairos*, le point de basculement, l'instant décisif, la circonstance idéale. Bref, le bon moment. Sans réfléchir, le vendredi suivant je décidai de partir seul à Jérusalem « en permission » sans raison apparente, sans me demander si c'était le bon moment puisque celui-ci ne surgit qu'à la condition de ne pas le chercher. Une femme remarquable m'y avait accueilli un an auparavant pendant l'été avec le petit groupe d'amis que j'avais emmené faire le tour du pays sac au dos avec des haltes dans les auberges de jeunesse. Rina était la tante de l'un des nôtres.

Sa personnalité rayonnante m'avait tout de suite conquis. Grâce à elle, j'avais eu des conversations passionnantes avec le père Bruno Hussar, dominicain de la maison Saint-Isaïe, le centre d'étude du judaïsme qu'il avait créé ; elle m'avait fait connaître la communauté qu'ils avaient fondée dans un village du nom de Neve Shalom, près de Latrun, afin de prouver au monde que Juifs et Arabes pouvaient coexister en paix ; elle m'avait mis en contact avec le père Marcel Dubois, philosophe et théologien, un dominicain également, passeur de saint Thomas et du thomisme à l'université hébraïque de Jérusalem. Ils œuvraient inlassablement au rapprochement judéo-chrétien. Pour son anniversaire, ils m'avaient invité à une messe en son honneur. Ils avaient obtenu à titre exceptionnel le privilège de la célébrer en hébreu sur la terre du Christ. L'émotion qui se dégageait de cette cérémonie m'avait laissé une empreinte durable.

Je retrouvai Rina, qui œcuménisait avec des moyens de fortune et une générosité sans limite dans une vieille maison haut perchée de la rue des Prophètes, près de la porte de Damas. Des visiteurs occupant la chambre d'amis, et les canapés aux ressorts à l'agonie étant également occupés, j'y dormis à même le sol sur une couverture. Cette promiscuité m'indifférait d'autant plus que ce que je recherchais, outre la compagnie lumineuse de Rina, ne relevait pas du confort. Je voulais retrouver in situ, dans les lieux mêmes de ma révélation, le moment de grâce que j'avais vécu lorsqu'elle m'avait fait connaître un morceau de musique bouleversant : la cantate *Jauchzet Gott in allen Landen !* (Exaltez Dieu en toutes les contrées !) BWV 51 de Bach. Le 33 tours était usé, épuisé ; le tourne-disque datait probablement de l'ère vétérotestamentaire ; son saphir tenait encore, par un miracle comme cette ville sainte à en mourir doit en produire en quantité industrielle ; et pourtant, la magie opérait. Rina eut beau m'expliquer que Bach l'avait composée pour le quinzième dimanche après la Trinité, mon émotion défiait tout contexte et toute justification liturgique. La soprano m'avait emporté loin et au plus profond, dans un no man's land connu de Dieu seul. Depuis cette découverte un an auparavant, il m'avait été impossible d'écouter la cantate par le timbre d'Elisabeth Schwarzkopf sans y superposer les crachats d'un disque à bout de force et les hauts murs humides de la maison de la rue des Prophètes. Là où pour la première fois, pour moi et pour moi seul, la musique avait pris la parole. En quittant sa maison haut perchée, j'eus la conviction qu'elle s'infiltrait dans le sol puis le sous-sol et que cette eau si paisible irriguerait les générations à venir. Mais de cette cantate 51, je ne parlerais à personne, comme si je voulais m'en réserver l'émotion ; peut-être aussi voulais-je la protéger d'un commentaire à la Charly qui y aurait vu l'origine de l'invention du pastis.

Jérusalem, je n'avais cessé d'y retourner tant son pouvoir d'attraction est puissant. Peu de cités dégagent un tel magnétisme. Les souks de la vieille ville me ramenaient à mon enfance. Les parfums, les odeurs, les couleurs, les bruits, la rumeur de ses ruelles suffisaient à m'enivrer. Je pouvais rester la journée attablé dans un café à siroter mon thé à la menthe tout en regardant les gens passer, ivre de la sensation exquise de ne plus savoir depuis combien de temps j'étais là ni pourquoi. Mais immanquablement, cette Babel m'oppressait. La concurrence à laquelle s'y livraient les trois monothéismes pour occuper l'espace acoustique, le choc des cloches des églises et des appels des muezzins, toutes ces sollicitations à prier et prier encore, tout cela densifiait l'atmosphère jusqu'à la rendre irrespirable. Il y avait trop de tout – et encore, les touristes l'avaient désertée à cause de la guerre. Le vendredi en fin de journée, des juifs se rendant à la synagogue pour y accueillir la fiancée du chabbat croisaient des musulmans en chemin pour la mosquée afin de s'y rassembler en psalmodiant la *ṣalāt al-jum'ah*. La spiritualité y atteignait un tel niveau d'intensité que cet excès me déprimait. Pendant vingt-quatre heures Jérusalem devenait une ville morte. Une ville fantôme pour western moyen-oriental.

Rares étaient les lieux ouverts aux laïcs. On la trouvait là aussi, la fameuse «misère de l'homme sans Dieu». Je crus bien la dénicher dans une sorte de café-restaurant, si l'on peut dire. Des étagères bourrées de vieux livres menaçant de s'écrouler, des fauteuils déglingués, des tables branlantes et une ambiance sans pareille qui me rappelait celle de la librairie Shakespeare & Company sur les quais à Paris. D'ailleurs, dans l'une comme dans l'autre, des écrivains venaient à la rencontre de leurs lecteurs, des poètes se pliaient sans façons au rituel de la lecture publique, des artistes laissaient sur les murs une trace de leur inspiration. On ne se croyait pas vraiment à Jérusalem mais quelque part dans la vieille Europe. Ma joie fut à son comble lorsque j'aperçus dans un coin à l'abri des regards plusieurs tables d'échecs. À l'une d'elles, une jeune fille en tenue militaire semblait guetter un partenaire inattendu. Elle tournait le dos à cet homme invisible afin de suivre les parties alentour. Elle ne quittait pas des yeux l'un des deux joueurs, évanescent et anémique à la limite du trépas, comme si elle étudiait ses réactions psychologiques davantage que ses coups.

— Vous permettez ?

— Vous, vous êtes français ! dit-elle sans se retourner en me regardant par en dessous.

— Vous dites ça à cause de mon accent ?

— À cause de vos manières. Un Israélien se serait assis directement sans rien demander.

On ne se refait pas.
— Alors, je peux ou pas ?
— Décidément, vous n'y arrivez pas ! fit-elle en riant, la main tendue vers la chaise vide, m'invitant à m'y poser.
Rien de tel qu'affronter quelqu'un aux échecs pour le connaître vraiment ; sa personnalité s'y révèle mieux que sur tout autre terrain ; la situation, le temps, la durée le radicalisent et le cristallisent pour le révéler enfin dans ses atouts comme dans ses handicaps, même si vous dînez dans un bistro sur une nappe vichy à carreaux rouges et blancs avec un maître qui mettra deux heures à vous passer le sel. On peut ainsi découvrir une personne dont on est l'intime de longue date et dont on croit avoir démonté tous les mécanismes. Mais pour simplement faire sa connaissance ? Cela ne m'était jamais arrivé malgré ma fréquentation assidue du cercle d'échecs de l'avenue de Wagram, au premier étage d'un club de billard français, que j'avais fini par quitter car des joueurs yougoslaves avaient la fâcheuse habitude de laisser éclater leur colère, d'invectiver l'adversaire en serbo-croate et d'envoyer l'échiquier et ses pièces en l'air lorsqu'ils perdaient. Très peu pour moi. De même que l'introduction de l'argent dans l'enjeu, fût-ce un franc la partie.
Elle posa d'emblée sur la table un billet de dix livres à l'effigie du vieux Moses Montefiore.
— Non.
— Non ? fit-elle déçue en le rempochant pour lui substituer une pièce de vingt-cinq agourot.
— Non plus. Ça abîme l'esprit du jeu.
Elle la fit disparaître en me regardant de travers. La barbe, pour une fois que je trouve un type à peu près

normal qui accepte de jouer avec une femme, il faut que je tombe sur un gars corseté de principes, c'est bien ma veine, voilà ce que je lisais dans son regard. La partie s'avéra intéressante, brève, tendue. La fille était vive, rapide, intuitive après une analyse profonde de la situation à laquelle elle accordait le temps nécessaire sans faire cas de mon impatience. Acculée au bout de vingt minutes, sans aucune porte de sortie en perspective, elle se débattait encore tel un poisson à peine extrait de la mer. Roi et dame contre roi et tour. Elle essaya de s'en sortir malgré tout. On s'acheminait vers une partie nulle. Lorsque je compris que jamais elle ne coucherait son roi, signe anticipé de son échec, je lui tendis la main et lui révélai un coup du maître autrichien Johann Berger datant de 1889, recelant une manœuvre de pat.

— Une autre ?

Elle replaça hâtivement les pièces et tira aussitôt les leçons de son revers. Rien ne laissait paraître qu'elle l'eût vécu comme une humiliation, bien au contraire. Sa fierté n'entrait pas en ligne de compte. En moins d'un quart d'heure, je me retrouvai pris dans un étau inextricable qui me poussa à l'abandon. Car ce renoncement ne m'effrayait pas. À quoi bon se battre jusqu'au bout lorsque l'issue est certaine ? Elle connaissait aussi bien que moi les fins de partie. Peut-être les avions-nous travaillées à partir du même livre, le classique traité d'Eugène Znosko-Borovsky. Nos deux parties avaient été si intenses que nous en étions sortis également épuisés.

— Ça vous dirait de reprendre des forces ? Ça creuse, les échecs.

On déambula un long moment dans la ville déserte avant de trouver refuge dans un boui-boui arabe de la vieille ville dont elle vantait la qualité des falafels. Son français sonnait agréablement aux oreilles. Ses quelques fautes d'expression, assez typiques des Israéliens francophones, ne manquaient pas d'attrait dans sa bouche, de même que l'usage incertain du tutoiement ou voussoiement. À vrai dire, à mes yeux, tout concourait à son charme, y compris ce que je commençais à peine à entrevoir de sa personnalité : un caractère déterminé sous une empathie universelle, un regard aussi sombre que profond qui ne se laissait pas facilement pénétrer, un sourire désarmant. Une complexité qui ne demandait qu'à être déchiffrée. Esther n'était pas belle, elle était autre. De toute façon, la beauté n'est pas dans la personne mais dans le regard qu'on porte sur elle. Et puis quoi, Proust ne nous avait-il pas conseillé de laisser les jolies femmes aux hommes sans imagination ?

Un hiatus affleurait du contraste entre son uniforme kaki, tout de rudesse, de simplicité, de monotonie, et sa personnalité si discrètement éclatante. Nos solitudes s'accordaient. Nous avions parlé des heures durant et à travers ses paroles, le choix de ses mots et les inflexions avec lesquelles elle les prononçait parfois, on pouvait ressentir le désir profond de se libérer de ses jougs invisibles. Toutes choses qui débordaient sa pudeur naturelle, comme si elle avait hâte de se débarrasser de ce qui l'entravait et l'empêchait d'y voir clair. On eût dit une âme active dans un corps inoccupé, à la recherche d'une vigie dans le chaos. Tant d'obstacles se dressaient dans son consentement à elle-même ! Cela paraissait si profondément enfoui que ces signes renvoyaient à une intranquillité archaïque.

J'avais la conviction de ne posséder qu'une partie des pièces du puzzle. Dans ma petite bibliothèque psychanalytique, j'avais glané que l'on ne connaît pas l'autre tant que l'on ignore tout de ses fantasmes et de ses inhibitions, que l'on ne dispose pas des codes de son horloge intime, ceux qui donnent accès à son fonctionnement intérieur. En attendant d'en être là, je me contentais de ce que deux parties d'échecs m'avaient révélé d'elle.

Allait-elle regretter de s'être ouverte à un inconnu ? Peut-être avait-elle perçu d'instinct que j'étais le genre de personne à qui on pouvait se confier car ma propre histoire, telle que je l'avais effleurée devant elle, était gouvernée par mon rapport particulier au secret. Sa confession serait sans écho extérieur, elle demeurerait entre nous, de cela elle avait acquis d'emblée la certitude. Il me revint alors qu'un jour, me trouvant à l'arrière d'un taxi parisien avec mon père, il m'avait fait l'aveu surprenant d'un fait très privé ; face à ma stupéfaction, il m'avait juste dit en désignant d'un coup de menton le chauffeur : il y a des gens devant lesquels on peut tout dire car on est sûr de ne jamais les revoir... Qui sait si ce n'était pas le cas de cette fille cette nuit-là.

— Il faut que je sois rentrée à la base avant le lever du jour, me dit-elle.

Soudain, la vision de son uniforme agit comme un rappel d'évidence. Notre longue errance me l'avait fait oublier. Je pris sa main. Comme elle n'opposa pas de résistance, je me lançai :

— On se revoit bientôt ?

— Après la revanche, la belle.
— Pour les échecs et pour le reste. Parler et t'écouter. J'ai vraiment aimé être avec toi.

Elle me répondit par un large sourire qui valait davantage que tous les discours amoureux. Du moins est-ce ainsi que je l'interprétai. Moi aussi, il me fallait rentrer sans tarder, même si les règles du mochav étaient plus souples que celles de l'armée. Difficile de rester insensible à l'appel du peuple des dindons lorsqu'on sait qu'il a faim.

Ma semaine reprit dans un esprit de routine qui n'était pas déplaisant. Ma maîtrise de la logique des *tarnigolim* autorisait un meilleur rendement. J'avais intégré comme un réflexe naturel la surveillance de la position des seaux et celle des blessures. La crainte des dommages collatéraux s'était éloignée. Seul m'importait le bien-être de mes pensionnaires. Je fis enfin connaissance de l'homme que j'étais censé remplacer dans cette famille. « Un Marocain comme vous », m'avait dit Haya en m'accueillant malgré ma qualité de Français, comme quoi dans ce jeune pays tout ramène à l'origine. Hananya, regard brûlant et silhouette sèche, l'était effectivement et ce qui nous restait à lui et moi de la *darija*, le dialecte de là-bas, avait suffi dès la poignée de main pour nous entendre. C'était sa première permission depuis le début de la guerre. Les siens le fêtèrent. Il paraissait encore enveloppé de la poussière du Sinaï où il avait participé aux plus dures batailles de chars avec son équipage. Il fut peu loquace et se renfermait dès qu'on le poussait à raconter plus avant. Alors, le regard perdu dans le vague, il se murait dans le mutisme pour n'en émerger qu'avec un sourire éclatant, sa manière d'engager à parler d'autre chose.

— Haya m'a dit que tu cherchais partout un chanteur du nom de Cohen. L'autre jour, il est venu chanter dans ma base. Honnêtement, je n'avais jamais entendu parler de lui. Mais je voyais un petit groupe se former au loin, des accords de guitare m'ont intrigué, alors je me suis approché. Je me réjouissais d'écouter Matti Caspi, mais j'ai été déçu. C'était un inconnu qui chantait en anglais...

On se retrouva dans le *loul* après le déjeuner, à croire que ses dindons, dont il avait à peine eu le temps de faire la connaissance et qui avaient bien grandi depuis son départ, lui manquaient vraiment. Cet homme respirait la bonté et cela suppléait largement notre absence de conversation. Deux jours après, lorsqu'il repartit pour le Sud, il vint me voir dans ma chambre pour m'adresser un simple « merci » qui justifiait largement mon voyage.

— J'ai oublié, je t'avais ramené un petit souvenir du Sinaï...

Et il sortit de son sac un objet que je n'avais encore jamais vu nulle part, pas même en photo. Deux disques de la taille d'un 33 tours en un métal ininflammable, l'un noir, l'autre rouge. Ils étaient étrangement enchevêtrés par un mécanisme central. Sur l'un, des dessins de pièces détachées avec des indications techniques en arabe ; sur l'autre, ce qui apparaissait manifestement comme des extraits de sourates du Coran ; en faisant tourner les disques, les unes se mettaient en rapport avec les autres. Nous convînmes que c'était là une manière assez particulière d'envisager la réparation.

— J'ai trouvé ça dans un char égyptien calciné. C'est tout ce qui avait survécu. Les conseils du mécanicien et ceux d'Allah.

Le soir, au local, je retrouvai mes amis. Alain, qui croyait entendre « gare d'Auschwitz » en lieu et place de « gare d'Austerlitz », parlait d'un livre américain paru en français quelques mois plus tôt et qui connaissait un fort retentissement. Dans *La France de Vichy*, Robert Paxton démontrait et prouvait la participation de l'État à la persécution, la déportation et donc l'extermination des Juifs. Contrairement à ce qui se disait et s'écrivait jusque-là, Vichy n'avait pas agi sous le coup d'une injonction de l'occupant mais de sa propre initiative, par choix politique. Que ces révélations assises sur des archives inédites fussent dévoilées par un historien américain (de quoi se mêlait-il ?) ajoutait au scandale. Nos échanges en furent stimulés quand bien même nous n'avions pas encore lu ce qui n'avait rien d'un brûlot si ce n'est la violence de sa vérité. Mais nous étions quelques-uns à avoir vu *Le Chagrin et la Pitié*, chronique de Clermont-Ferrand entre 1940 et 1944 – au cinéma et non à la télévision, l'ORTF ayant censuré le documentaire. D'une certaine manière, *La France de Vichy* semblait en être le complément. On sentait que la page de l'après-guerre se tournait enfin. Mais la guerre que nous vivions me paraissait plus urgente. Une longue série d'articles du professeur Jacob Talmon dans *Haaretz* faisait du bruit. Une conscience, un intellectuel réputé. De lui j'avais lu *Les Origines de la démocratie totalitaire* et *Destin d'Israël – L'Unique et l'Universel*. Le titre annonçait que l'heure était déjà au bilan moral et à l'inventaire des responsabilités : « Examen de conscience ». Accablant. Le Colonel nous en traduisit les principaux passages. J'en retins la litanie des reproches : l'ivresse de la force née de la victoire éclair de 1967, l'hubris qu'elle avait entraînée et son cortège d'excès dans la démesure, l'orgueil, le mépris de l'adversaire. Toutes choses qui aveuglent en mettant le réel à distance. Israël en avait conçu une certaine insouciance alors que s'il était un pays où nul n'avait été, n'était et ne serait jamais à l'abri, c'était bien celui-ci. J'aurais bien aimé lui rendre visite à l'université hébraïque de Jérusalem où il enseignait l'histoire moderne.

— Tu n'arrives déjà pas à retrouver Leonard Cohen, alors Talmon maintenant... Tu ne peux pas rester un peu tranquille au mochav avec tes dindons ?

— Ils ne comprennent rien à la genèse jacobine de la démocratie totalitaire, et moi, j'ai besoin de savoir, alors je vais là où sont les réponses, *verstehen sie* ?

Charly paraissait envoûté par les mocassins à pompons d'Alain. Penché vers eux, il ne les quittait pas des yeux.

— C'est un exploit inexplicable dans un endroit pareil. En plus, ils sont impeccablement cirés alors que nous, nos rangers sont bétonnés de terre séchée. Peut-être qu'il ne descend jamais de son tracteur et déroule un tapis rouge lorsqu'il rentre le soir dans la maison où il loge...

J'avais vraiment l'esprit ailleurs, auprès d'elle. Je revivais nos instants ensemble. Impossible de m'en défaire. Deux amis qui me sentaient accaparé par bien autre chose que l'avenir des gallinacés me charriaient mais cela tourna court.

— Dis-nous au moins comment elle s'appelle...

— En fait, je me rends compte que j'ai oublié de le lui demander. J'ai entendu quelqu'un l'appeler Esther, je crois...
— Mais elle fait quoi, à l'armée ?
— Euh... l'armée.
— Tu es un sacré curieux, toi !

Leurs rires me dissuadèrent d'insister tant je me sentais bête. Elle savait comment me joindre puisqu'elle m'avait dit connaître mon mochav. Moi, à part sa passion des échecs et son passage éphémère dans ce club de Jérusalem, je savais d'elle des choses enfouies que je ne répéterais à personne mais j'ignorais même dans quelle partie du pays elle vivait. J'avais tant visé l'essentiel en elle que j'en avais oublié le superflu, les détails pratiques. Encore que le nom et le prénom, l'ambassadeur et le porte-parole de tout être, me paraissaient relever du fondamental.

Sans nouvelles d'elle, je décidai de passer ma prochaine « permission » à Tel-Aviv. Je tentai quelques clubs d'échecs, notamment le plus important, sur l'artère principale Ben-Yehouda. En vain... En chemin, j'avisai l'office du tourisme encore ouvert en cette veille de chabbat, non pour elle mais pour lui. Impossible de faire lever la tête à la dame au comptoir, un peu sèche et plutôt raide. D'autant plus regrettable que je suis incapable de parler à quelqu'un dont je ne croise pas le regard, à commencer par ceux qui le dissimulent derrière des lunettes de soleil.

— Je cherche un nommé Cohen, Leonard Cohen...
— Vous m'épelez ? dit-elle en français.

Au ton dont elle usait, rien n'indiquait qu'elle s'exprimait au second degré. Sérieuse, vraiment.

— Vous aussi, madame, vous m'épelez beaucoup, dis-je en forçant sur l'accent yiddish.
— Pardon ?
— Rien.
— Alors, vous m'épelez son nom ?
— L-é-v-y.

Elle leva enfin les yeux et agita les mains et les sourcils, mouvement coordonné qui dans toutes les langues signifie : « Vous vous payez ma tête ? » Son regard noir m'invita à prendre la porte. Elle ne devait pas aimer la musique.

— Un chanteur canadien dépressif au point de se croire fini... Au festival de l'île de Wight, il a chanté après Jimmy Hendrix...

— Ça ne me dit rien.

— *Suzanne* peut-être... Ou alors *So long, Marianne,* je suis sûr, si vous voulez je vous la chante...

— Inutile.

— Alors *Le Partisan*, je peux en français si vous préférez...

— Je ne préfère pas.

La dame derrière le comptoir demeurait inflexible. Même *Famous Blue Raincoat*, qui fait normalement chavirer toute personne dotée d'un cœur et désarme les résistances les plus farouches, la laissait de marbre. En dernier ressort, je crus bon de titiller sa sensibilité religieuse, sait-on jamais, puisque *Story of Isaac* s'inspire du fameux épisode de la Genèse dans lequel l'Éternel demande à Abraham de lui offrir son fils en holocauste en l'égorgeant. La dame fut insensible à ce drame poignant bien qu'inabouti puisque l'Éternel dépêcha aussitôt un ange sur le mont Moriah afin qu'il retînt in extremis le bras du père et qu'un bélier fût substitué à ce pauvre Isaac.

Finalement, je retournai à Jérusalem dans le bar où j'avais fait sa connaissance. Dès que j'y pénétrai, je l'aperçus de loin, attablée avec un homme plus âgé, un officier comme ses galons l'indiquaient. Ils semblaient lancés dans une conversation passionnée. J'hésitai, tenté de m'en aller aussitôt tant je me sentais en trop, situation qui me fait horreur ; dans ces moments-là, j'ai l'habitude de m'effacer sans demander mon reste. Sauf que cette fois, ma silhouette demeurait figée dans l'encadrement de la porte, j'espérais que mon corps allait la planter là pour aller voir ailleurs. Le poison de la jalousie n'eut même pas le temps de me gagner. Dès qu'elle m'aperçut, elle traversa la pièce en courant pour littéralement se jeter à mon cou le cœur débordant. Notre étreinte dura dans le silence immobile de nos retrouvailles comme si le moindre mot en eût brisé l'instant fragile. Mais un silence éloquent et non un blanc dans la conversation ; très présent, il révélait une densité inouïe.

— Qu'est-ce que tu fais là ?
— Je suis venu te chercher.
— Vraiment ?

À l'expression de son étonnement, à la lueur de joie qui dansa alors dans son regard, on eût dit qu'elle venait de recevoir un cadeau d'une valeur inestimable. Sa réaction m'en offrait un semblable en retour. Des enfants, voilà ce que nous étions, sans le moindre souci de l'effet produit par notre attitude.

— M'emmener, là tout de suite ? C'est que...

Elle regagna sa table, échangea quelques paroles avec

l'officier qui l'accompagnait et griffonna quelque chose sur l'emballage d'un paquet de cigarettes qu'elle me remit :

— C'est l'adresse d'un café dans la banlieue de Rishon LeZion. On se retrouve là-bas à la fin de la journée.

— C'est loin ?

— Ici rien n'est jamais vraiment loin, pas même l'ennemi.

Pendant qu'elle se rendait aux toilettes, l'officier s'approcha du bar pour régler leurs consommations. Puis il vint vers moi :

— Esther a le cuir assez dur pour ce job et vous savez pourquoi ? Elle ne s'identifie pas aux soldats, enfin pas trop, elle les met à distance.

J'ignorais au juste de quoi il s'agissait. Mais si je brûlais d'en savoir davantage, je voulais que cela vienne d'elle et uniquement d'elle.

Jusqu'à ce que je m'échappe et que je la rencontre, je ne vivais que le détail aux dépens de la vue d'ensemble tel Fabrice à Waterloo. Elle avait élargi mon champ de vision tout en me faisant prendre la mesure de l'extraordinaire exiguïté de ce pays. Même si ce qui me manquait le plus ici, ce n'était pas seulement l'espace mais les forêts, les arbres, les sous-bois. Et les cloches aussi. Sauf à Jérusalem où elles sont en concurrence avec les appels du muezzin. Le timbre des cloches me ramenait à la France des quartiers et des villages. Nul besoin de montre tant que l'église est là. Le jour où on ne les entendra plus, la France ne sera plus elle-même. Ça n'avait l'air de rien mais c'était tout. Je n'en revenais pas de vivre à son rythme si loin d'elle. Des accents nostalgiques s'étaient dissimulés dans ma voix. J'avais beau les réprimer, ils passaient quand même. À cette seule évocation de mon autre pays, dont le souvenir aurait pu être étouffé par la lourde présence de la guerre, ma propre émotion me faisait vibrer. De quoi revivifier en moi le lecteur passionné de Péguy, un côté la-République-notre-royaume-de-France. Dans la fraternité silencieuse du Lachish au petit matin, je me sentais perdu en pleine diagonale du vide, encore que ce ne pouvait être qu'une vue de l'esprit dans un pays étiré tel un mouchoir de poche longeant la bande côtière. Le paysage n'en était pas moins sublimé par une réminiscence nostalgique d'une poésie venue d'un tout autre monde, l'immarcescible beauté de la *Présentation de la Beauce à Notre-Dame-de-Chartres*. On ne se refait pas. Un jour, à l'issue d'une cérémonie à la grande synagogue de la Victoire à Paris, j'avais été frappé de ce que ces deux mondes n'étaient au fond pas si éloignés. Il suffisait d'un homme pour établir le lien. Un homme, un nom. Dans la cour, sur un monument commémoratif étaient gravés les noms des Juifs tués au combat entre 1914 et 1918, sous les motifs sculptés des Tables de la Loi, d'un casque, d'un fusil et d'un drapeau. Une plaque y avait été ajoutée à la demande de la veuve de Charles Péguy, l'admirable dreyfusard, « afin que son nom soit joint à ceux des Israélites qui ont donné comme lui leur vie pour la France ».

L'endroit était inhospitalier au possible. Esther l'avait probablement choisi pour sa proximité avec son dernier rendez-vous. À travers la baie vitrée, on apercevait des filles de la moindre chose, comme on disait sous la Révolution de celles qui accrochaient des clients sur l'avenue.

Je me plongeai dans la lecture de coupures de presse sur le déclenchement de la guerre que j'avais emportées dans mon sac. De longs articles du *Monde diplomatique* que mon père avait joints à sa dernière lettre. De quoi prendre la mesure du décalage entre mon ressenti de la situation sur le terrain, au quotidien, dans la rue, au plus près des mentalités, et les analyses lointaines découlant d'une grille de lecture purement idéologique. Au dos d'une coupure d'un autre journal, j'appris qu'à Paris, le public avait mis à sac la salle du théâtre du Châtelet, arrachant les portes, défonçant les fauteuils, brisant les lustres, lacérant les costumes, saccageant les loges au motif que les musiciens pop attendus s'étaient décommandés au dernier moment. Cela dit, il n'est pas courant que le public se rende au théâtre avec des casques et des bâtons. La dernière fois que j'y avais été cette année-là, c'était à Marigny pour *La Locandiera* de Goldoni. Que tout cela semblait loin, vraiment très loin de nous.

Lorsque Esther apparut, ma joie fut vite dissipée par son air assombri. En se jetant sur la chaise, elle donnait l'impression de se délester brutalement d'un fardeau invisible qui lui pesait jusqu'à en devenir insupportable. Elle respira un grand coup, soupira bruyamment, prit ma main et l'embrassa.

— Un arak! commanda-t-elle au patron derrière son bar. Toi aussi? Allez! Deux alors!

La surprise devait se lire sur mon visage, de sorte qu'elle se justifia aussitôt:

— J'en ai vraiment besoin, tu sais... euh... mais comment tu t'appelles, tu ne l'as même pas dit...

— Raphaël.

— Et moi, Esther ! fit-elle en me serrant vigoureusement la main.

Lorsque le patron, un homme d'un certain âge, nous apporta les consommations, on ne put éviter de remarquer un numéro de matricule tatoué sur son avant-bras.

— Tu crois qu'il se fera incinérer ? lui demandai-je.

— Tu as de ces questions !

— Ça te choquerait venant d'un Juif ? À cause des camps et des fours, c'est ça ?

— C'est ça.

— Tu sais quoi ? Il paraît qu'il y en a qui ont fait inscrire dans leur testament qu'ils souhaitaient non seulement être incinérés par solidarité avec leurs camarades partis en fumée, mais de plus qu'on disperse leurs cendres au camp pour rejoindre ainsi leurs camarades, tu le crois ça ? Quand tout est perdu, il faut garder la perte, sa trace.

— Je crois que j'aimerais bien entendre parler d'autre chose que de la mort en dehors des heures de service. Tu vois, la mort, ça me rappelle le bureau.

Son sourire à peine esquissé me la ramena telle que je l'aimais déjà.

— Tu fais ton service militaire, ça ne m'avait pas échappé, mais je ne sais même pas ce que tu fais à l'armée. Dans quelle unité...

« Faire l'armée » : tout le monde y passait, jusqu'à la retraite. Tous ou presque. À l'armée un Israélien le devenait vraiment. À croire qu'à dix-huit ans il vivait le premier jour du reste de sa vie. Ici, quand on faisait l'armée on était sûr de faire la guerre, pendant ou juste après, puisque l'état de guerre était permanent. Les amis de l'armée, c'était comme la famille. Quand elle me dit que sa fonction me choquerait, je pensai qu'elle était étudiante en dentaire et qu'on l'avait chargée d'identifier des soldats par leur dentition ; un cousin m'avait raconté comment, jeune marin dans la Royale dont le navire mouillait au large d'Agadir, il s'était retrouvé à faire des prélèvements dans des bouches de cadavres dans les décombres du tremblement de terre en 1960.

— Le bureau psychologique. Je travaille là, c'est rattaché au département des pertes et des blessés de l'armée. Je fais partie des *katsin nifgaim*. J'annonce, voilà ce que je fais. Le genre d'annonce à t'arracher le sommet du crâne.

Et elle absorba d'un coup sec le contenu de son verre avant d'en commander un autre au patron d'un simple geste et de se rejeter contre le dos de sa chaise. C'était bien la première fois que j'entendais quelqu'un me dire qu'il annonçait de manière intransitive, ce qui me parut tout à fait inconcevable.

— Mais tu annonces, tu annonces... On annonce toujours quelque chose, le plus souvent à quelqu'un, on n'annonce pas comme ça, *ex nihilo*, de manière abstraite, dans le vide !

— Rien n'est plus concret. Comme j'annonce toujours la même chose, ce n'est plus la peine de préciser que c'est la mort.

— La mort ?

— La mort.

Ma sidération était telle que, la gorge soudain sèche, je n'avais plus de mots. Quant à elle, la tête baissée, elle n'avait plus de regard.

— Trois annonces aujourd'hui. Ça va, j'ai eu ma dose. Partons ou je commande encore de l'arak.

En marchant le long des rues main dans la main, là où nos pas nous menaient, elle s'ouvrit mieux que ne le permet le face-à-face, parfois embarrassant. En fait, en binôme avec un officier, Esther, comme d'autres jeunes femmes de son unité très spécialisée, était chargée par l'armée de se rendre au domicile d'un homme tué au combat afin de l'annoncer à sa femme, ses parents, ses enfants parfois. Elle avait accepté d'être en première ligne du processus, parmi les «informatrices» comme on les appelait aussi, celles dont la famille gardera le pire souvenir, plutôt que parmi les officiers des pertes et blessés chargés d'aider les endeuillés pour l'après et d'être leur lien avec l'armée. L'annonce s'accompagnait d'un papier administratif certifiant le décès et ses conditions. Il devait être remis en mains propres et non à des tiers. Cela pouvait aussi survenir un certain temps après sa mort, une fois le cadavre retrouvé et formellement identifié par les médecins légistes. Un jour, Esther avait blagué, juste pour se détendre : « Tu imagines un peu ? Bonjour mademoiselle, j'ai une bonne et une mauvaise nouvelle à vous annoncer, on a retrouvé votre frère mais son corps était sans vie... »

La procédure était stricte : un officier généralement madré accompagné d'une jeune recrue, jamais l'un sans l'autre ; l'annonce devait impérativement être faite de vive voix et directement à la personne concernée ; le tandem pouvait le cas échéant rester le temps nécessaire mais pas plus ; le tout était régi par un protocole encadré avec rigueur mais l'épreuve était tellement pénible que les supérieurs n'allaient pas vérifier s'il avait été strictement respecté, à moins d'une plainte mettant en cause les comportements...

— Et toi ?

— À Paris, j'étudie. L'histoire, l'arabe classique et aussi un peu la philosophie, enfin tout ça, quoi.

— Et ici ?

— Les dindons.

— Ça doit être intéressant d'étudier les dindons, dit-elle sérieusement avant d'éclater de rire. Et les ouikendes, tu cherches un partenaire d'échecs...

— Je cherche aussi Cohen.

— Pas de problème. Ici on marche dessus tellement il y en a. Cohen de Djerba ?

— Cohen de Westmount.

— Connais pas.

— Un quartier de Montréal.

— Ah, là-bas, fallait le dire avant... Aucune idée.

— Des Leonard Cohen, il n'y en a qu'un.

— Comme le chanteur ? Ne fais pas cette tête, bien sûr que je le connais. J'aime bien ses chansons mais enfin, ce n'est pas Matti Caspi même si c'est bien aussi.

— Tu ne sais pas où je pourrais le trouver par hasard ?

— Si, bien sûr, fit-elle avec un tel ton d'évidence que j'en restai stupéfait. Il l'a dit lui-même dans une interview à *Lahiton*. Tu ne connais pas ? C'est «le» magazine musical. Il raconte sa tournée. Attends...

Elle se leva et, à travers la baie vitrée du café, je la vis traverser l'avenue, entrer dans une boutique que je supposai être celle d'un marchand de journaux et revenir avec ce fameux *Lahiton* dont m'avait parlé le journaliste de *Rolling Stone* sur la plage d'Eilat.

— Je te traduis si tu veux, voilà, c'est là... Merde alors ! Les pages ont été arrachées...

Pourtant, la popularité de Matti Caspi écrasait tout. Partout on me citait son nom quand je disais chercher un chanteur. Si ce n'étaient les chansons de Caspi, c'était *Lu Yehi* (Puisse cela être) inspirée de *Let it be* des Beatles, hymne de cette guerre. Naomi Shemer, qui en avait écrit les paroles, avait également signé celles de la guerre précédente, *Yerushalayim shel zahav* (Jérusalem d'or). Leur succès s'imposait d'évidence : après tout ils étaient chez eux, ils étaient aimés, leurs mélodies se retenaient bien et puis, face à la puissance d'évocation de leur propre langue, l'anglais ne faisait pas le poids pour des oreilles habituées à l'hébreu. Il n'empêche. Moi, j'en tenais pour Leonard Cohen et je ne voulais pas rater cette occasion historique : lui et moi presque ensemble, en tout cas au même moment au même endroit pour les mêmes raisons. De quoi créer des liens, non ? Parfois, je m'y perdais car, devant la difficulté des Israéliens à prononcer son prénom, il avait décidé de lui substituer son prénom hébraïque, Eliezer. Ce qui ne facilitait pas ma tâche. Le chanteur venait de se produire, si je puis dire, à la base aérienne d'Hatzor, une ancienne installation de la Royal Air Force près d'un kibboutz à mi-chemin entre Ashdod et Kyriat Gat.

— Tu devrais aller voir.

— On ne me laissera jamais entrer, avec tous ces Nesher et ces Kfir dans les hangars. Tout de même, les versions israéliennes du Mirage 5 de Dassault... Ils vont me prendre pour un espion.

— Essaie d'entrer en contact avec Matti Caspi. On les a vus se produire ensemble. Il accompagne Leonard à la guitare. Il paraît même que Caspi a fait les arrangements d'une nouvelle chanson, *Lover, lover, lover, come back to me*...

D'ailleurs, afin de la tester auprès des troupes, ils la programmaient dans leurs concerts en plein air la nuit à la seule lueur des phares des jeeps, parfois non loin des lignes de front, malgré la cible de choix qu'une telle concentration représentait.

— Sûr que ce genre de chanson les repose du combat, pas sûr qu'elle les galvanise pour y aller.

Je lui avais proposé une partie d'échecs sans penser que ce n'était pas opportun après ce qu'elle avait vécu plus tôt dans la journée.

— Pas trop stressant pour toi ?

— Tu plaisantes ! Je viens souvent le soir quand je suis en ville. Rien de tel pour décompresser. Ça me vide après une journée de... de...

— Travail ?

Elle baissa la tête et se concentra sur l'art de la fin de partie telle que son père la lui avait enseignée. Au fond c'est de là que lui venaient le calme, la maîtrise de soi, la résistance à la pression ambiante dont elle faisait preuve face aux familles éplorées – et non l'inverse. Je commençais vraiment à éprouver une admiration confuse. Elle n'avait plus les yeux de la même couleur, ou alors c'est moi qui avais forcé sur l'arak. Soudain, Esther jeta un regard à sa montre. Elle se leva d'un bond, réajusta son uniforme, arrangea le béret sur la tête.

— Je vais être en retard. Le prochain chabbat, tu veux bien le passer chez nous ?

— Tu veux dire : avec ta famille ?

— Ça leur ferait plaisir. Et puis tu rencontreras mes frères. Et toi et moi, on pourrait en profiter pour mieux se connaître.

— Chez tes parents ?

— Évidemment !

— Donne-moi au moins l'adresse !

Elle était déjà à la porte du boui-boui.

— Tu ne trouveras jamais, on se donnera rendez-vous. Je t'écris au mochav. C'est bien toi le facteur, non ?

À mon retour, je retrouvai mes amis, mes dindons, ma famille d'adoption. Et une routine qui n'était pas désagréable malgré la sonorité péjorative du terme. Il en était de ma pratique paysanne comme de mes études. Au vrai, j'étais moyen en toutes choses. Un état naturel, mis sur le dos de l'éclectisme et de la curiosité, dont je m'accommodais sans problème depuis le jour où j'avais entrevu que l'on pouvait viser l'excellence même dans l'art d'être moyen. Sans habiter dans des phalanstères à l'abri de la rumeur du monde, ces paysans, ces agriculteurs, ces gens du mochav semblaient vivre selon leur propre échelle de valeurs, n'eût été la guerre qui les rassemblait dans un destin commun.

Parfois on me sollicitait pour donner un coup de main dans les serres. L'expérience me fit regretter mes chers dindons. Leurs coups de bec n'étaient qu'une caresse un peu appuyée en regard des épines. Les fleurs mordaient plus sûrement que les gallinacés. Les roses devaient être transportées à l'autre bout du mochav pour y être entreposées. Je me retrouvais alors à conduire un tracteur, moi qui n'avais même pas le permis auto.

De temps à autre, un peu d'inattendu venait se glisser dans un quotidien qui n'en demandait pas tant. Un jour, on nous proposa de nous rendre tous ensemble en car pour la journée à l'hôtel Dan de Tel-Aviv à l'invitation de quelques fortunes françaises qui voulaient nous rencontrer. Chacun son job : eux, l'argent ; nous, la terre. Chacun dans son rôle même si, ensemble, nous poursuivions le même but : aider Israël agressé. Mais il y avait un tel hiatus entre nos situations respectives, d'autant que nous vivions dans l'insouci de nos finances, que, avec quelques autres, n'ayant rien à dire ni même à raconter à des donateurs, je déclinai la proposition en prétextant un surcroît de travail. Le club n'en fut que plus calme en fin de journée. L'occasion rêvée d'avoir de vraies conversations, sans polémiques, sans rumeur de fond, sans vacarme, sans poker. L'ambiance idéale non pour refaire le monde mais pour éviter qu'il ne se défasse.

Alain avait la particularité d'avoir déjà été volontaire lors de la guerre des Six-Jours. Mais elle avait été si brève qu'elle était déjà quasiment achevée lorsque lui et ses camarades étaient arrivés à l'aéroport de Lod. Il pouvait comparer ses expériences de volontariat d'une guerre à l'autre. En 1967, quelque sept mille personnes venues d'un peu partout dans le monde s'étaient portées volontaires pour aider Israël. Un peu plus de huit cents d'entre elles venaient de France. Une majorité d'anonymes juifs, des chrétiens, un couple d'intellectuels remarquables – André et Renée Neher –, un acteur – Claude

Brasseur... Un peu moins de la moitié étaient des filles. Moyenne d'âge : vingt et un ans. Comme cette guerre éclair avait été déclenchée début juin, la plupart décidèrent de rester afin de travailler dans des kibboutzin pendant l'été pour y remplacer la main-d'œuvre défaillante. Cela n'avait pas empêché des spécialistes d'être affectés en fonction de leur spécialité : internes en médecine dans des hôpitaux, architectes et contremaîtres à la reconstruction de l'université hébraïque de Jérusalem, étudiants envoyés aux fouilles archéologiques et au reboisement, etc. Ça avait été pensé plutôt intelligemment aussitôt passé le choc de la guerre. Tous avaient signé pour une période de trois à six mois car, du côté israélien, nul ne voyait l'intérêt de former des jeunes à une mission pour les laisser repartir deux semaines après.

— Bien sûr, il y a eu des déçus, comme toujours ! reprit Alain. Le romantisme sioniste, ça existe aussi, même si nous ne sommes pas des Tupamaros. Il y en a à qui on a donné un balai alors qu'ils étaient venus pour un fusil. Alors forcément...

Soudain, la discussion prit un tour plus grave, lorsque l'un de nous lança :

— Des volontaires prêts à mourir pour Israël – mais combien étaient prêts à y vivre ?

— Un certain nombre s'y sont installés. Enfin, un certain petit nombre...

Alain demeurait pensif, le regard dans le vague, penché en avant les coudes posés sur les genoux. Gardons-nous de déranger celui qui semble tout à sa quête de l'essence du visible. Il secouait la tête de gauche à droite :

— Volontaire en 67, volontaire en 73, volontaire à la prochaine, qui sait. Jusqu'à quand ?
— Bref, volontaire professionnel ! ironisa Charly. Même si c'est de l'auto... de l'auto...
— De l'autodidaxie ?
— On dirait une maladie vénérienne...
— Dans *La Nausée*, un personnage dit que l'autodidacte est celui qui s'instruit par ordre alphabétique.
— *Sapere aude !*
— On a déjà du mal avec l'hébreu, alors si maintenant tu ramènes ton latin...
— Ose penser par toi-même, putain !
— « Putain », vraiment ?
— D'accord, Kant ne l'a pas dit comme ça mais on s'est compris. Arrête de te référer aux autres, de guetter le dernier qui a parlé, autorise-toi, tu en as les moyens...
— N'empêche, reprit Alain, je me demande si tout cela a un sens. Et puis, tout ce que nous vivons là renvoie à la guerre. Il n'y a rien à faire : je n'arrive pas à me sortir de l'idée que quelque chose de notre conception de l'humanité s'est désagrégé pendant la Deuxième Guerre mondiale.

Il ne fallait pas être grand clerc pour se rappeler que la première en avait été la matrice, la racine, le terreau fertile. Un écrivain et non un historien, Franz Kafka, avait eu le génie d'y renifler les noces barbares de la violence et de l'administration.

Nous en étions là, dans ce moment suspendu étrangement calme, dans ce local qui, en temps normal, était le quartier général du bruit à toute heure du jour ou de la nuit. Comme effleurés par quelque chose qui vient du large et repart au loin, nous guettions le grand boum qui fait passer d'un état d'alerte totale à un état d'effondrement et de mort imminente. Le scepticisme d'Alain nous avait contaminés. Toujours risqué de constater sur le terrain comment l'espérance du militant se brise contre le rude tranchant de l'expérience. Sur nos visages on pouvait lire l'expression d'un même trouble, le reflet d'une seule question : mais qu'est-ce que je fais là, au milieu des champs, dans ce pays qui n'est pas le mien mais pas uniquement celui des autres ?

Après tout, n'était-ce pas un Juif, Emmanuel Berl, qui avait soufflé à Pétain la géniale formule d'un de ses discours de juin 1940 : « la terre, elle, ne ment pas »... Ici aussi, elle disait la vérité, impossible d'y échapper. Ici elle avait la fièvre. Alors j'ignorais au juste si elle ne mentait pas mais je savais qu'elle parlait, qu'elle racontait et même que ses silences étaient intarissables. Pour moi qui avais trop tendance à vivre rétrospectivement, à tout historiciser, à réclamer toujours plus de patine pour en revêtir les événements, quelle étrange expérience que de se retrouver sur une terre où la moindre pierre, la plus infime particule de poussière avait une résonance dans le passé proche et lointain.

Incroyable que l'utopie sioniste ait pu se réaliser quand on songe à tous ceux qui, au sein même des Juifs, se dressèrent pour l'en empêcher : les bundistes de la gauche révolutionnaire ; les partisans de l'intégration dans les pays où ils vivaient et les ultraorthodoxes qui préféraient guetter la venue du Messie pour restaurer Israël sur sa terre. Dans bien des cas, ces adversaires furent menaçants comme des ennemis de l'intérieur.

Ce soir-là, miraculeusement, le côté Pieds nickelés de notre petite bande s'était estompé. Quelque chose de différent avait surgi entre nous. La conscience collective de vivre l'instant présent dans une circonstance assez exceptionnelle pour mettre à distance les nouvelles qui nous parvenaient de France ; ainsi, l'autodissolution de la Gauche prolétarienne nous parut être un événement somme toute assez relatif.

L'illusion fut de courte durée. À peine le car avait-il ramené les autres de leur escapade d'un jour au banquet des donateurs à Tel-Aviv que le « tohu-bohu » régna à nouveau dans notre local. Après discussion, nous convînmes que c'était bien le mot car, après tout, il était issu de la Genèse, dans laquelle le chaos primitif s'écrit en hébreu *tōhū* (néant) *wā* (et) *bōhū* (vide). Peut-être le génie des lieux, non celui du mochav mais celui de la terre d'Israël, nous montait-il à la tête. Car dans notre élan, nous étions prêts à expliquer le « brouhaha » qui régnait soudain dans notre club en renvoyant à *barúkh habá* (Béni soit celui qui vient, autant dire bienvenue), qui figure dans tant de nos prières.

Tohu-bohu, brouhaha et puis quoi encore ? Ceux du poker ne dérangeaient pas. Ils créaient une rumeur de fond qui n'était pas sans rappeler celle des joueurs de cartes du hammam de la rue des Rosiers, dans le quartier juif de Paris, un mélange de bonne humeur, de rires, de murmures et de noms d'oiseaux en arabe – du moins le jour réservé aux Séfarades.

À peine débarqués, nos camarades paraissaient aussi excités que nous ne l'étions pas.

— Mais qu'est-ce que vous leur avez raconté sur nous, à ces gros donateurs ? s'inquiéta-t-on.
— Qu'on était tous très contents.
— Carrément !
— Quand tu es avec quelqu'un de très riche, il faut beaucoup de force de caractère pour ne pas exagérer...

Comme de juste, leur exaltation augmentait à proportion de notre calme. Immanquablement, cela ne pouvait se régler que par un affrontement physique. De ceux qui permettent de vider une querelle jusqu'à finir par en oublier le motif. Quelques instants après, nous nous sommes tous retrouvés dans un immense champ baignant dans la nuit la plus noire. Le garde en faction à l'entrée fut prévenu qu'il ne devait pas s'inquiéter des coups, des invectives et des hurlements qui ne manqueraient pas d'atteindre ses oreilles. On disposa deux tracteurs face à face tous phares allumés. Il n'était pas indispensable d'être cinéphile pour comprendre que nous rejouions une scène de *La Fureur de vivre*. Mais il n'était pas question d'être James Dean ni même d'en découdre. Juste de se décharger d'un trop-plein d'énergie, de testostérone, d'agressivité contenues.

— À la sioule !

Le cri d'engagement créa un malentendu avec ceux qui comprirent « à la choule » et se demandèrent pourquoi à une telle heure de la nuit on voulait les envoyer à la schule, comme disent les Ashkénazes pour désigner l'école, le lieu d'études et, partant, la synagogue. L'apparition d'un ballon, le tracé hâtif de bric et de broc d'un terrain en réduction, la formation de deux équipes remirent les pendules à l'heure. Il s'agissait d'une sorte de partie de rugby en plus sauvage, sans les règles, l'objectif étant de déposer le ballon dans l'en-but adverse. Le respect de l'adversaire se limitait à s'interdire de lui donner des coups, du moins directement et intentionnellement ; mais enfin la nuit, au cœur des mêlées... Ce fut violent. Au bout de vingt minutes, nous n'étions plus que des loques boueuses qui finirent par se serrer la main et se donner l'accolade. Des golems piteux, sales, épuisés mais heureux. Et soulagés. Il fallait que ça sorte. Quoique désarmés, nous développions une mentalité de frères d'armes.

Ce soir-là, nous eûmes du mal à nous séparer. Charly m'intrigua. Assis dans la boue face au champ, les cheveux sur la figure, il semblait en état de lévitation, comme s'il s'apprêtait à entrer en communication avec l'absolu. Toujours risqué de croire que le décor va vous améliorer. En m'approchant, je vis qu'il était agité par un hoquet.

— Pourquoi tu pleures ?

— Je ne sais même pas. D'avoir lâché ma famille, de ne pas savoir où on va. J'ai honte...

— Tu sais, au dix-huitième siècle, les hommes pleuraient naturellement pour exprimer leur sensibilité. Tiens, Rousseau lui-même, il pleurait pour un oui ou pour un non... Crois-moi, c'est fou ce que ça pleure dans *La Nouvelle Héloïse*, il adorait mettre en scène ses larmes.

Cette révélation, si inattendue en la circonstance, sembla le consoler.

— Bon alors si Rousseau aussi, c'est bon !

Le lendemain de cette soirée agitée, alors que nous étions quelques-uns à traîner au marché de Kyriat Gat pour compléter l'ordinaire de nos repas, nous remarquâmes un consommateur dans le boui-boui où nous vidions une carafe d'arak. Trop âgé pour être mobilisé, il avait prêté l'oreille à nos plaisanteries. Un sourire aux lèvres, il y réagissait parfois en secouant la tête, en levant les sourcils ou les épaules. Si bien que nous lui proposâmes de se joindre à nous puisque manifestement il comprenait le français et le parlait aussi bien que nous avec une pointe d'accent indéfinissable. Il paraissait revenu de tout.

— Volontaires, c'est ça ? Et français si j'ai bien compris...

Alors, grillant cigarette sur cigarette jusqu'à finir par taper dans nos paquets, cet homme au physique puissant et au visage avenant nous déroula une histoire dont aucun d'entre nous n'avait jamais entendu parler. Celle du 75e bataillon ou Kommando Ha'Tsarfati constitué de volontaires français venus se battre aux côtés de la jeune armée israélienne pendant la guerre d'indépendance de 1948. Un certain Thadée Diffre, catholique originaire de Cambrai et compagnon de la Libération, y commandait quelque sept cents soldats dont bon nombre étaient issus des bataillons de choc de la France libre. Nous l'écoutions bouche bée, admiratifs, comme si Thucydide en personne nous racontait la guerre du Péloponnèse. Il avait vraiment le sens de l'épopée, de la geste héroïque mais sans jamais en rajouter. Son récit nous tint en haleine durant près d'une heure.

— Ils étaient sept cents environ, une majorité de Juifs d'Afrique du Nord, une cinquantaine d'israélites de France métropolitaine et des chrétiens aussi. Ils se sont battus principalement dans le Néguev. Pour qu'Israël ait le droit de vivre. Des valeureux, tous. Voilà leur histoire.

— La vôtre aussi ? risquai-je.
Un large sourire éclaira son visage, puis son regard se fit plus sombre et songeur.
— Salut les amis ! lança-t-il en nous quittant.
— Dites-nous au moins comment vous vous appelez.
— Eytan !
À peine eut-il franchi le seuil qu'il revint sur ses pas, lança un regard circulaire à notre table où traînaient plusieurs paquets de cigarettes. Il les examina sans dissimuler un désir ardent, comme un Allemand dans les ruines de son pays regardait après-guerre une cartouche de Lucky Strike. La chose était mythologique. Même nicotine, autre culture. Après mûre réflexion, il choisit une Gauloise. Je ne me fis pas prier pour lui donner du feu. Alors Eytan inspira un grand coup, rejeta la tête en arrière et, les yeux fermés, murmura :
— Ah, Paname...
Pour prolonger son bonheur et le nôtre, j'étais tout prêt à chercher au fond de ma poche au cas où un vieux ticket de métro y aurait traîné. Pour le pur plaisir de le regarder le humer. Sa poignée de main fut si ferme et durable qu'il me donna l'impression de prendre mon pouls. Nous ne l'avons pas revu ni même croisé, dans ce café ou ailleurs. Mais nous ne l'avons jamais oublié. De l'avoir passionnément écouté nous fit prendre conscience qu'en 1973, Israël n'avait que vingt-cinq ans. Sur les plages, on voyait couramment des bras tatoués d'un numéro.
Vingt-cinq ans et le pays vivait déjà sa quatrième guerre.
Sur le chemin du retour, nous étions bien silencieux, assis côte à côte dans le car. À croire que le récit d'Eytan

nous avait rendus tous les quatre méditatifs. Je me disais que « Les volontaires » ferait un beau titre pour un livre. Un peu comme « Les aviateurs ». Ça sonnait bien. L'un de nous, j'ai oublié lequel, se retourna :

— Et si ça devait mal tourner ?

En pareille circonstance, lorsqu'un voile de gravité menaçait de nous tomber dessus, Jean-François, qui depuis notre arrivée se faisait appeler Ben-Hur (autrement dit « fils de la lumière »), avait toujours en réserve une devinette à lancer à seule fin d'éloigner les sombres nuages : « Henry Kissinger et Abba Eban ont deux points communs : ils sont tous les deux juifs et ministres des Affaires étrangères. Mais qu'est-ce qui les distingue ? C'est que l'Israélien parle l'anglais sans accent. »

La guerre se poursuivait mais les perspectives autorisaient un certain optimisme. De quoi diminuer l'état d'alerte et ne plus prendre le moindre feu de camp sur la ligne d'horizon pour un ruban d'incendie. L'avenir n'en demeurait pas moins douteux pour notre Sparte sans Spartiates. Les combats pouvaient encore reprendre sporadiquement, la situation n'était pas à l'abri d'une provocation. Après tout, cette guerre avait été lancée pour une pure question d'honneur national, celui des Égyptiens et des Syriens, reposant sur leur volonté fièrement proclamée de reconquérir le Sinaï et le Golan. La conversation et son lot d'angoisses reprirent comme si de rien n'était.

— Mais franchement, vous y avez pensé ? Parce que c'est tout le temps la guerre ici sous une forme ou sous une autre avec les infiltrations terroristes, les attentats... Et rien ne dit qu'ils respecteront leur signature...

— Eh bien nous ferons comme tout le monde. On nous passera une arme, des munitions et si on en trouve encore un gilet pare-balles. On sera versés dans la défense passive et crois bien qu'elle le sera de moins en moins à mesure que les Arabes gagneront du terrain. De toute façon, ici, la notion de civil est relative puisque tout le monde fait l'armée pendant deux ou trois ans, les filles comme les garçons. Et après, jusqu'à quarante ans et parfois même cinquante pour les officiers et les pilotes, chacun est réserviste un mois par an, une rupture compliquée sur le plan professionnel mais qui permet aussi, c'est le bon côté, de mettre à distance bien des soucis et de retrouver les copains de son bataillon.

— N'empêche, le reste de l'année, c'est un civil !

— Mais qu'est-ce que tu crois ? Pour les Arabes, il n'y a pas de différence. Un Juif reste un Juif d'où qu'il vienne et quel que soit son statut ! Ils ne te demandent pas ton passeport avant de te tirer dessus. On devrait apprendre à tirer, voilà ce que je pense.

À plusieurs reprises, s'étant aperçus que je leur faussais compagnie les ouikendes, ils m'avaient pressé de leur parler d'Esther. Plus je l'évoquais, plus j'usais d'un lexique amoureux, à mon grand étonnement. Par pudeur, par discrétion aussi, je ne m'ouvrais pas facilement. Et là, à mon corps défendant, je me lançais sur ses boucles noires à peine domestiquées par le béret de son unité qu'elle portait avec une grâce sans pareille, sa peau mate et mordorée, ce large sourire dévoilant une discrète dentition à l'alignement parfait qu'elle réprimait aussitôt en baissant le regard. Sa fonction au bureau psychologique les intriguait.

— Ce n'est pas trop dur pour ta copine ?

— Elle résiste.

— Tu veux dire qu'elle est... couillue ?

— Je dirais plutôt que... *tiene cojones* !

— Oui bon, fais pas ton cosmopolite, disons qu'elle est gonflée et ça me plaît.

J'avais fini par la leur présenter, à mes risques et périls. Nous étions quelques-uns attablés à une terrasse de café à Kyriat Gat lorsque je la vis au loin. Une fois les présentations faites, à la manière dont elle les dévisageait, je compris vite ce qui ne collerait pas entre eux et elle. Non une question de culture, de milieu ou de langue, mais ce qui les contient tous : le sens de l'humour. Trop de gravité en elle pour qu'elle y fût accessible. Je tentai une explication en avançant que les Juifs sont pourtant comme tout le monde, seulement un peu plus. Il faut du temps, environ deux mille ans, pour comprendre qu'en fait, l'humour juif, c'est comme l'humour allemand, avec l'humour en plus (de toute façon, pour l'humour allemand, on ne saura jamais car il faut attendre la fin de la phrase pour comprendre ce qu'ils disent et nul n'en a la patience). Encore faut-il distinguer. Il y a l'humour séfarade : « Quand un Ashkénaze pèle un oignon, c'est l'oignon qui pleure » (irrésistible). Il y a l'humour ashkénaze : « On est juif lorsqu'on parle yiddish. Les autres on sait pas » (lourd). Enfin il y a l'humour juif qui les réconcilie : « On ne comprenait pas pourquoi cette vieille fille ne trouvait pas un mari bien qu'elle soit passée par un groupe de rencontres juif réputé pour son efficacité. Vérification faite, son annonce était ainsi libellée : *« Femme bien sous tous rapports cherche Séfarade distingué ou Ashkénaze généreux. »* Elle demeurait hermétique à, disons, cette forme d'esprit. On sentait bien que son sourire était forcé. Un vieux religieux à caftan et à la longue barbe blanche, le dos voûté par les siècles accumulés à se pencher sur le Livre, vraisemblablement issu d'une famille de hassidim, passa devant nous, hagard sinon perdu, égaré moins dans le quartier que dans le monde ici-bas. On aurait pu essayer de l'aider si on avait su ce qu'il cherchait.

— Inutile, trancha l'un de nous. Encore un qui croit que Dieu parle yiddish les jours de semaine, et hébreu le samedi.

Il était temps de passer à autre chose. La situation politique s'invita à notre table. Ça ne dura pas. Soudain Charly se roula à terre en se tenant les côtes. Manifestement il était pris d'un fou rire inextinguible. Les regards se tournèrent vers Ben-Hur, notre réservoir à devinettes, qui se sentit obligé de se justifier :

— Je lui ai juste demandé s'il savait quel était le meilleur endroit pour identifier un antisémite...

Et comme il faisait durer le suspense, on lui donna une tape sur l'épaule.

— ... C'est dans les toilettes publiques.

Charly, toujours à terre, légèrement calmé, guettait la suite avec gourmandise.

— L'antisémite, c'est celui qui pisse toujours sur Jacob, jamais sur Delafon.

Mon amie me regarda en baissant les yeux, embarrassée de ne pas comprendre, d'autant que Charly se tordait de plus belle. Ben-Hur nous confia que lorsqu'il leur arrivait de se soulager ensemble, il faisait exprès de la lui raconter à nouveau et que Charly en mettait partout tellement le fou rire le secouait.

Esther regarda sa montre. Elle paraissait inquiète. L'officier de son binôme devait passer la chercher avec sa jeep devant la mairie. De la terrasse de café où nous étions assis, le parvis en était visible. Pas la moindre voiture. Elle attendit encore dix minutes, de plus en plus nerveuse, le cherchant du regard.

— Rends-moi service, Raphaël. Accompagne-moi. Je dois y aller mais jamais seule. Si cette famille... (elle sortit un papier de sa poche), cette famille Kenigsberg l'apprenait autrement que par nous... Il faut annoncer au plus tard vingt-quatre heures après le décès.

— Mais comment ce serait possible...

— Par des gens du quartier, par la radio ou des camarades de régiment, c'est déjà arrivé. Et là, ce serait catastrophique. Allez, viens !

Elle ne me donna pas le choix et m'attrapa par le bras. Avec une autorité que je ne lui connaissais pas, elle arrêta une voiture conduite par un civil, montra un document au chauffeur et, de toute évidence, le réquisitionna.

— En route pour la vallée de la mort !

En chemin, elle m'expliqua que l'annonce provoquait le plus souvent une réaction en trois étapes. Et pour bien marquer mon esprit, la main gauche brandie en avant, elle déplia ses doigts un à un : 1) sidération, 2) colère, 3) désordre psychique. Notre chauffeur nous mena à la lisière de la ville sans se faire prier. La maison était paisible, deux enfants jouaient dans le jardin, la porte était ouverte. Esther ne lâcha pas ma main et m'entraîna jusqu'à l'entrée. Elle sonna. Lorsqu'une femme se présenta, j'arrachai littéralement ma main de la sienne et j'esquissai deux pas en arrière tant ma présence me parut déplacée.

— Madame Kenigsberg ? Vous êtes bien Tali Kenigsberg ?

Je n'en entendis pas davantage. Il m'avait suffi de voir cette jeune femme chanceler, s'agripper au linteau de la porte et même maladroitement à la *mézouzah** qui y était plantée pour comprendre qu'elle sentait le sol se dérober sous ses pieds. Un instant, j'eus le réflexe de bondir vers elle car elle allait s'écrouler et basculer dans un trou invisible, mais Esther la rattrapa dans ses bras. Puis elles disparurent sans un mot dans la maison. Lorsqu'elles en ressortirent, la femme était autre : elle allait devoir vivre désormais avec un avant et un après. Je ne doutais pas qu'elle refuserait d'emblée le statut de victime et la compassion, ou pire encore la pitié, qui lui font cortège. Je poussais les deux petits sur leur balançoire. Leur mère s'approcha avec précaution, ravala un sanglot, s'agenouilla devant eux et les enlaça pour les couvrir de baisers. Comment allait-elle annoncer la mort de leur père à ces si jeunes enfants ? Rien ni personne ne l'avait jamais préparée à ça – mais qui l'est ?

Un vers de Hugo résonnait en moi : « Chaque homme dans sa nuit s'en va vers sa lumière ». Mais cette femme ? Elle n'allait tout de même pas leur dire, comme dans tant d'enterrements : Sa brève existence a été un splendide feu d'artifice que rien n'éteindra. Elle clignait des yeux sans que je sache si les derniers rayons du soleil l'éblouissaient ou si le sel actif des larmes faisait son effet. Elle parut presque soulagée, à croire que l'attente de cet orage si lent à crever lui était devenue plus insupportable encore que la nouvelle elle-même. À un détail on comprit que la puissance de la nouvelle revenait l'envahir : elle se frotta énergiquement les bras et les cuisses comme si elle avait soudain très froid.

Esther me fit un signe de tête. Il était temps de s'éclipser. Un long silence nous accompagna tandis que l'on s'éloignait à pied, chacun perdu dans ses pensées, mais le silence ne nous faisait pas peur. La rumination de cours sur la Première Guerre mondiale fit remonter en moi le souvenir d'anciennes lectures sur l'annonce de la mort d'un soldat au village, mission dévolue aux gendarmes ou au maire. Dès qu'on les voyait arriver devant une maison un papier à la main, on comprenait que le malheur allait y entrer. Parfois l'annonce se faisait par une simple lettre du ministère des Armées. Alors c'est le facteur que les gens guettaient et à l'expression de son visage, tout était dit. On racontait une histoire dans laquelle une fois, les habitants s'étaient étonnés de le voir distribuer deux ou trois lettres puis poursuivre sa tournée une lettre à la main sans s'arrêter nulle part : elle lui annonçait la mort de son propre fils.

J'en étais là quand une image mentale m'a troublé : la silhouette d'Esther accompagnée de son officier se profilant à l'entrée de « mon » mochav – on devinerait tous aussitôt, et moi le premier, que l'un des nôtres était mort au combat, non l'un des volontaires mais l'un des villageois, qui sait, peut-être le mari de Haya, non lors de l'un de ces jours redoutables que le judaïsme désigne comme propices au repentir mais un jour redouté – et comment se défendre d'une pensée aussi sombre ?

Aux côtés d'Esther sinon dans son sillage, je me

retrouvais dans la peau d'un personnage de fiction poussé par une quête qui le dépasse, emporté dans une dérive qui le requiert mais dont lui-même n'a jamais su les tenants et les aboutissants.

— Ça va ?
— Ça va.

Ce qu'Esther venait d'accomplir, elles ne devaient pas être nombreuses à pouvoir le faire. Même au sein de son unité. Mais est-on vraiment formé à annoncer l'âpre vérité à des gens qu'on ne connaît pas ? Esther, elle, savait trouver les justes mots, les gestes, la limite, la précision pour aider les gens à se relever.

Mais qui veut voir mourir avant soi ?

Elle possédait la finesse d'esprit nécessaire pour s'ajuster à l'endeuillé. Cela se traduisait par une vraie délicatesse des sentiments. Une qualité naturelle, question d'éducation. Elle avait autant choisi qu'elle avait été choisie. Quand on veut servir, on prend ce qui se présente sans rechigner. Un peu comme moi avec les dindons. Il suffit de se sentir capable de se donner à un idéal plus grand que soi. N'empêche que je l'admirais car je me sentais impuissant à recommencer ce que je venais de faire.

Elle vérifia l'itinéraire à un arrêt de bus. Près d'une heure plus tard, alors qu'elle avait gardé le silence pendant tout le trajet, elle nous fit descendre. Le papier qu'elle tenait à la main semblait correspondre à l'adresse.

— Une maison à nouveau... Tant mieux ! Pas de risque de défenestration. Toujours ça de gagné.

On attendit une vingtaine de minutes jusqu'à l'arrivée

de Nadav, l'officier de son binôme. Il ressemblait à n'importe qui mais en moins bien. De loin, leur engueulade paraissait sévère. Ils avaient atteint leur point de crise préludant au point de rupture. Je me gardai bien de chercher à en savoir davantage. Ils frappèrent doucement à la porte, comme c'est recommandé. Moins agressif que le retentissement d'une sonnerie dans une maison. Quelques instants après, il en ressortit seul, d'un pas décidé, l'air assez mécontent. Lorsqu'il m'aperçut près de sa jeep, il rebroussa chemin vers moi :

— Encore toi ? Mais qu'est-ce que tu fous là ? Laisse Esther tranquille, tu la troubles et elle a suffisamment à faire. C'est toi qui lui as mis ça dans la tête ?

— Euh... ça quoi ?

— « Il faut parler comme si les morts nous écoutaient. »

— C'est possible...

— Vraiment n'importe quoi. Ne t'en mêle plus, c'est compris ?

Et il me claqua au nez la porte de sa voiture avant de démarrer en trombe. Dans l'instant, son visage me parut être d'une laideur préhistorique. Je n'osai pas lui faire remarquer que lui-même contrevenait au protocole puisqu'il s'était garé devant la maison, ce qui est interdit, pour ne pas inquiéter les gens. Posté devant la boîte aux lettres à l'entrée, assis sur une pierre plate qui la tenait à la verticale, je vis soudain Esther sortir escortée par un couple de quinquagénaires qui ne voulaient pas la lâcher. Faute de pouvoir tuer le message, la femme s'en prenait à la messagère. Elle la houspillait si haut et si fort que des voisins s'approchèrent.

— Non, mon fils n'est pas mort ! C'est impossible, je lui ai parlé hier au téléphone, vous dites n'importe quoi. Une folle, c'est une folle ! Un oiseau de malheur !

Un tel déni relevait de la convulsion d'un moment extrême. À la violence de l'annonce répondait la violence de la réaction. Comme un écho amplifié. Esther en était pétrifiée. Une jeune femme enceinte qui se trouvait avec eux dans la maison intervint :

— Il a même parlé à notre bébé, notre fille, à travers l'échographie. Alors non, ce n'est pas vrai... Et maintenant, c'est comme si j'avais la vie et la mort en moi...

Esther était défaite, hésitante. Son annonce avait été reçue comme un choc en pleine figure, l'un de ces coups de mer qui rompent les digues. La réaction de cette famille contrastait avec celle de la famille que nous venions de quitter. Personne n'avait raison, chacun sa culture et ses origines. Se lâcher, se relâcher, c'est courir le risque de se disloquer en mille morceaux ; se tenir, se retenir, c'est manquer de s'étouffer avec ses sanglots et son désespoir. Lorsqu'elle m'aperçut de loin, Esther me fit signe de la main pour que je la rejoigne.

— Aide-moi, je suis seule ! me glissa-t-elle à l'oreille.
— Mais...
— Tu crois que tu vas y arriver ?
— Peut-être...
— Faut être sûr ! Tu l'as bien fait tout à l'heure...

Mais comment aurais-je été sûr d'accomplir à nouveau ce que je doutais d'avoir réussi quelques instants avant ?

— Ils parlent français, ce sont des immigrants récents de France, enfin d'Algérie, tu vois... Les Amsellem, c'est leur nom. Je ne peux pas les laisser comme ça et me sauver. Je sais que c'est contraire à la procédure mais tant pis. N'oublie pas : ne pas s'excuser ni se justifier. Rester calme. Ne dis pas que tu es navré. N'emploie pas de mots ambigus, vagues, comme « disparu », « perdu », « défunt »... Sois précis. Il n'est pas décédé : il est mort. Ce que tu vas leur dire, ils vont se le rappeler toute leur vie.

— Et si...

— Fais-les asseoir mais sur une chaise au même niveau que la tienne, ne sois pas en... en... comment tu dis déjà... en plomb ?

— En surplomb ?

— C'est ça, et explique-leur que la mort fait partie de la vie.

Tout simplement. Le faux pas l'obsédait. La faute que rien ne rédime. Elle m'avait déjà dit que la procédure interdisait les contacts physiques. Ses mots résonnaient encore en moi : « On ne touche qu'en cas de malaise ou de crise cardiaque ! » Elle m'avait également prévenu : les hommes veulent sauver la face ou cogner. On marchait en terrain miné. Surtout éviter de blesser la blessure. Pendant qu'elle parlait en hébreu avec la jeune femme, toutes les deux assises dans la cuisine, leurs mains entremêlées posées sur la table en formica, je m'entretins en français avec les parents assis sur les chaises du jardin. Les voisins alertés par les cris se retiraient discrètement, la tête basse, les épaules rentrées. Ils avaient compris. Sans un mot, l'un d'eux s'approcha tout de même pour leur apporter un verre d'eau avant de rentrer chez lui et de retourner comme les autres aux clapotis du quotidien. En ces moments si particuliers où chaque chose était réduite à son signe, ce simple verre d'eau représentait à mes yeux un concentré d'humanité.

Qu'ai-je pu dire à ce couple dont j'avais tant de mal à croiser le regard et qui me faisait baisser le mien ? J'ai évité de leur dire ce qu'ils devaient ressentir, m'interdisant même de les déculpabiliser. Je les ai surtout écoutés. Ils ont parlé de leur fils, bien sûr, de sa fierté de servir son nouveau pays, à peine des conditions de sa mort tant il leur suffisait de savoir qu'elle avait été héroïque, jusqu'à ce que la mère s'interrompe en me fixant :

— Vous et lui, vous avez le même âge. Comme j'envie votre mère...

Puis ils ont évoqué le passé, l'exil, le retour, l'installation, les désillusions, les espérances et un sentiment nouveau pour eux. Une certaine détresse. Dans le temps suspendu de l'annonce de cette mort, leur vie basculait. Et moi, à mon corps défendant, j'étais l'acteur, le témoin, l'intrus de cette traversée de l'insoutenable. En ne m'autorisant que de moi-même, ce qui était assez extravagant à la réflexion, je me chargeais de faire entendre un réel impossible à entendre puis à intégrer.

— Et après ? avais-je demandé à Esther.

— Après, on s'en va, on les laisse cohabiter avec l'absence. Nous, on n'est que la douleur. La souffrance viendra juste après. *Bereshit* : au commencement était l'annonce. Jusqu'à présent ils vivaient, désormais ils se contenteront d'exister.

— C'est tout ?

— Si nécessaire, on envoie une assistante sociale. Mais qu'est-ce qui te tourmente ? Leur malheur ?

— Non, c'est plutôt de ne pas savoir quoi faire de toi face à un tel malheur.

Je me sentais dans la peau de ce professeur de théâtre qui demande à ses élèves non de faire les choses mais d'agir en sorte que les choses se fassent. À ceci près que je n'avais ni autorité ni légitimité. Une petite fille sortit de la maison, fit quelques pas dans le jardin et, m'apercevant, se dirigea vers moi :

— C'est vrai que quand c'est fini mon tonton va flotter au-dessus de son corps avant de partir pour de bon ?

Ce n'est pas le tout de tendre une main secourable, encore faut-il qu'elle ne tremble pas pour être saisie en toute confiance. Il est permis d'être triste mais pas de montrer son chagrin. Les visages du couple Amsellem pantelants de larmes avaient une chose en commun : on avait du mal à y déchiffrer le résumé des chapitres précédents. Leur vie s'y inscrivait comme chez tout un chacun mais après s'y être écrite de gauche à droite, elle exigeait désormais d'y être lue de droite à gauche, d'où une certaine confusion. La silhouette de la mère était recroquevillée comme si elle ne vivait déjà plus que dans sa propre clarté. Nul mieux que Kafka dans *Le Procès* n'a évoqué ce dénuement absolu.

Le reste, je ne m'en souviens plus.

Tout ce que je savais, c'est que pour la première fois, cette rencontre me faisait prendre conscience d'un phénomène qui m'avait jusqu'alors échappé car aucun roman, pas même un livre d'histoire, ni le moindre article, n'en faisait état : la solitude des parents en Israël. Une solitude distincte de toutes les solitudes lorsqu'ils voient leur fils partir à la guerre, qu'ils l'étreignent à l'étouffer comme s'ils ne devaient jamais le revoir et qu'ils se retrouvent mis à distance de l'arbre qu'ils ont planté et regardé pousser pendant une vingtaine d'années. Ils le vivent comme un arrachement et, quelle que soit la force de l'entourage, comme la plus haute des solitudes subies. Plus cruelle encore lorsque les parents ne sont pas nés dans le pays, qu'ils ont fait leur alya quelques années plus tôt seulement, qu'ils portent la responsabilité de cet enrôlement et qui sait, un jour peut-être, la culpabilité d'avoir ainsi engagé d'autres destins que le leur, ceux des êtres qui leur étaient les plus chers. Soudain, leur fils redevient ce qu'à leurs yeux il n'a jamais cessé d'être malgré son âge, son grade, son héroïsme : leur enfant, leur petit. Misère de l'homme sans aucun dieu. Comment font-ils, ceux qui ne sont pas habités par la moindre transcendance ? Pour ma part, je n'avais qu'une envie : accéder à une certaine légèreté, ne plus me soucier que de préserver le duvet des choses.

À son retour à la base, Esther dut faire un rapport et je ne doutais pas qu'il fût contesté. L'administration militaire ne parlait même pas d'*annoncer* mais de *notifier* la nouvelle de la mort. Ou informer, prévenir, peu importe. Pour ne pas l'embarrasser, je respectais sa pudeur sur l'incident. Car c'en était un. Le facteur humain l'avait emporté sur le règlement. Le peu qu'elle me fit connaître de son ressenti m'apprit à quel point elle est étrange, cette sensation si particulière de solitude que l'on ressent lorsqu'on est confronté à l'échec. J'ai tout de même su qu'elle avait dit à cette femme enceinte : « Votre mari est parti vivant », et que ça l'avait apaisée même si, elle était la première à en convenir, quand on y réfléchissait bien, ça ne voulait rien dire. Lorsque je le lui rappelai, elle se cabra :

— Tu en connais d'autres, des phrases qui réconfortent ?

— Euh... Rien ne console car rien ne remplace.

— Tu trouves que ça apaise, toi ?

— Dans ce cas, essaie : « Le vrai tombeau des morts c'est le cœur des vivants. »

— Au moins, ça a le mérite d'être beau. C'est de toi ?

Rien n'était de moi. Que des phrases vues, lues ou entendues. Mais qu'est-ce qui est vraiment de soi dès lors que tout a déjà été dit et écrit ? À force de la suivre, je parvenais à anticiper ses décisions. Le réflexe m'était naturel. Je devinais intérieurement le moindre de ses gestes, la plus infime nuance de sa voix. La fréquentation d'Esther avait développé en moi une totale empathie pour les épreuves qu'elle traversait.

Le 23 octobre à minuit, un cessez-le-feu fut conclu sur le front nord et deux jours plus tard à 17 heures sur le front sud après trois semaines de guerre. Une paix partielle et fragile s'installa. Esther n'en était pas moins mobilisée par sa fonction. Encore des tirs, encore des morts. Et il y avait ces cadavres découverts sur le champ de bataille et enfin identifiés par les médecins légistes. Des disparus qui ne l'étaient plus. Parfois des soldats que l'on avait crus faits prisonniers et dont la dépouille pourrissait au soleil là où personne n'aurait eu l'idée d'aller les chercher. D'autres si commotionnés qu'ils souffraient de graves troubles mnésiques. Ce n'est pas parce qu'on a disparu qu'on est un déserteur. Ne pas savoir est une torture. Le doute, un sentiment corrosif. La guerre ne fait pas que des morts : elle tue aussi des vivants, mais plus lentement. Le calvaire n'en est que plus grand car ce n'est pas le corps mais l'âme qui est touchée.

Esther avait raison : jamais je n'aurais trouvé seul la maison de ses parents. Ce vendredi-là en fin d'après-midi, elle vint me chercher comme convenu non loin du mochav, devant la mairie de Kyriat Gat, un lieu paupérisé qui venait à peine d'obtenir le statut de ville. L'État le promettait à un certain développement. En attendant, on y accueillait les nouveaux immigrants dans des conditions assez modestes. Sa main dans la mienne, nous marchâmes pendant une bonne demi-heure avant de nous retrouver en lisière de la cité face à une sorte de terrain de camping. Anticipant sur mon étonnement, elle me prévint :

— Ne sois pas surpris. Ce n'est pas vraiment une maison...

— Et alors ? À Paris, les gens vivent tous dans des appartements.

— Ce n'est pas non plus un appartement... Enfin, c'est sans importance.

— Tu es sûre que...

— Ce ne sont pas des roulottes, on n'est pas des gitans.

Ce sont des caravanes parfaitement retapées par mon père. Elles sont reliées entre elles et ça fait comme une maison. Pas de malentendu, mes parents n'ont rien de marginaux ou de hippies attardés, c'est juste un mode de vie dicté par la nécessité et au fil du temps, en l'améliorant après en avoir retiré les roues, il est devenu vivable, digne, décent. Bon, bref c'est chabbat !

Sa famille me réserva un accueil des plus chaleureux. Il me fallut tout de même un moment pour m'acclimater aux lieux. L'endroit était arrangé avec un certain goût et sans la moindre ostentation. Ça finissait par avoir de l'allure bien que le citadin en moi n'imaginât pas que l'on pût habiter durablement dans de telles conditions. Une réminiscence remontée de l'enfance me retint de formuler une réflexion maladroite : le regard noir que m'avaient lancé des amis de mon âge dans la voiture qui nous ramenait un dimanche de la plage alors que Brahim, le chauffeur de leur famille, désignait d'un geste vague, au loin dans le paysage, l'endroit où il habitait : « Mais c'est un bidonville ! » m'étais-je exclamé en toute candeur sans avoir pesé la charge d'humiliation de ma remarque.

Comme il est de tradition le vendredi soir, la table était abondante et généreuse. Elle débordait de mets aussi riches que colorés. Ils n'ont rien mais ils donnent tout, fut ma première pensée face à cette débauche de salades, de légumes, de pains tressés, de gâteaux, sans préjuger de ce qui chauffait à la cuisine. Son père régnait sans forcer sur sa tribu. Freha, sa mère, effacée mais déterminée, osait à peine s'asseoir, toujours prête à servir, comme ma grand-mère. Le respect d'Esther pour ses parents, son empathie, sa bienveillance, contrastaient avec l'attitude d'Apolline, mon amie aristocrate à Paris, qui affectait de lancer à sa mère pérorant en bout de table au déjeuner : « Maman, en l'an de grâce 1972, sachez que l'on se fait royalement chier à vous écouter. »

Esther avait deux frères : l'un plus âgé que nous de quelques années, à l'allure volontaire, la coupe de cheveux légionnaire et prêt à en découdre ; l'autre, un adolescent chétif et éteint au visage terne mangé par de grands yeux bleus. Je me donnai toute la soirée pour les observer de près en lumière rasante, les détailler et les découvrir. Nous en étions à l'apéritif. Le père me servit une large rasade d'arak sans me demander mon avis et m'engagea à grappiller des olives, des anchois, des radis.

— Merci, monsieur.

— Ohé, pas de ça entre nous... Raphaël, c'est ça ? Oui, c'est ça. Moi c'est David. On n'est pas en France ici. Alors comme ça, vous habitez Paris ?

De taille moyenne, râblé, costaud, l'attention aux aguets, le regard très mobile, il semblait abriter une tour de contrôle dans ses yeux. Rien ne lui échappait, à commencer par mon attirance pour une photo soigneusement encadrée qui se détachait sur un mur.

— Vous connaissez ?

— En tout cas je le reconnais, bien sûr. Mohammed V. Je me souviens, la veille de l'annonce de sa mort, mon père l'avait appris par une relation haut placée. Il est aussitôt rentré et nous a bouclés à la maison tous volets fermés, ma mère, mon frère et moi avec interdiction de sortir avant quarante-huit heures. Une sage précaution. Car dès que la nouvelle s'est répandue, la rue est devenue folle. Les gens couraient dans tous les sens en hurlant, en pleurant, en s'arrachant les cheveux, on les entendait de chez nous et on les voyait en glissant un œil entre les volets.

— Sa Majesté était adorée par son peuple, que Dieu le garde sous Sa protection. Vous habitiez Casa ?

— J'y suis né, mais le berceau de la famille, c'était plutôt vers Figuig. Pas loin de vous. C'est bien Debdou, n'est-ce pas ?

— Comment vous savez ?

— Esther m'a dit que vous vous appeliez Marciano. La grande famille de Debdou. Ils viennent tous de là, comme les Toledano de Meknès...

Un grand sourire illumina son visage tandis qu'il me serrait la main à m'en décrocher le bras. Esther, qui n'avait rien raté de la scène, se réjouissait silencieusement de cette complicité. Ses frères s'en étaient exclus. Le grand exprimait une moue de mépris, le petit était manifestement perché. Eux étaient nés en Israël ; ils ne pouvaient pas comprendre. De tous les Juifs qui avaient vécu en diaspora, seuls les Marocains conservaient un attachement aussi puissant au pays natal, une nostalgie sans mélange pour tout ce qui le constituait et une vénération sans limite pour son souverain. La première fois que cela m'avait frappé, c'était dans de semblables circonstances à Montréal. Tout était resté très marocain chez cette famille québécoise qui m'avait reçu un vendredi soir, à commencer par la décoration au centre de laquelle éclatait le portrait de « Sa Majesté ».

Un échiquier en bois mal taillé traînait dans un coin du salon. Sa patine disait bien qu'il n'était pas un élément de décoration. Les pièces devaient en être manipulées de longue date. Une ancienneté de bon aloi. C'est bête mais la présence d'un échiquier chez un Séfarade me parut incongrue tant les championnats d'Israël étaient non pas dominés mais monopolisés par des Ashkénazes. Et pour cause : en Union soviétique et dans l'ensemble des pays de l'Est ainsi qu'en Allemagne, les échecs étaient leur vraie religion ; elle se déployait dans les parcs, les tavernes, les clubs, partout en fait. Le palmarès des champions israéliens en témoignait ; il n'y en avait que pour des Foerder dit Porath, des Czerniak, des Geller, des Kagan... Les maîtres et problémistes n'étaient pas en reste : Avner, Ruppin, Seider... L'apparition d'un Baranès y eût été considérée comme une anomalie, une erreur, un hapax sans lendemain. Comme il avait remarqué que mon regard s'attardait sur l'échiquier, David m'invita à m'asseoir face à lui. L'affaire fut emballée en quelques minutes. Un blitz sans l'horloge. Je n'insistai pas. Il exprima sa fierté non d'avoir gagné mais d'avoir appris à jouer à «ma petite Esther».

Recevoir, célébrer, transmettre. Il n'y a pas que les valeurs clés du judaïsme, ou alors les soixante-quatre cases en faisaient également partie. Ses fils y avaient été rétifs, pas elle. Peut-être son assiduité à intégrer son expérience des ouvertures jusqu'à en faire des réflexes naturels était-elle gouvernée par le désir de se rapprocher de lui, de créer une invisible passerelle entre eux qui scellerait leur complicité à l'insu du reste de la famille. Car il s'en passe et il en passe des choses dans la conversation muette de deux joueurs – et plus encore lorsqu'un lien puissant les réunit déjà.

À table, après les prières accueillant la fiancée du chabbat, je me permis d'interroger le père d'Esther sur son parcours depuis qu'il avait quitté le Maroc – « de mon propre gré ! » assura-t-il d'emblée afin de couper court aux méchantes rumeurs selon lesquelles le Mossad avait monté l'opération quand la jeune nation israélienne avait besoin de bras. Les services secrets avaient juste facilité l'exfiltration des candidats au retour à Sion avec la discrète coopération des autorités marocaines, le roi ne pouvant décemment se réjouir de voir ses sujets le quitter. D'ailleurs un certain nombre avaient choisi de rester tandis que d'autres partirent plus tard s'installer en France ou au Canada. À son arrivée, on lui proposa d'être docker responsable d'équipe à Ashdod et de résider dans un *shikun*, l'un de ces logements sociaux conçus comme des cages à lapins pour nouveaux immigrants à Kyriat Gat. Il accepta le travail mais ne tint pas plus de quinze jours dans l'immeuble en question. D'où ce bricolage de caravanes dans lequel nous nous trouvions.

— Ici au moins je suis propriétaire, on peut respirer et ça me rapproche de mon travail. Mais vous savez quoi, Raphaël ? On veut nous obliger à vendre le terrain. Il paraît qu'il y a des projets immobiliers pharaoniques... *Zarma !* Ils peuvent toujours courir.

À leur arrivée en Israël une vingtaine d'années plus tôt, on les tenait pour des Marocains ; le temps avait passé mais c'était toujours le cas et au ton plein de morgue sinon de mépris dont usaient ceux qui le disaient, ce n'était pas un compliment. Me revint alors la remarque méprisante de Golda Meir sur « ces Juifs des grottes » qui ne connaissaient pas l'usage des draps ni celui des baignoires. Des Orientaux, n'est-ce pas, raison de plus pour les conserver dans leur condition...

Le père d'Esther me parla de son travail avec une fierté qui rappelait celle d'un ébéniste louant la dentelle de son artisanat, ce qui contrastait avec ses épaisses mains calleuses. Cela me fascinait d'autant plus que ma seule connaissance de son métier reposait sur un souvenir d'enfance, lorsqu'il m'arrivait d'accompagner mon père au port de Casablanca pour y dédouaner des marchandises ; ces images se télescopaient avec la réminiscence de scènes violentes de *Sur les quais*, le film d'Elia Kazan dans lequel le docker Marlon Brando affronte un syndicat contrôlé par un gang mafieux du port de New York. En fait, Esther et moi étions les seuls à l'écouter passionnément. Sa mère ne se préoccupait que d'assurer la qualité du couscous-poisson, dont elle nous révéla les secrets sans se faire prier : mérou, paprika à l'huile « un petit peu fort, c'est vrai », curcuma, cumin, concentré de tomates, tomates, sel, eau, poivrons, petits piments séchés, coriandre fraîche, gousse d'ail, poivre blanc, un chouia de sucre, en prenant garde de respecter les quantités et de ne « surtout pas » brûler les épices, tout cela n'ayant de valeur que si on a l'art et la manière. Autant qu'il m'en souvienne, c'était si savoureux qu'on en aurait oublié la recette.

Le dîner s'annonçait sous les meilleurs auspices jusqu'à ce que l'un de ses frères décide de se mêler à la conversation. Pas Tomer, le plus jeune, qui ne paraissait toujours pas revenu du monde lointain où je l'avais trouvé en le saluant. On l'imaginait capable des choses les plus étranges comme de s'enrouler autour de l'axe d'un son ou de guetter la fonte du permafrost. Ce sont les paroles de Boaz, l'aîné des trois enfants, Esther étant celle du milieu, qui parvinrent en un instant à électriser nos échanges jusque-là paisibles.

— Qu'est-ce que tu fais avec ma sœur? demanda-t-il sans lever les yeux de son plat et pas seulement les yeux car il était de ceux qui, au lieu d'amener la cuillère à leur bouche amenaient leur bouche à la cuillère, autant dire que l'on avait moins de chances que le mérou de croiser son regard.

— On est devenus amis grâce aux échecs et...
— Elle ne progresse pas, elle est médiocre.
— Je ne trouve pas.
— Tu ne peux pas comprendre, Boaz, dit-elle. Les échecs, c'est comme un remède à la mélancolie.
— Voilà, on se balade, on parle beaucoup...
— Vous aimez ça? Elle est morbide, ma sœur. Morbide!

Une certaine fébrilité s'empara d'Esther. Son talon d'Achille n'avait pas de secret pour lui et il se plaisait à appuyer là où ça fait mal. Tout d'un pervers qui jouit de la souffrance qu'il inflige aux autres. Et elle souffrait, mais en silence, rongeant son frein.

— Non mais a-t-on idée, franchement? reprit-il en forçant sur sa voix. Aller frapper à la porte de gens qu'on ne connaît pas pour leur dire : Eh, vous savez quoi? Il a pris des éclats d'obus plein la gueule votre mari et une rafale dans les jambes, il reste même plus de moignons, bref il est éparpillé façon puzzle, même la *hevra kaddisha** n'arrive pas à rassembler les morceaux, voilà vous signez là, allez *ciao*, à la prochaine ! Elle doit aimer ça, ma sœur, je ne vois pas d'autre explication.

La perfidie de son frère fit retomber Esther comme un papillon dans la gélatine. Leur père posa bruyamment ses couverts sur la table.

— Tu ne vas pas recommencer, Boaz ? Respecte au moins le chabbat ! *Khlass !* trancha-t-il.

Dans toute famille, il y a la langue des secrets. Celle que les enfants ne comprennent pas. Chez les Marciano, ce n'était pas le français, qu'ils avaient mis un point d'honneur à leur transmettre pour faire de sa maîtrise un atout dans l'avenir. Mais à force d'entendre leurs parents se parler dans un mélange de judéo-arabe et de tamazight tel qu'on devait l'entendre dans le Tafilalet et qui résonnait comme une langue souterraine, comme qui dirait phréatique, ils avaient fini par apprivoiser l'arabe en général. Il ne sonnait plus à leurs oreilles comme une langue étrangère et moins encore comme celle de l'ennemi. Juste quelque chose de familier issu d'un monde archaïque qu'ils n'avaient pas connu. Lorsqu'il arrivait à leur père d'en user, sa souveraineté naturelle s'imposait et claquait comme un dernier mot.

Esther se pencha à mon oreille :

— Méfie-toi de Boaz, il est radioactif.

— Toxique, tu veux dire.

— Carrément radioactif, insista-t-elle. Garde tes distances. Mon frère est aussi fuyant qu'une goutte de mercure qu'on place au creux de sa main et qui ne cesse de filer à mesure qu'on essaie de l'attraper ; à la fin, elle finit par s'écouler. Insaisissable, quoi.

Manifestement, il se retenait depuis le début de la soirée. Son mépris était patient et sa cruauté, attentive. Une faim violente se lisait dans ses yeux. Ce genre de personnage qui ne s'épanouit que dans le conflit ne m'était pas étranger. On sent vite la jouissance d'une posture qui affirme une absence totale de doutes et cela nous laisse sans moyens. Je me fichais bien de ses opinions ou de ses engagements politiques, à supposer qu'il en eût. J'appris qu'il servait dans l'une des unités d'élite de l'armée, spécialisée dans la collecte du renseignement derrière les lignes ennemies. Impossible d'en savoir davantage. Le culte du secret. Il avait déjà tâté de la taule pour insubordination, bagarres et comportement limite. Une tête brûlée mais qui savait se maîtriser lorsqu'il était en mission. C'est peu dire qu'il n'était pas aimé et qu'un tel dossier pouvait faire obstacle à sa carrière. Mais on peut être impopulaire pour son absence de qualités humaines et apprécié pour ses qualités de combattant. Une force obscure le précédait et le suivait. Il criait au lieu de parler et cela m'était intolérable car ça suffisait déjà à faire monter la tension. Comment lui faire comprendre qu'à son paroxysme de volume une voix, fût-elle grave, riche en modulations et bien timbrée, articule mal et, quel que soit le discours, en devient inaudible ? Ses silences le rendaient aimable. J'avais rarement vu quelqu'un s'aimer autant tout en se donnant tant de mal pour se faire détester. Il aurait suffi qu'il admît cette petite chose qui devrait tomber sous le sens : si parler haut c'est la certitude d'être entendu, parler bas c'est l'assurance d'être écouté. Je n'essayais même pas, découragé comme chaque fois que j'entrevoyais chez un être la bêtise au front de taureau. À moins qu'il n'ait eu un grain. Boaz, même ses yeux paraissaient cinglés de cruauté. De lui seul émanait une hostilité foncière à mon endroit. N'empêche qu'elle suffisait pour que je sente le cercle des épées pointées sur moi se resserrer chaque fois qu'il prenait la parole. Malgré tout, sa force de vie m'impressionnait. Le magnétisme qui émanait de sa personnalité avait quelque chose de sauvage, d'animal même, qui devait plaire aux femmes, enfin, à un certain type de femmes. Pour autant, on n'attendait pas de lui qu'il fasse la guerre comme l'oiseau chante. Tout indiquait qu'il ruminait une deuxième salve. Esther échangea de longs regards avec moi. Ils exprimaient ceci : on ne trouve jamais la paix en évitant la vie. Il faut toujours l'affronter et l'affronter encore. Ses yeux n'étaient jamais aussi envoûtants que lorsque leur noirceur cherchait à m'engloutir. En les pénétrant, je ne pouvais m'empêcher de penser que dans tant de maisons, quand la mort viendrait, elle aurait les yeux d'Esther.

— À quoi tu penses ? me demanda-t-elle.
— À... À *Rhinocéros.*

J'avais hésité à lui répondre car je ne me voyais pas m'étendre sur la pièce de Ionesco que j'avais vue deux fois, ni leur raconter la métamorphose des habitants d'une ville dans la peau du mammifère à la suite d'une épidémie de rhinocérite. Ils m'auraient pris pour un fou alors qu'il s'agissait d'une puissante métaphore de la résistance au conformisme et partant, de la lutte contre le totalitarisme rampant.

— Je dis rhinocéros mais ça aurait pu tout aussi bien

être l'un de ces animaux sauvages qu'on trouve encore en Israël...

C'est alors que Tomer s'en mêla. On entendit enfin le son de sa voix. J'allais me demander s'il n'était pas de ceux qui ne parlent jamais si bien que quand ils se taisent.

— Ou un putois marbré, une salamandre de feu, un bouquetin de Nubie...

— La question que ça pose, c'est : est-il possible de rester humain lorsque tous les humains qui nous entourent acceptent de se transformer en rhinocéros ?

— Ou un chat des sables ! une gerboise des steppes ! Ou alors un buffle d'eau échappé de la réserve naturelle de la Hula en Galilée ou une gazelle de montagne et même une hyène tachetée, une perdrix choukar ou alors une caouanne...

— Mais Tomeriko, d'où tu sais tout ça ?

— Hein, le tout petit Tomeriko, réponds, *habibi*, le génie de la famille, insista Boaz, toujours prêt à enfoncer l'autre et si ce n'était la sœur, c'était donc le frère.

Comment nier l'évidence d'une jalousie fratricide ? Le fort ne supportait pas la préférence des parents, leur complaisance coupable, pour le faible. L'histoire biblique de Caïn et Abel me paraissant trop manichéenne, j'avais plutôt l'impression d'assister à des scènes d'*À l'est d'Éden*, tant le roman de Steinbeck, dont la lecture encouragée par mon professeur de lettres m'avait terrifié, que le film qu'en avait tiré Elia Kazan avec toute la noirceur dont il pouvait être capable. La rivalité des deux frères était sourde, feutrée, mais ne demandait qu'à exploser.

L'adolescent baissa les yeux et retourna à son mutisme. Les sarcasmes dont son frère l'accablait m'étaient d'autant plus insupportables que Tomer paraissait sans défense. Déjà, le chant d'un oiseau le bouleversait. Il marchait au risque de trébucher sur son ombre. De temps en temps, sa bouche s'ouvrait et se refermait en un éclair comme mue par un ressort mais sans émettre le moindre son. Un jeune albatros qui n'avait qu'à déployer ses ailes blanches pour devenir le roi de l'azur – si seulement il y parvenait.

Son père vola à son secours. Il me parla de lui comme s'il était absent, et d'une certaine manière il l'était. Il le dépeignait comme un Benjy mais tellement intelligent et fin, qui comprend tout, ne dit rien mais n'en pense pas moins. Son mutisme était si éloquent. Il respirait le chagrin et inspirait la pitié. À moi, uniquement de l'empathie, le sentiment le plus fort dont j'étais capable. Me mettre à sa place, essayer de ressentir ce qu'il ressentait. Un processus illusoire mais pas inutile, si seulement il pouvait en sourdre l'ombre d'une complicité, d'une fraternité qui sait. Son père disait : « Tomer, on ne peut rien ressentir pour lui parce que lorsqu'on se met à sa place on s'aperçoit vite qu'il ne ressent rien. Il ne peut faire le bien ni le mal car il ne sait pas ce que c'est, il ne peut voir la différence. Pareil pour le propre et le sale. Mais il connaît l'amour et la tendresse aussi il en est capable. Le voilà, mon Tomeriko. Un petit animal si vous voulez, mais qui vaut bien des hommes. À sa façon, un *mentsch*, comme on ne disait pas à Debdou mais comme on dit ici. Un *mentsch*, qu'ils disent en prenant l'air admiratif. Ça vous pose, ça, hein, mon *mentsch* ? »

Je tentai une diversion. Une chose me turlupinait dans le Décalogue et je me demandais si cet homme pieux, mais suffisamment ouvert et tolérant pour penser contre sa tradition, saurait y répondre. Car David Marciano m'inspirait un infini respect. Un sage, un vrai, à mes yeux. Non l'un de ces grands érudits du Talmud dont les silences imposent la considération avant même les paroles et que ses envoûtés n'osent approcher qu'après lui avoir baisé la main. Non, lui était un sage ordinaire. Le genre d'homme qui peut devenir fou à force d'avoir raison, irréductible à son parcours totalement détaché des biens matériels tant il semble avoir débordé sa propre vie, qui sait des choses qu'il n'a même pas conscience de savoir.

Le dernier commandement stipulait : « Ne convoite pas la maison de ton prochain ; ne convoite pas la femme de ton prochain, son esclave ni sa servante, son bœuf ni son âne, ni rien de ce qui est à ton prochain. » Mais pourquoi cette insistance, unique dans le Décalogue, sur la convoitise ? Finalement, je me résolus à le faire de biais.

— Monsieur Marciano, pardon, David, je peux vous poser une question indiscrète ?

— Vas-y, mon fils, on verra bien…

— Vous ne respectez tout de même pas toutes les prescriptions du judaïsme, les six cent treize *mitzvot*, personne j'imagine… Mais si vous ne deviez n'en suivre qu'une seule, ce serait laquelle ?

Il se concentra en baissant les yeux, les ferma un instant puis, relevant la tête fièrement, arborant un sourire de vainqueur face à l'épreuve :

— Celle qui enjoint de lire, d'étudier. Ainsi je connaîtrais toutes les autres.

Je n'étais pas plus avancé sur cette histoire de convoitise, mais sa réponse m'avait ouvert de bien plus vastes perspectives. Je prenais plaisir à discuter avec lui car il ne se poussait pas du col. Nulle position de surplomb ou d'autorité. À l'inverse, son raisonnement se déployait dans un réseau de nuances si instables que, juste après avoir avancé un qualificatif, il se sentait tenu de lui adjoindre son contraire. Une telle attitude trahissait un manque d'assurance. Je le déduisis non de sa profession de docker, fût-il chef d'équipe, une responsabilité au port d'Ashdod et si Baudelaire avait connu Ashdod je doutais qu'il eût écrit sans nuance comme il l'a fait qu'un port est un séjour charmant pour une âme fatiguée des luttes de la vie ; non, je le déduisais de ce que j'imaginais avoir été son premier métier, avant, au Maroc. Je n'osais même pas lui demander quelle avait été sa formation de crainte de paraître indiscret.

— Tu y crois, toi, à la psychologie ? C'est cela qu'elle veut faire plus tard ma fille comme études. « Psycho » ! C'est une vraie profession, à ton avis, Raphaël ?

Je n'en avais aucune idée. Esther voulait d'abord faire l'armée, comme tout le monde, de toute façon elle n'avait pas le choix, et ensuite seulement, dans le prolongement de son service militaire dans cette unité spécialisée, « faire psycho ». Un mot magique surtout en abrégé, de quoi en augmenter le mystère. Une fois, je l'avais poussée dans ses retranchements pour qu'elle mît à l'épreuve ce qu'elle pensait être sa vocation. Un sourire en coin, elle m'avait dit avoir d'abord songé au plus vieux métier du monde, autrement dit entrer au Mossad ou au Shin Bet au motif que pour trouver une pute, les hommes avaient d'abord besoin de se renseigner. Et de partir dans un éclat de rire, pas mécontente de son effet.

Savait-elle ce que la discipline «psychologie» recouvrait précisément, le doute m'effleurait, mais une chose était sûre : le mot exerçait confusément un pouvoir d'attraction, de séduction et même d'envoûtement lorsqu'il lui arrivait d'en parler ; et elle passait tant de temps sur le terrain, s'y donnant sans compter, que cela légitimait par avance à mes yeux toute prétention à s'y consacrer dans l'avenir. Enfin, l'avenir au jour le jour quand, dans mon esprit, il était encore insensé de concevoir des projets vu la situation. Israël avait gagné la guerre, mais la victoire était amère.

Le pays semblait encore tâtonner entre le destin que ses habitants lui assignaient et celui que la rue arabe, pour une fois à l'unisson avec ses gouvernements, lui promettait jusqu'à la consommation des siècles : l'éradication de toute présence juive sur cette langue de terre qu'elle voulait arabo-musulmane. Un dilemme que le père d'Esther avait réglé d'un mot qui ne pouvait que clore le débat : «On gagnera parce qu'on n'a pas le choix, n'oublie pas qu'on est dos à la mer.» Pour Israël, cette guerre était une guerre juste puisqu'elle répondait à une attaque massive, une volonté d'annihilation. Au-delà même de la nécessité de la contre-attaque, une évidence pour tout pays confronté à une semblable situation, sa dimension la justifiait. Il le disait avec ses mots à lui et l'impact que cela produisait était bien plus durable. Il répétait : «Comprenez bien, on n'a nulle part où aller, nulle part ailleurs qu'ici en Israël, chez nous.» Au fond, ce raisonnement, il n'y avait pas à en sortir, si on voulait s'en sortir. D'autant qu'il venait d'entendre une nouvelle à la radio qui l'accablait :

— Vous vous rendez compte qu'ils ont envoyé des Marocains, des Tunisiens, des Libyens, des Algériens pour se battre contre nous, de l'infanterie et des blindés, et même des médecins pakistanais ! Une coalition de huit pays arabes en tout ! Au nom de la umma et de la solidarité musulmane ! Mais qu'est-ce qu'ils en ont à faire, eux, de la revanche de 1967 ? On leur aura chanté la mélodie du djihad. Nos frères marocains, toute une brigade motorisée, cinq mille soldats envoyés dans le Golan à la bataille du mont Sheikh comme ils disent, le mont Hermon quoi, tu te rends compte ! On a dû leur dire qu'ils allaient libérer Jérusalem puisque Sa Majesté est président du comité Al-Qods…

On le sentait prêt à se lever de table, sauter dans sa voiture et monter au front pour aller à leur rencontre et leur crier : Retournez chez vous, mes frères, vous ne savez pas ce qui vous attend, *khoya* ! Sauf que la guerre était finie et que nombre de ces soldats de la guerre sainte avaient déjà été tués au combat. Malgré tout, son optimisme semblait inaltérable. Il était de ces hommes pour qui les ténèbres ne seront jamais obscures. Du moins, c'est ce que je croyais avoir compris. Mais il se drapa soudainement dans un silence de plomb, la mine sombre, sans desserrer les dents. Un silence si puissant qu'on devait l'entendre jusqu'à Jéricho. Cela dura plusieurs minutes interminables et commençait à devenir toxique. Il avait peut-être arrêté l'école à quatorze ans mais il savait ce que parler veut taire. Il plongea les doigts dans le couscoussier pour y attraper une boulette de poisson puis, sous la remontrance de sa femme, s'y reprit avec sa propre fourchette, ce qui n'était pas mieux.

— Vous savez, les enfants, en 1956, peu après notre installation, alors que le kibboutz Nahal Oz sur la frontière avec Gaza n'existait que depuis trois ou quatre ans, des fedayin se sont infiltrés. Ils ont assassiné le type responsable de la sécurité, il s'appelait Rothberg je crois, ou Rotenberg. Il montait la garde et patrouillait. Roy, c'était son prénom, avait vingt et un ans. Ils ont emporté le cadavre avec eux et l'ont mutilé. Il a fallu que l'ONU s'en mêle pour le récupérer et l'enterrer dignement...

— Mais papa, pourquoi tu nous racontes ça à table, tu ne trouves pas qu'on a assez d'horreur en ce moment ? lui reprocha Esther.

— Attends, ma fille. Aux obsèques de ce malheureux, Moshe Dayan, qui était alors chef d'état-major de Tsahal, a fait un discours, mon Dieu... un discours que j'avais écouté à la radio et que je n'ai jamais oublié. Comme beaucoup d'autres, j'en ai pleuré. Il y avait notamment un passage, je l'ai noté pour ne pas le trahir...

Il s'interrompit pour sortir son portefeuille de la poche arrière du pantalon, y farfouiller parmi ses papiers et en tirer un lambeau bien abîmé tant il avait dû être lu et relu. Alors il le déplia avec les précautions et la solennité que l'on aurait crues réservées aux manuscrits de la mer Morte lors de leur extraction de la grotte de Qumrân. Puis il le lut lentement :

— « Au-delà du sillon de la frontière, un océan de haine et de désir de vengeance gonfle, en attendant le jour où la sérénité viendra affaiblir notre vigilance... soyons lucides sur nous-mêmes... Ne craignons pas de regarder en face la haine qui consume et remplit les vies de centaines d'Arabes qui vivent autour de nous. Ne baissons pas les yeux, de peur que nos bras ne s'affaiblissent... C'est le sort de notre génération. C'est notre choix – être prêts et armés, coriaces et durs – sans quoi l'épée nous échappera des mains et nos vies seront tranchées net... Le jeune Roy, parti de Tel-Aviv afin de construire sa maison aux portes de Gaza pour être un rempart pour son peuple, a été aveuglé par la lumière de son cœur. Il n'a pas vu l'éclair de l'épée. L'aspiration à la paix a assourdi ses oreilles et il n'a pas entendu la voix du meurtrier en embuscade...» Voyez-vous, les enfants, quand on conserve ces mots-là à l'esprit, on ne peut pas être surpris. On sait que ça peut recommencer à tout moment. Et que nul n'est à l'abri.

Exactement les quatre mots de mon père à la synagogue le jour de Kippour en apprenant la rumeur du déclenchement de la guerre. À croire qu'il fallait être de cette génération pour éprouver et transmettre un tel sentiment. Que peut-on ajouter de sensé dans ces moments-là, hors l'annonce elle-même, dans l'ignorance où nous sommes du séjour où la mort tient sa cour ? Un voile pourpre nous interdit l'accès à l'autre monde. Il semblait plus sage d'en rester là sauf à s'interroger à perte de vue sur l'incompatibilité entre les musiques de l'âme et la violence de l'Histoire.

Je me penchai vers lui :

— David, j'ai l'impression que cette seule pensée vous est intolérable...

Ma réflexion le fit sourire. Après l'un de ces petits moments suspendus où on semble mûrir une réponse la gorge nouée, visiblement très ému, il me fit un discret signe de la main pour que je me rapproche encore de lui :

— Pour un père de famille comme moi, la seule pensée intolérable, ce serait un jour de ne plus être en mesure d'aider mes enfants.

Le repas achevé, il lut des chants et des poèmes. Autant de paroles et de mélodies qui se conjuguaient avec le souffle nu de la vie. Puis la mère d'Esther nous invita à tous passer au salon. J'en aurais oublié que nous nous trouvions dans une suite de caravanes, quoique parfaitement aménagées. Boaz s'assit à côté de moi et me tapa familièrement sur la cuisse.

— Tu sais quoi, Raphaël ?

Je m'attendais au pire.

— Tu portes un prénom prédestiné.

— Je sais qu'en hébreu, ça signifie « Dieu guérit ».

— Mieux que ça ! C'est l'acronyme hébraïque d'« Autorité pour le développement de l'armement et de la technologie militaires ». Il y a du tueur en toi. Regarde tes mains, elles sont rouges de sang. J'adore !

Esther tendit le bras à travers la table et demanda dans son français bien à elle :

— Je peux de l'eau ?

Puis elle posa sa main sur la mienne pour me réconforter, mais c'était inutile. Le trait de Boaz m'indifférait. La flèche n'est pas toujours à la hauteur de la blessure qu'elle veut provoquer. Au fond, à l'exception de son frère aîné, la famille d'Esther était composée de personnes rares à la candeur absolue et insupportable pour ceux qui ont fait le choix de la violence. Mais, en prenant congé, je sentais encore le souffle de Boaz sur ma nuque.

Lorsqu'une rencontre advient, c'est qu'elle devait advenir dans notre vie parce qu'en y trouvant naturellement sa place, elle comble une absence et un manque. Esther et moi, nous nous étions vite compris. Inutile de se faire un dessin. Mais en l'écoutant s'exprimer parmi les siens, je découvrais pour la première fois sa sonorité particulière. Le bruissement de sa langue produisait un je-ne-sais-quoi de bouleversant, comme un appel à l'aide venu peut-être de tout ce que ses annonces quotidiennes devaient refouler au fond de la gorge et qui émergeait enfin de sa bouche. On eût dit des appels de phares lancés dans le fol espoir de l'aider à éclairer sa nuit intérieure. Elle m'avait une fois confié son malaise : « Il y a des noms pour tout sauf pour ce que je ressens. »

Nous avons marché au hasard dans les rues la main dans la main, parfois sans échanger un mot pendant de longues minutes. Entre nous, la question des cœurs accordés ne se posait même pas. Pas le sujet. On était bien ensemble, voilà tout. Mais je me défendais d'être tombé amoureux, je résistais en me persuadant qu'il ne s'agissait peut-être que d'un coup de foudre amical. Après tout, jusque-là, notre rencontre ayant été le fruit d'un éblouissement réciproque, l'érotisme y tenait une place assez réduite, si bien que tout aurait pu en rester au stade d'une passion chaste.

— Raphaël, je te trouve absent…
— Non, je suis juste perdu dans tes pensées.

Esther donnait parfois l'impression de vivre dans une autre dimension. Par sa façon de se mouvoir, on eût dit qu'elle se déplaçait dans un univers en apesanteur abandonnant l'humanité commune sur le plancher des vaches. À un moment, je crus trouver la clé de sa mélancolie dans la nostalgie que son père ressentait pour le Maroc de sa naissance. Il n'était pourtant pas du genre à se draper dans le tissu de son passé, ce doux poison si difficile à canaliser. Il savait bien que son pays natal n'existait plus, car il ne le reconnaîtrait pas s'il y retournait. Esther avait hérité de ce *nostos*, selon le mot dont Homère use dans l'*Odyssée* pour désigner un état de manque permanent. Elle ne me démentit pas mais ne chercha pas à creuser cette voie. Elle se contentait de sublimer son vague à l'âme par une légèreté d'apparence. Tout y invitait à prendre garde à la douceur des choses. Je lui parlais avec des mots, elle me répondait avec des sentiments. Tel était le mode de dialogue que son attitude avait instauré. Passé l'effet de surprise, on s'en accommode aisément. N'empêche que rien ne m'intriguait comme cet étrange phénomène par lequel on pouvait avoir le mal du pays s'agissant d'un lieu où l'on n'avait jamais été que par procuration, par empathie pour son père, pour ce surcroît de tendresse qu'il exprimait lorsqu'il appelait sa fille *neshumeh*, « ma petite âme ». Être à soi-même une énigme, Esther paraissait s'en contenter dans l'ombre portée de son noir soleil intérieur.

Il se faisait tard. Dans ces moments-là, elle disait d'une voix douce aux profondeurs moirées : « Claquée, je suis », ou *A'met*, « je suis morte », et cela suffisait. De toute façon, dès que la fatigue la prenait, elle bâillait à l'intérieur des phrases. Sa manière de parler le français avait quelque chose d'involontairement poétique en ceci que souvent, un mot donnait l'impression d'y rencontrer un autre pour la première fois. L'ordre n'était pas toujours le bon mais on se comprenait bien. Ses fautes de français, assez typiques des francophones d'Israël, ajoutaient à son charme lorsque l'accent s'en mêlait. Elle disait « quoi tu fais ? » au lieu de « que fais-tu ? ». Je craquais lorsque je l'entendais dire : « Tu peux acheter ça à moi ? »

Elle n'avait pas pour autant l'intention d'aller dormir ce soir-là. Elle brûlait de connaître mes impressions sur sa famille. Alors, elle qui s'était retenue de fumer à la maison devant ses parents par respect pour leur chabbat, allumait une cigarette sur l'autre. Des Noblesse, paquet vert, à la plus forte teneur en goudron et en nicotine du marché local. La clope préférée des soldats et des kibboutznikim en raison de son prix. J'aurais été mal placé pour lui faire une remarque, avec mon stock de Boyards papier maïs, les seules que nul n'avait envie de vous taper tant elles arrachaient la gueule, ou, à tout le moins, la gorge. Tout au plus, je me permettais de temps en temps de la railler : « Noblesse oblige ! » Il lui arrivait alors de se ronger les ongles comme si la cigarette ne suffisait pas. Si seulement je parvenais à la défaire de ses angoisses.

— Ton petit frère, il est attachant, mais il reste une énigme. Je n'arrive pas à le déchiffrer.

— Ah, notre Tomeriko... Je l'adore. C'est un antihéros, un *schlimazel*, un empoté, quoi ! Il m'a toujours fait penser à Elifelet.

— Qui ça ?

— Un personnage très célèbre en Israël, issu d'un poème de Nathan Alterman : « Alors cette nuit-là, l'archange Gabriel descendit dans l'avant-poste où gisait le garçon et lui murmura doucement : Ne crains plus rien, Elifelet, prends courage, car dans les cieux, je déclare que nous sommes fiers et jaloux de ton caractère »...

Esther s'interrompit en baissant le regard. Elle fit mine d'avaler une boule qui obstruait sa gorge en m'apprenant que sa grand-mère avait surnommé le garçon « mes petites entrailles ».

— Enfant, Tomer nous inquiétait tellement il avait l'air dénué de caractère. Du genre à sourire tout le temps la bouche ouverte, sans raison. Comme Elifelet, une fois soldat, le premier à se précipiter sur la ligne de feu pour réapprovisionner ses camarades à court de munitions. Le premier à se porter volontaire pour aider les autres. Blessé, il s'effondre avec le sourire sans savoir pourquoi et...

— Ton petit frère m'a glissé qu'il voudrait être artiste. C'est vague. Je comprends que ton père s'inquiète, surtout lorsqu'on sait d'où il vient...

— C'est un sage à sa manière, en format réduit. Il sait

des choses qu'il n'a pas conscience de savoir. Il craint de ne pas s'appartenir assez pour suivre son inclination.

Après avoir hésité, je me risquai à lui faire part d'un détail qui m'avait inquiété.

— Esther, tu as vu ce que Tomer dessine dans ses carnets quand on est à table ?

— Il dessine tout le temps.

— Mais il dessine quoi ? Des pistolets.

— Des armes, on ne voit que ça partout ici, surtout en ce moment.

— Quand Stendhal en faisait autant dans les siens, cela signifiait qu'il avait des pensées suicidaires.

— Ah... Remarque, la comparaison est flatteuse pour mon petit frère.

— Explique-lui que ce qui compte, ce n'est pas d'être grand mais d'être à la hauteur.

Manifestement troublée, elle changea de sujet.

— Et mon père ? Vous vous êtes plu, ça m'a fait tellement plaisir, si tu savais, tellement...

— Une sacrée surprise. Comme tu m'avais dit un mot de son travail au port...

Ma réflexion fut si mal prise qu'elle me lâcha la main et fit un pas de côté comme si ma remarque l'avait soudainement expulsée de notre couple. Manifestement, je m'étais aventuré sur un terrain sensible.

— Tu veux dire que c'est surprenant d'avoir l'esprit aussi fin quand on a des mains aussi épaisses et abîmées ? Qu'on vient du *mellah* de Casablanca ? Des pauvres et pourquoi pas des analphabètes ? Il peut y avoir de la noblesse parmi les dockers d'Ashdod, tu sais. Demande à ceux qui sont venus de Thessalonique, une vraie fraternité. Que cela échappe à des types dont les parents sont nés à Vienne et qui se croient tous cousins de Freud, ça ne m'étonne pas, mais à toi...

— Ne le prends pas mal ! Même moi, si j'annonçais à ma famille que je veux être artiste, j'imagine leur tête. Déjà, journaliste... Mon grand-père m'a dit : « Tu es sûr ? Ce n'est pas un métier pour nous, on peut gagner sa vie avec ça ? Et toi, après, tu y as pensé ? »

En reprenant ma main, elle poursuivit le fil de sa pensée, ignorant ma tentative de diversion.

— Tu sais, à nos yeux, mon père c'est quelqu'un de beaucoup moins primaire, brut de coffre, bourru qu'il n'en a l'air. Il creuse le même sillon depuis... *ya hasra* ! Ce qu'il nous léguera quand il partira, ça n'a pas de prix : une éducation, des valeurs, des principes pour la vie. C'est un type bien, mon père, c'est rare un homme comme ça. Et quand j'écoute certaines de mes amies se confier, je me dis que j'ai eu de la chance. Tant pis si ça paraît simpliste.

Simpliste ? Certainement moins que des formules à la Saint-Exupéry du style : « La vérité pour l'homme, c'est ce qui fait de lui un homme. » Tant de gamins ont dû s'arracher les cheveux à l'expliquer avec introduction, développement, conclusion, sous le regard d'un professeur de lettres assez pervers pour leur soumettre la formule. Le père d'Esther recelait des richesses d'une complexité insoupçonnée.

On regarda le ciel. Je lui désignai une étoile. Il paraît qu'on ne peut le faire sans placer l'autre main sur l'épaule de la personne à ses côtés. Elle se blottit dans mes bras en laissant échapper une larme. Elle paraissait si jeune, bien plus jeune que moi bien que nous eussions le même âge, que pour un peu on aurait cherché du lait sur ses lèvres. Un instant nous nous sentîmes arrachés à la gangue du temps. Comment l'armée avait-elle pu confier une telle mission à quelqu'un d'aussi fragile, à moins que cette sensibilité au malheur d'autrui ne fût justement la qualité première recherchée par son recruteur? J'eus l'impression qu'elle allait craquer, mais à sa façon, discrètement. Elle m'expliqua qu'elle souffrait de ce que certains psychiatres qualifiaient de mélancolie souriante. Une dépression qui masque ses symptômes. Un sourire destiné à dissimuler le stress qui la rongeait. De temps en temps, elle devait avoir besoin de se désintoxiquer de l'oppression de la peine et du chagrin. Je la pris dans mes bras et lui caressai les cheveux, sa tête sur mon épaule, mais je sentais combien c'était vain et dérisoire; elle en venait à me reprocher mon calme, qu'elle interprétait à tort comme de la froideur, du détachement, de l'indifférence, qui sait, mais c'est bien cet air d'incompréhension mêlé de blâme que je lisais dans son regard.

— Mais comment tu fais pour rester de marbre! On dirait que tu t'en fous, c'est ça?

— Tout l'inverse, Esther. C'est juste que la vie m'a fait ainsi. D'avoir éprouvé jeune ces sentiments de l'intérieur m'a appris à les mettre à distance.

— Ça c'est du contrôle! siffla-t-elle en feignant l'admiration.

Sauf qu'il n'y avait rien à admirer car je n'y étais pour rien, je n'avais aucun mérite. La faute à la vie, coupable et responsable.

— Tu me regardes comme si je portais ma tragédie en moi et que ça se voyait de l'extérieur.

— Je ne comprends pas...

— On naît tous deux fois. La seconde, j'avais seize ans. C'était l'été. Une nuit sur une route de vacances en Espagne mon frère a pris la voiture de mon père à son insu pour accompagner des amis en boîte de nuit. Il possédait un double des clés. J'étais le seul dans le secret. Un car a calé au milieu de la route. Le volant lui a éclaté le foie. À l'hôpital de Málaga le jeune chirurgien a déclaré forfait. Il a appelé son père et collègue, un spécialiste des opérations de toreros encornés au ventre. Ça a permis à mon frère de tenir treize jours. On a été rapatriés d'urgence par avion sanitaire à l'hôpital militaire du Val-de-Grâce et...

Une boule dans la gorge m'empêchait de continuer car de cette histoire jamais je ne parlais, jamais, à personne, à croire que mon inconscient l'avait sanctifiée dans un espace inaccessible au commun, hors d'atteinte. Elle me pressa de continuer comme s'il y avait un suspens dans la poursuite du récit alors que seule l'émotion le bloquait.

— Et?... Et?...

— Un samedi matin toute la famille était à la maison à attendre des nouvelles. Le téléphone a sonné dans le bureau. Un jeune interne m'a dit : « Vous êtes son frère ? Il est mort cette nuit, je suis désolé. » C'est moi qui l'ai annoncé aux miens. Je ne me souviens plus de ce que j'ai dit. Je crois bien que mes yeux parlaient pour moi. Après, un épais brouillard a envahi ma mémoire. Il avait dix-neuf ans et restera jeune à vie. Au moins, il ne connaîtra jamais la disgrâce de survivre à tous les siens. Voilà mon baptême de l'annonce. C'était il y a quatre ans mais pas un seul jour, pas une seule nuit, ne s'écoule sans que cela revienne me hanter.

Elle allongea son bras sur mes épaules et y posa son visage. Elle me consolait de la tristesse que je portais en moi, toute cette détresse dont je ne savais pas quoi faire sinon des photos de tombes dans des cimetières, alors qu'à mes yeux, Esther était la fragilité incarnée même si elle n'en laissait rien paraître.

— Viens, on rentre, on va se coucher, dit-elle.
— Où ça ?
— Chez mes parents évidemment, dans ma chambre ! Tu veux aller chercher un hôtel à cette heure-ci un soir de chabbat dans ce bled paumé ?... Tu rêves ou quoi ?

La gêne s'estompa d'autant plus vite qu'elle dormait dans une pièce bien séparée des autres. Après m'avoir demandé de ne pas allumer, elle dégagea les persiennes afin que seule la nuit nous éclairât. Parfaitement nu, je l'attendis sous les draps tandis qu'elle faisait sa toilette. Lorsqu'elle me rejoignit vêtue d'un long et ample tee-shirt, elle se jeta carrément sur moi, me coupant le souffle, passant outre les préliminaires et les caresses auxquels j'attachais tant d'importance. Mais notre étreinte fut si forte, elle répondait à un tel désir réciproque, que j'aurais eu mauvaise grâce à la rejeter. Nos empoignades durèrent ainsi une partie de la nuit jusqu'à ce que nos corps renoncent d'eux-mêmes. Le soleil se leva sur nos premiers baisers du jour :

— Tu sais quoi, Esther ? Ce serait encore mieux ma

peau contre ta peau. Tu ne veux pas l'enlever, ce tee-shirt ?

— C'est le dessin qui te gêne ?

— Non, c'est le tee-shirt. Comme un obstacle entre nous alors que tu as un beau corps.

— C'est que…

Son embarras était manifeste. Assise dans le lit, les genoux sous le menton et les bras enveloppant ses jambes, elle aurait voulu se cacher.

— J'ai fait quelque chose qui…, hasardai-je.

— Pas du tout, au contraire. C'est simplement que honte j'ai un peu. Le vitiligo, tu connais ?

— En fait, pas personnellement.

— Une dépigmentation de la peau. Chez moi, c'est sur les fesses surtout.

— Je les ai vues, tes fesses. Pendant que tu dormais. J'y ai même posé mon visage durant un long moment tellement c'était beau. J'en ai connu quelques autres, pas tant que ça, mais tout de même, elles ne souffraient pas de vitiligo mais elles n'arrivaient pas à la cheville des tiennes.

— J'adore cette image ! dit-elle en éclatant de rire, posant aussitôt sa main sur ses lèvres comme pour s'en excuser. Tu es drôle, toi.

— Désolé mais les fesses sont superbes avec ou sans taches, Dieu a été sacrément inspiré quand il les a dessinées, je prends mon pied avec tes fesses.

— De mieux en mieux ! Mais tu sais, parfois ça vient aussi sur les mains ou ailleurs par poussées de taches blanches… Il faudrait que j'aille me baigner dans la mer Morte. Je ne l'ai encore jamais fait. Presque trente pour cent de sel, tu te rends compte ? Plein de chlorure et de magnésium, pas de poissons, pas d'algues. On flotte tout seul ! Et on se repigmente, enfin, c'est ce qu'ils disent.

— Dans *La Guerre des Juifs*, Flavius Josèphe en parle comme du lac Asphaltite. Joli, non ? Plus poétique et moins désespérant en tout cas que « mer Morte ». Si tu veux, on dormira au kibboutz Ein Gedi.

Pour avoir lu un article sur les lésions cutanées dans un magazine féminin, je savais qu'elles apparaissaient parfois à la suite d'un stress psychologique prolongé. Était-ce son cas ? C'eût été indélicat de lui poser la question tant le rapport de cause à effet semblait évident. Inutile d'insister.

— On ira, promis.

Esther se rendormit dans mes bras, si complice que nous aurions pu chanter ensemble dans notre sommeil. À son réveil, elle revint poser son visage sur mon torse, l'air sombre.

— Tu sais, la loi religieuse impose d'être enterré le plus tôt possible après la mort, le jour même ou presque par respect pour le défunt et pour sa dignité. Eh bien moi, ma plus grande peur, c'est d'être déclarée morte alors que je ne le serais peut-être pas tout à fait et d'être ensevelie et enfermée dans la boîte.

— Mais pourquoi tu parles de ça maintenant ?

— Cette image hante mes cauchemars, quand je n'y bois pas le sang noir des morts, je suis désolée. Je te confie ma dernière volonté, tu veux bien ? Ne ris pas : qu'on perce un trou dans mon cercueil. Tu feras ça pour moi, dis ? Juste pour que je puisse respirer si jamais je ne suis pas tout à fait morte. Ils finiront bien par s'en apercevoir.

Un instant, je fus pris d'envie d'esquisser un trait d'humour sur la difficulté de demeurer claustrophobe dans le vaste au-delà mais elle l'aurait mal pris.

— Promis... à supposer que tu partes avant moi ! On dirait une conversation de vieux, non ?

Un sourire s'esquissa sur ses lèvres tandis qu'une ombre de gravité assombrissait son visage. Frappé par cette alternance, je sortis discrètement mon appareil du sac :

— La photo, j'adore ça. J'en prends généralement de lieux déserts et de cimetières. Des portraits plus rarement. Uniquement des gens que j'aime. Tu permets ?

Je n'attendis pas son consentement. Deux ou trois clichés à peine. La délicatesse de son expression me bouleversa dès qu'elle apparut dans le cadre. Les bords en devinrent vaporeux comme si eux non plus n'y résistaient pas. Son air songeur me désarmait.

— À quoi tu penses, Esther ?

— À ce que j'ai fait l'autre jour avant de frapper à la porte des Amsellem et que je ne ferai jamais plus : y coller l'oreille pour être sûre qu'il y a quelqu'un. Jamais plus, car entendre la télévision, la musique, les rires, la vie quoi, et savoir que dans quelques secondes, tout ça va basculer dans l'horreur à cause de ce que moi je vais leur dire, de ce qu'ils vont apprendre par ma bouche, c'est un cauchemar. J'ai honte, si tu savais, j'ai tellement honte d'avoir fait entrer la désolation dans leur maison.

Après le petit-déjeuner, elle se fit discrète pour téléphoner afin de ne pas heurter les convictions de ses parents. Dans cette famille, ils étaient les seuls à ne pas avoir du chabbat une conception à géométrie variable. Par la fenêtre de la cuisine, la silhouette de Boaz se profilait : isolé dans le jardin, il grillait cigarette sur cigarette. Esther réapparut au bout d'un moment.

— J'ai quelque chose à t'annoncer...

À sa mine grave, son regard perdu, je pensai à ma famille.

— Des nouvelles de Paris ?

Absurde. Comment en aurait-elle eu ? Un large sourire éclaira son visage. Le sourire de la victoire.

— Je sais où il est, Leonard, le seul Cohen génial de tout Israël ! À Tel-Aviv, quand il n'est pas au café Kassit sur Dizengoff, on le trouve au café Pinati. Ou alors à son hôtel, le Gad, chambre 8. Sinon il se déplace dans une Ford Falcon.

— Pfffff ! sifflai-je, pétri d'admiration.

En fait, je ne m'imaginais pas le traquer jusque dans sa chambre. Pas mon genre, le harcèlement, ni même la quête d'autographe, variante moderne du fétichisme. Je ne recherchais pas la compagnie de celui qui était venu là à la poursuite de son identité. À la limite, me serais-je trouvé face à lui au café Kassit, je lui aurais juste posé une question, mais une question qui en contient d'autres : Qu'est-ce qui vous a pris, après avoir écouté la radio, de quitter Hydra, votre île de rêve du golfe Saronique, dans la mer Égée, pour monter dans le ferry jusqu'à Athènes et de là prendre le premier avion pour Israël assiégé par ses voisins et dès votre arrivée de chercher à travailler dans un kibboutz pour remplacer un agriculteur mobilisé dans l'urgence, d'autant plus étrange qu'un an avant, vous aviez donné des concerts dans le pays et que ça s'était mal passé, vous vous souvenez, Leonard, la technique laissait à désirer, la sécurité était en dessous de tout, la sono défaillante et le public aussi, alors pour corser le tout, lors de votre dernière apparition en public, je ne sais si vous étiez sous acide mais vous avez commencé à délirer sur la kabbale, et à Jérusalem en plus à la fin, vous étiez en larmes et les spectateurs aussi, mais cette fois, en octobre 1973, vous avez vite oublié vos velléités d'agriculteur remplaçant pour aller chanter dans des bases aériennes puis, chose insensée quand on y pense, sur la ligne de front dans le Sinaï en n'hésitant pas à traverser le canal de Suez, un chanteur au contact comme on n'en avait jamais vu, des témoins ont même rapporté vous avoir vu vous produire sur une scène de cailloux en plein désert, parfois pour cinq ou six soldats, d'autres fois pour une cinquantaine de soldats, voilà donc la question que je brûlais de vous poser : pourquoi ?

Sinon, je voulais surtout assister à l'un de ses concerts sauvages pour les soldats. Ce ne pouvait être qu'historique et je m'en voulais de rater ça, alors que j'avais déjà vu et écouté les Beatles au palais des Sports et surtout Otis Redding, Jimmy Hendrix, Eric Clapton, Eric Burdon et les Animals et James Brown à l'Olympia. Mes chanteurs de chevet, avec Leonard.

La semaine s'écoula paisiblement au mochav. Mes dindons dandinaient. Ils avaient pris du poids et avaient l'air heureux de se la couler douce. Je le sentais lorsque je devais en isoler quelques-uns, deux à bout de bras de chaque côté, saisis comme il convient par les pattes. Même en mettant ce type d'exercice sur le compte de l'entraînement sportif en prévision d'un retour à l'aviron sur la Seine un jour ou l'autre, c'était harassant. Le club n'était plus voué qu'aux jeux de cartes et de shesh-besh depuis que le cessez-le-feu avait poussé le Colonel à remiser ses cartes d'état-major. Plus que jamais, j'avais hâte de retrouver Esther les ouikendes.

Le vendredi suivant, elle m'emmena au cinéma à Haïfa. Je la laissai décider du programme, ce qui n'était pas une si bonne idée à la réflexion ; mais, à sa décharge, il faut convenir que dans un pays qui émergeait à peine de la guerre, on n'avait guère de chance de voir les films dont on parlait en France, *Amarcord*, *Serpico*, *Soleil vert*, *La Nuit américaine* que je me promettais de visionner à mon retour. Au lieu de quoi, ce fut *Le Piéton*, un projet helvétogermano-israélien, le genre de coproduction internationale dont le cahier des charges impose des acteurs de différentes nationalités. Tous parlaient donc la langue locale et les sous-titres en arabe défilaient en résumé. En 1972, un film m'avait envoûté au point d'en punaiser l'affiche géante sur tout un mur de ma chambre. Sa musique entêtante, signée par Gato Barbieri, me poursuivait encore des mois après. Mais passer du *Dernier tango à Paris* au *Piéton*, quelle épreuve... Ce fut la première et la dernière fois que j'entendis Peggy Ashcroft, Maximilian Schell et Françoise Rosay converser en hébreu. Une expérience à tenter une fois dans sa vie. Mais si j'étais incapable de me fixer sur le déroulement d'une histoire dont les ressorts m'échappaient, l'ambiance en était la cause. Le public n'arrêtait pas de se disputer, de commenter, de bavarder, de crier, de chanter même. La salle était remplie de soldats en permission. On marchait littéralement sur les Uzi. Esther et moi étions encadrés de rangers posés à la hauteur de nos visages par nos voisins affalés derrière nous. Pendant un moment, je crus que des moustiques venaient me titiller les cheveux. Je les chassai énergiquement jusqu'à ce qu'Esther me demande :

— Quoi tu fais ? Pas des insectes, ça !

Les spectateurs bouffaient sans discontinuer des pépites, ces graines de tournesol salées qu'ils ouvraient avec les dents avant d'en recracher la coquille n'importe où devant. En fait, sur ma tête. Sentant que je ne tiendrais pas longtemps dans ces conditions, Esther n'attendit pas la fin du film pour m'exfiltrer de ce bastringue infernal. Pour rattraper sa maladresse, elle m'entraîna dans une sorte de boîte de nuit également remplie de soldats en permission. Non seulement la musique, si l'on peut dire, éclatait nos tympans mais la plupart des danseurs étaient ivres. Ils s'éclataient au sens propre et relâchaient la pression après l'avoir contenue durant des semaines dans des conditions extrêmes. Il fallait bien ça pour oublier la guerre, les blessés à mort ou presque, ceux dont la blessure est invisible à l'œil nu, ceux qui ont reçu des éclats d'obus dans l'âme et les morts, les pauvres morts, qu'en dire d'autre. Tu comprends ? Je comprenais. Mais après le film que nous venions de suivre, j'osais à peine lui dire qu'un autre film, un chef-d'œuvre celui-là, me faisait sentir mieux que tout discours pourquoi ces jeunes gens se déchaînaient ainsi : *L'Armée des ombres* de Jean-Pierre Melville d'après le roman de Joseph Kessel. Une scène notamment me revenait. On y voyait le résistant Lino Ventura se réfugier effaré un soir à Londres dans une boutique allumée, un local du YMCA où de jeunes soldats dansaient des swings endiablés sur une musique de Glenn Miller alors qu'au-dehors des bombes allemandes enflammaient des immeubles. Le hiatus entre l'expression grave, sinistre de l'homme de la France libre et l'allégresse des militaires anglais imbibés valait tous les discours.

— Tu as vu tellement de films !
— J'adore ça, le cinéma. J'y vais toujours seul, je me mets au premier rang tout près de l'écran pour qu'il m'avale. Parfois je reste à plusieurs séances. À Paris, dans les cinémas de quartier, le Studio des Ursulines, le Champo, ou au Mac-Mahon pour les films américains, ils ne disent rien si tu restes après la séance. Mais bon, il y a le cinéma et il y a le théâtre...

Louis Jouvet l'avait dit une fois pour toutes : le théâtre est un commerce de l'esprit, le cinéma une industrie des sensations, voilà et il n'y a pas à en sortir. Pour moi qui avais encore la tête dans l'insondable psychologie des dindons, faire résonner la voix du patron par ses mots mêmes, dans cet endroit paumé qui pouvait être menacé à tout instant, mêlait l'enchantement à la nostalgie, au regret d'une certaine civilisation, d'une société, d'un monde, de ma France, quoi.

Et dire qu'au même moment, *Les Aventures de Rabbi Jacob* qui venait de sortir faisait un malheur sur les écrans français...

Au mochav la vie suivait son cours. Là comme ailleurs dans le pays, on sentait l'étau se desserrer. Moins d'inquiétude, moins d'alerte, moins de pression. Comme une sensation de décrispation générale même si l'heure était déjà aux règlements de compte, à la recherche des responsabilités de chacun dans ce que la presse désignait comme les *mehdalim**, les négligences, faible euphémisme pour désigner un enchaînement de décisions politiques et militaires qui avait tout de même fait côté israélien 2 656 morts et 7 251 blessés, sans parler des innombrables militaires et civils victimes de traumatismes mentaux. Beaucoup trop pour un pays d'à peine plus de trois millions d'habitants. D'autant que les blessés le sont à vie. Esther avait pris l'habitude de m'appeler tous les jours ou presque, le plus souvent en fin de journée. Haya ironisait sur sa ponctualité chaque fois que la sonnerie du téléphone retentissait dans la maison après sept heures du soir. Sauf que depuis quarante-huit heures je n'avais plus de nouvelles d'elle. J'imaginais… À vrai dire j'imaginais tous les scénarios possibles sans oublier l'une des premières causes de mortalité en Israël : un accident de la route. Il est vrai qu'ils conduisaient comme des malades, à une vitesse affolante et bruyante, je-klaxonne-donc-je-suis ; même les chauffeurs de bus roulaient comme s'ils conduisaient des bolides ; les passagers debout ne le restaient pas longtemps. À égalité avec Israël dans ce sinistre palmarès, la Roumanie. Quand on pense au nombre de Juifs d'origine roumaine qui conduisent en Israël, il y a de quoi trembler.

N'y tenant plus, j'osai appeler chez elle. Par chance, c'est son petit frère qui décrocha.

— C'est toi, Raphaël, c'est bien toi l'ami français d'Esther ? On voulait te prévenir mais on savait pas où. Elle est à l'hôpital. Elle est coma.

— Quoi ? Mais qu'est-ce qu'elle a ? Je veux dire quelle… Elle a eu un accident ?

— Ils savent pas, alors nous on sait pas. Juste qu'elle est coma.

Après lui avoir soutiré le nom de l'hôpital Tel-Hashomer, j'obtins sans mal de Haya une « permission » de vingt-quatre heures. Elle révéla à cette occasion un vrai comportement de mère juive avec moi.

— Ne pars pas maintenant, pas ce soir. D'abord tu dînes, tu prends des forces. Tu essaies de dormir. Et demain tu pars à l'aube.

Après une nuit sans fermer l'œil, je pris le premier car pour Ramat Gan. N'étant pas de la famille, je craignais qu'on ne me laissât pas accéder à elle. Pour la trouver après m'être discrètement faufilé dans la foule qui attendait aux urgences de l'aile militaire réservée à Tsahal, il m'avait suffi de dévisager les gens étage après étage. Dès qu'ils m'aperçurent à la sortie de l'ascenseur, ses parents vinrent à ma rencontre. Je leur tendis maladroitement la main ; elle s'écrasa contre eux car ils me prirent aussitôt dans leurs bras à m'étouffer.

— On attend le professeur, Raphaël. Tu veux attendre avec nous ? Viens, on va s'asseoir.

Ils n'en savaient pas davantage que Tomer. Nous sommes restés assis un long moment à l'entrée d'une salle de réanimation. Au bout d'une heure, un médecin en blouse blanche vint à nous. Un petit homme au regard vif, au débit pondéré, d'un calme remarquable qui détonnait dans cette cellule de crise permanente.

— Vous êtes les parents du lieutenant Esther Marciano, n'est-ce pas ? Je suis le professeur Rachles, chef du service de cardiologie. Je vous dois la vérité : nous savons peu de chose sur ce qui a provoqué le coma de votre fille. Sur les radios, cela ressemble à une amphore.

— Une amphore ? reprit le père d'Esther, incrédule.

— C'est la forme que prend la silhouette cardiaque. On pourrait parler de sidération myocardique due à une accumulation de stress, mais en vérité on ignore ce qui l'a provoquée. Il y a bien un effet de ballonisation apicale mais les artères de votre fille sont saines, on n'a pas vu de déchirure d'une coronaire. Faute d'en savoir davantage, on va essayer de la traiter avec des bêtabloquants, peut-être des diurétiques et si nécessaire un traitement anticoagulant. Il faut absolument éviter toute complication neurologique. Car sa conscience est altérée, elle ne réagit plus aux stimulations, même douloureuses. Voilà où nous en sommes.

— Vous nous tenez au courant, professeur...
— Naturellement.
Les Marciano le remercièrent vivement, conscients d'avoir remis entre ses mains le décret de vie et l'arrêt de mort de ce qu'ils avaient de plus cher. Ils n'en demeuraient pas moins dans le flou le plus total. Ils m'interrogèrent du regard alors que nous nous posions à la cafétéria. En fait, nous étions perdus. Bien que le médecin ait manifestement pris le soin de ne pas nous noyer dans le jargon scientifique, nous n'étions guère avancés. On avait juste compris qu'elle avait fait un arrêt cardiaque et qu'elle était inconsciente. Après avoir provoqué tant d'états de choc, elle en avait subi une rafale en retour.

Quelques jours après, son père m'appela pour m'apprendre qu'il y avait un léger mieux. Esther commençait à réagir aux stimuli douloureux même si ce n'était pas toujours approprié. Une semaine plus tard, je fus enfin autorisé à lui rendre visite. Elle bénéficiait d'une chambre individuelle. Elle était réveillée sans être éveillée pour autant. N'osant parler le premier, incapable même de trouver les mots de circonstance, je lui pris la main et la caressai en espérant y faire passer toute la tendresse que j'avais en moi. Elle ne réagissait guère, esquissant de temps en temps un sourire. L'infirmière chargée de surveiller les appareils me glissa à l'oreille :

— Elle s'enferme dans son silence. Sa souffrance intérieure est indicible. Mutisme traumatique. Trop de stress accumulé. Forcément, avec ce qu'elle fait à l'armée. J'ai entendu qu'elle a affronté le cas d'une femme en état de sidération stuporeuse, de quoi entraîner la paralysie psychique et physique, l'impossibilité de communiquer à l'annonce de la mort de son fils. Et votre Esther, eh bien ça l'a... Il va falloir être patient.

Esther elle-même ne le fut pas. Une fois sur pied, elle réduisit sa période de convalescence au minimum syndical et reprit sa mission au département des pertes et des blessés de l'armée. On lui adjoignit un nouvel officier. C'est à peine si elle réduisit la voilure, au mépris de toute précaution. Parfois, elle s'asseyait en posant la main sur son cœur. Cela durait quelques minutes puis elle y retournait. La vie avait repris le dessus, la mort aussi, sans qu'elle sût jamais la nature exacte du mal qui avait failli l'emporter. Elle tenait un semblant d'explication et elle s'en contentait : « J'ai failli partir de trop ! Trop de tristesse, trop de détresse, trop de malheurs, trop d'épreuves, trop, trop, trop ! »

1973 s'achevait. Nous avions été un peu au-delà de notre contrat d'engagement. Certains d'entre nous voulaient rester en Israël et étudier les conditions de leur alya. D'autres, dont j'étais, préféraient rentrer en France et mûrir leur décision. Le jour de mon départ, Haya et Hananya enfin libéré par l'armée m'exprimèrent une gratitude qui me flatta tout en m'embarrassant. Ils venaient juste de vendre la totalité de leur population de dindons à la Hollande où ils seraient fourrés aux marrons et au foie gras pour Noël. Lorsqu'ils mirent les commandes et les factures sous mon nez avec des chants de joie, je n'en revins pas tant les chiffres paraissaient considérables, à eux comme à moi, mais cela n'avait pas d'importance. La preuve était faite que ma présence avait servi Israël à travers la survie économique de ce couple et de leurs deux enfants, et cela seul comptait.

J'avais vécu des moments uniques. Une fois chaque chose, seulement une fois, écrit Rilke dans la *Neuvième élégie*. Je n'étais pas venu ici trouver un écrin à la mesure de mes convictions. Juste aider, même si on s'aide d'abord soi-même en aidant les autres. À ceux qui me demanderaient : Mais que recherchiez-vous en Israël ? je savais déjà que je répondrais : Je me suis trouvé – et ce serait bien suffisant.

J'avais fixé rendez-vous à Esther dans l'un de nos cafés préférés. Avant même que j'ouvre la bouche, elle avait compris. On passa un long moment assis et enlacés sans échanger une parole. Un instant d'une rare intensité. Lorsque le garçon se présenta, il fallut bien desserrer l'étreinte et commander. Elle avait compris car elle avait senti.

— C'est pour quand, ton départ ?
— Après-demain.

Elle soupira en se rejetant lourdement contre le dossier de sa chaise.

— Un chagrin d'amour juste pour moi, ça me changera du chagrin des autres. Je crois que je vais m'adresser à la Vierge Marie. C'est bête mais comme c'est une femme, elle va me comprendre... Porte ton nom, tu le porteras loin.

C'est souvent le cas lorsqu'on choisit de garder celui de ses aïeux quand tout invite à en changer. Ce conseil aussi, je le lui devrais. J'en pris conscience à la seconde. Ma dette était infinie. Grâce à elle, j'en avais vu bien davantage que Fabrice à Waterloo. J'en avais tant appris sur la vie, tout simplement. Sur le frémissement des choses. Nous n'avons pas échangé nos numéros de téléphone comme les gens le font à la fin des vacances – et pour cause. Je m'apprêtais à lui annoncer qu'on ne se verrait plus avant longtemps lorsqu'elle posa un doigt sur mes lèvres :

— Non, ne dis rien... J'ai compris mais je ne veux pas savoir.

Déjà dans un au-delà des larmes, Esther s'abstint de pleurer. Elle sortit un 45 tours de son sac. La pochette était ornée d'un portrait de profil en noir et blanc de Leonard. D'un côté, *So long, Marianne*, de l'autre *Hey, That's No Way to Say Goodbye*. Qu'elle eût été imprégnée par la chanson, au fond cela n'avait aucune importance et je ne cherchai même pas à le savoir. Une telle fêlure se manifestait par ces quelques mots que cela suffisait. Comment ne l'aurais-je pas pris pour un message personnel ? En nous séparant, je la serrai si fort dans mes bras que le disque manqua se briser.

Leonard Cohen aura chanté durant une quinzaine de jours avant de repartir. Malgré mes efforts, je ne pus jamais assister à l'un de ses concerts sauvages parmi les soldats. Regrets éternels. Par la suite, il tut cette parenthèse de sa vie sans raison apparente. Non par honte ou par goût du secret, mais par pudeur et par décence vis-à-vis de ceux qui avaient vraiment participé à cette guerre, parfois jusqu'à en mourir. Je lui en voulais d'autant moins de n'en jamais parler que moi non plus je n'en parlais pas. Mon père m'avait légué sa méfiance envers l'esprit ancien-combattant.

Israël vivait dans la hantise d'une menace permanente. Ils intégrèrent ce spectre car il est aussi vieux que le pays, à croire qu'il lui est consubstantiel ; mais s'il a la vertu d'unifier le peuple, il n'est pas assez puissant pour l'empêcher de se désunir.

L'écrivain Amos Oz, qui avait participé à la guerre des Six-Jours dans le Sinaï, se trouvait cette fois sur le plateau du Golan. Ceux de ses lecteurs qui pensaient que les batailles, les affrontements avec leur cortège de morts et de blessés se retrouveraient pour la première fois dans l'un de ses livres en furent pour leurs frais. Rien. La guerre pue, une odeur épouvantable, un parfum mêlé de tant d'effluves morbides mais si pestilentiels qu'ils sont indescriptibles. Sans son odeur la guerre n'est plus la guerre. Elle n'est que paysages après la bataille, héroïsme avec panache. Il faut une certaine force de caractère et beaucoup d'abnégation à un écrivain pour se lancer dans l'écriture d'un roman qui va puer.

Le dernier débat qui agita le groupe des volontaires tourna naturellement autour des responsabilités. Nous étions une chambre d'écho de l'opinion publique. Une commission d'enquête sur les *mehdalim*, les terribles défaillances qui avaient mené au Kippour tragique, fut tôt constituée. Ils ne perdaient pas de temps, à croire qu'ils avaient hâte de mettre chacun devant ses responsabilités. C'était la commission Agranat, du nom de son responsable, alors président de la Cour suprême ; elle était constituée de cinq membres, les quatre autres étant un juge, un contrôleur de l'État et deux chefs d'état-major à la retraite. Les faits sont têtus et lorsqu'ils se mettent en colère, rien ne peut freiner leur juste violence. Les grands mensonges se fabriquent avec de petites vérités. En novembre, on commençait déjà à y voir plus clair. Les membres qui la composaient s'étaient mis au travail. Mais sans même attendre son rapport d'activité, il apparaissait nettement que les services de renseignement n'avaient pas failli ; ils avaient établi plusieurs jours avant que les Égyptiens et les Syriens attaqueraient massivement le pays, ils connaissaient leurs plans, ils savaient le jour et l'heure. Qu'ignoraient-ils alors ? Pas grand-chose. Ce qui n'a pas empêché l'effet de surprise de jouer. Deux éléments l'avaient favorisé : le balagan propre à la mentalité locale, un mélange d'impréparation, de désordre, de désorganisation parfois rattrapés par l'improvisation lorsqu'elle est dans ses bons jours ; et puis la volonté délibérée de Golda de ne pas prendre les devants, de ne pas anticiper l'événement au nom du vieux principe la-meilleure-défense-c'est-l'attaque qui avait fait merveille lors de la guerre des Six-Jours mais qui lui aurait valu cette fois, une fois de trop, la réprobation internationale si Israël avait pris l'initiative. Six ans après, Israël ne pouvait se permettre d'être l'agresseur. Une fois encore, une fois de plus, une fois de trop. Les Américains n'auraient pas suivi. Le fait est que ses voisins ne lui voulaient pas du bien, et les voisins de ses voisins pas plus. Et puis quoi, pourquoi s'affoler à cause des bruits de bottes rapportés de l'au-delà du canal de Suez et du Golan ? Les Arabes se préparaient depuis des années et ne manquaient pas une occasion de le faire savoir. On disait que leurs gouvernants roulaient tambour à destination de leurs peuples, histoire de canaliser leur volonté de revanche tout en excitant leur patriotisme. De l'agit-prop. De l'intoxication. Pas de quoi s'inquiéter. On les connaît : grands diseux, petits faiseux. Circulez, il n'y aura rien à voir. On a vu, hélas.

À l'issue de cent quarante séances au cours desquelles cinquante-huit témoignages furent recueillis, la commission Agranat fit des militaires les grands responsables, épargnant au passage les politiques. Une injustice qui fit scandale. Elle conduisit aux démissions du chef des renseignements militaires et du chef d'état-major. Moshe Dayan, à qui il fut rudement reproché de n'avoir pas su mener la guerre, ne fut pas reconduit à son poste de ministre de la Défense dans le nouveau gouvernement. Golda Meir, bien qu'elle ne fût pas directement mise en cause par la commission, finit peu après par démissionner de son poste de Première ministre. L'opinion publique n'aurait pas compris qu'il en fût autrement. L'orgueil national fut également mis en cause. Les Israéliens allaient devoir apprendre à ne pas sous-estimer l'ennemi, rester sur la brèche, ne pas être fascinés par ses idées, faire preuve d'une certaine modestie dans les victoires.

Le succès militaire israélien était aussi indéniable qu'incontestable la victoire politique arabe. De quoi donner une résonance mondiale à un conflit régional. Mais Tsahal n'était plus infaillible, ni invincible. Un mythe s'effondrait. Une crise morale accabla la société. Elle allait être hantée durablement par la peur rétrospective d'avoir frôlé le désastre. Elle me faisait penser à cette légende d'un autre temps rapportant qu'un cavalier poursuivi à travers la forêt par des dizaines d'autres qui voulaient le pendre dut s'arrêter net devant le lac Ladoga pris dans les glaces ; la meute se rapprochant dangereusement, il le traversa à ses risques et périls sans même réfléchir tandis que les autres, de crainte d'être engloutis sous le poids des chevaux, renoncèrent ; une fois parvenu de l'autre côté, le cavalier se retourna et, réalisant la folie de son acte, fut pris d'effroi et mourut d'une crise cardiaque.

À Paris, ma famille me réserva un accueil des plus chaleureux. Mon grand-père fut le seul à exprimer malgré tout des reproches, avant de laisser l'affection s'installer entre nous comme avant. Je retrouvai des amis. Le sujet du volontariat ne tarda pas à être abordé. Je me bornai à rappeler qu'il s'agissait d'un mouvement spontané n'obéissant à aucune demande. Mais un chiffre me laissait un goût amer dans la bouche. Non pas celui des deux mille dix volontaires *inscrits*, dont trois cent vingt-huit n'étaient pas des Juifs, mais celui du nombre effectif de volontaires partis de France en Israël pour, à leur manière, l'aider dans son effort de guerre : cent soixante-dix, sur une population totale de quelque six cent mille Juifs français. Écrit en toutes lettres, cela a moins de force. Alors : 170 sur 600 000. Nous sommes tous des volontaires ! hurlaient-ils sur les Champs-Élysées. ¡ *Qué vergüenza!* Ils avaient tous une bonne raison, comme le personnage de *La Règle du jeu*, puisque c'est bien connu, dans la vie, chacun a ses raisons. Ils se justifiaient. Ma famille ! Mes études ! Mon métier ! On s'attendait à tout instant à ce qu'ils produisent un mot de leurs parents. Et nous alors, on était quoi : des cancres ? des hippies ? des chômeurs désœuvrés ?

En janvier, je retournai à l'université. J'assistai au cours magistral en histoire économique de Maurice Lévy-Leboyer. Sans que son agilité intellectuelle fût en cause, j'avais soudainement du mal à me passionner pour les performances sous-estimées du modèle français d'industrialisation par rapport au modèle anglais, considéré généralement comme le paradigme de la révolution industrielle. Au vrai, l'ambiance était en cause. Je me sentais totalement décalé par rapport aux autres étudiants, d'autant que nul ne réagissait à l'immense inscription à laquelle devait faire face le conférencier. Sur le mur du fond du grand amphithéâtre, une main post-soixante-huitarde avait peint en énormes caractères visibles depuis l'estrade le nom d'une de nos professeures parmi les plus prestigieuses suivi de «... aime les chocs au vagin ».

Mais qu'est-ce que je fais là ?

Je me sentais différent, décalé par rapport aux étudiants, autre que je n'étais avant la calamité de la guerre. Comment en aurait-il été autrement après ce que nous avions vécu comme une expérience, une épreuve, une révélation ? De quoi mûrir d'un coup.

Le lendemain, je retournai à Asnières pour reprendre mes études d'arabe classique. À la cantine, je retrouvai mes camarades. Savaient-ils les raisons de ma longue absence ? À leur mine, au peu de chaleur de nos retrouvailles à table, cela ne faisait guère de doute. On me fit sentir que je n'étais pas le bienvenu. Des échos de mon séjour au loin avaient dû leur parvenir. Des regards, des remarques, rien d'agressif mais il n'en fallait pas davantage pour que je m'efface, sans jamais renoncer pour autant au goût de cette langue et de la culture multiséculaire qu'elle charrie. Me sentant en trop, je m'éclipsai pour n'y plus retourner. Sans regret, d'autant qu'une nouvelle population d'étudiants y arrivait à la suite du choc pétrolier, modifiant l'esprit des lieux.

Peu après, je reçus un drôle d'appel. Un inconnu qui s'exprimait en français avec un fort accent israélien.

— Mon collègue et moi avons appris que vous étiez volontaire en Israël…
— Ah… Comment ?
— Par l'ambassade.
— Parce que l'ambassade communique…
— En fait, nous y travaillons. Un peu compliqué à expliquer par téléphone. Pourrait-on se rencontrer, dans un café de préférence ?

On se retrouva deux jours après au Sarah Bernhardt, place du Châtelet, que j'affectionnais parce qu'il avait maintenu son enseigne quand le théâtre de la Ville qu'il jouxtait, débaptisé sous l'Occupation, avait renoncé à la sienne. La trentaine, la poignée de main franche, la boule à zéro, ils me bombardèrent de questions précises sur mon passé militant, mon expérience « là-bas » tout en regardant derrière eux régulièrement pour s'assurer que notre table demeurait isolée. Jusqu'à ce qu'ils en viennent au fait :

— Vous avez étudié l'arabe, vous aimeriez être journaliste…
— Vous en savez des choses !

— On peut vous procurer une carte de presse temporaire. Il s'agit de se joindre à un groupe de journalistes qui va être bientôt invité officiellement à Damas, oui, en Syrie. Nous avons le programme. Vous serez tous conviés à une conférence de presse du ministre de la Défense à son ministère. On attend de vous que vous vous promeniez un peu dans les couloirs...

— En cherchant les toilettes, par exemple, précisa son camarade.

— Voilà, et dans n'importe quel bureau, vous prenez un annuaire intérieur et vous nous le ramenez.

— Un annuaire ? fis-je, perplexe.

— Il n'existe qu'en quelques dizaines d'exemplaires. Très précieux. Il y a là tous les noms, fonctions et numéros de postes dont, disons, nous avons besoin.

— Ah... Et si je suis pris sur le fait ou en repartant à la douane ?

— Dans ce cas, on ne vous connaît pas, on ne vous a jamais vu. Réfléchissez et rappelez-moi dans trois jours. Moshe à l'ambassade.

Vingt-quatre heures après, c'était tout réfléchi. Je l'appelai pour décliner poliment sa proposition. « Personne de ce nom-là chez nous », m'assura la standardiste sans même prendre le temps de chercher ou de me transférer.

Depuis 1973, quelque chose s'est scindé en moi. En deux parties. Comme si j'étais coupé en Dieu. Quel Juif est né sur la même terre que son grand-père ? Je n'en connais pas. L'histoire les a destinés à être un peuple d'errants et de nomades. Jusqu'où nous mènera cette manie de se trouver des ancêtres plus anciens que la terre elle-même ? En retranscrivant ses cauchemars dans son *Journal*, Franz Kafka écrivait que, dans un monde où tout doit s'acquérir car rien ne nous est donné, le plus difficile est encore de partir à la conquête de son passé, cette chose étrange que tout individu croit recevoir gratuitement en héritage. Tout de même, de temps en temps, ce serait bien de se donner un autre avenir que notre passé. En tout cas, ce serait reposant. Combien de temps encore faudra-t-il s'acquitter de sa dette de malheur ? Il est hanté par des ombres errantes. Pas sûr que l'on gagnerait à les identifier. Laissons-les en l'état, elles finiront bien par nous lâcher un jour.

Ma vie aurait-elle été différente sans cette parenthèse ? Sans aucun doute. Comme les chats qui font des bonds insensés mais retombent toujours sur leurs pattes, nos existences peuvent connaître différents aiguillages et sembler partir dans tous les sens, de toute façon, à la fin, les différents morceaux se recollent : on se rassemble.

D'une telle expérience de la vie, de l'amour, de la mort, des mocassins à pompons et, d'une certaine manière, de la guerre en ses échos assourdis, on ne peut sortir tout à fait le même, ni tout à fait un autre. Rien dans cette histoire n'était inéluctable, rien n'était naturel. J'en revins avec une conscience mise à neuf. Mais il me manquait d'en vivre le cinquième acte, celui du dénouement dans la tragédie grecque.

J'avais tant photographié Esther que, dans ma mémoire, un beau portrait au moins en émergerait. Une fois rentré en France, après avoir développé la pellicule dans mon petit laboratoire, je dus me rendre à l'évidence : dans le bain du révélateur, l'image n'apparaissait pas. À peine les contours du visage. Transportée aussitôt dans le fixateur, elle s'enfuyait déjà. Il n'y avait rien à fixer. Rien d'autre qu'un peu de fumée blanche. D'elle me restait à peine une trace.

50 ANS APRÈS

7 octobre 2023

— Tu as écouté la radio ?
— Quoi ?
— Tu as entendu les nouvelles ce matin ?

Arrivé depuis quelques jours à peine en Israël, encore tout enveloppé dans le sfumato des souvenirs, j'en suis à me demander ce que j'ai fait de ma jeunesse. Une préoccupation à la Verlaine, « Qu'as-tu fait, ô toi que voilà / Pleurant sans cesse, / Dis, qu'as-tu fait, toi que voilà, / De ta jeunesse ? » Le genre de question que l'on se croit fondé à se poser à l'occasion d'un anniversaire – c'en est un, et de taille, un demi-siècle quasiment jour pour jour après le déclenchement de la guerre du Kippour qui bouleversa mon jeune destin. Il y a cinquante ans, je me suis juré de me lancer « la » question à la figure dans les premiers jours d'octobre 2023 à condition d'être sur place, de me trouver dans le motif comme disaient les impressionnistes en installant leur chevalet en plein air, ce qui ne peut être que dans les champs du Lachish où mon mochav était implanté, à supposer qu'il n'ait pas déménagé après tant d'années. Nulle part ailleurs dans le monde je ne pourrais me retourner sur mon passé au risque de me perdre de vue, sauf à remonter plus loin encore dans le temps vers le berceau de la tribu, là où subsistent des traces de nos racines à l'une des portes du Sahara. On dit pourtant que lorsqu'on va de l'avant, il faut éviter de se retourner en chemin ; car en observant le carrefour, on serait tenté de se demander si notre vie n'aurait pas été tout autre si, au lieu d'aller à gauche, on s'était dirigé vers la droite ; la conscience de cet égarement et la nostalgie de cet instant décisif où tout était encore possible peut alors empoisonner nos pensées et baigner dans l'amertume le temps qui nous reste à vivre.

Revenir marcher sur ses propres traces, quoi de plus proustien. Mais l'urgence du jour, elle, l'est nettement moins.

— Et les sirènes, tu ne les as pas entendues vers six heures et demie juste avant la radio ?

— Quelles sirènes ? bredouillai-je.

— Les sirènes d'alerte, bon sang !

Pourquoi suis-je là ? Parce que je le dois. Nulle autre explication. J'aurais aimé revenir sur les lieux du crime avec Dov, Alain, Daniel, Marc, Charly et quelques autres. Et puis non, ça ne s'est pas fait. Trop compliqué à organiser, le colloque de papis. La vie comme elle va a eu raison du projet. Et puis à quoi bon retourner au mochav pour trouver un décor peuplé de nouveaux figurants ? Je suis revenu seul avec mon paquet de souvenirs, sans imaginer que mon *in memoriam* serait percuté de plein fouet par un *bis repetita*.

Cinquante années écoulées, c'est déjà quelque chose quand on en a conscience. Mais que dire alors d'un demi-siècle ? Si historique dans sa résonance que cela en devient considérable. Pourtant c'est le même laps de temps. Le pays a changé, le Tavor, nouveau fusil d'assaut, a remplacé l'Uzi, on compte de plus en plus d'étourneaux envahissants de type mynah et de moins en moins de papillons ; quant aux poissons pêchés dans la baie de Haïfa, ils sont désormais contaminés au mercure et, croyez-moi, je ne suis pas antisioniste.

Je ne reconnais plus le pays. Plus je le dévisage, moins je le retrouve. Nous nous sommes tant aimés, mais c'est loin. Deux générations ont surgi. Des enfants qui ont eu eux-mêmes des enfants. La nostalgie ne gouverne pas mon retour sur les lieux en ce jour anniversaire. Sans illusion sur ma capacité à redevenir celui que j'étais ici à vingt ans, je veux juste prendre la mesure du chemin parcouru, persuadé que l'immersion dans le paysage en favorisera le processus. Une pensée de Groucho Marx me poursuit : « Il y a en tout vieux un jeune qui se demande ce qui est arrivé. » Tout à fait ça. Le temps est irréversible, inutile de tenter de suspendre son vol, les poètes s'y sont déjà cassé les dents... Autant consentir de son plein gré à l'avenir, en commençant par vivre pleinement l'instant présent. La radio ne m'y aide pas.

— Allume la radio, puisque je te le dis !

La radio, toujours. Ici, ils vivent tous avec la radio branchée en permanence, et plus encore depuis la généralisation des téléphones portables et des oreillettes. C'est par la radio que sont diffusés les états d'alerte. Elle est toujours allumée car c'est par elle, Galatz, la radio de l'armée, que passent les codes et les ordres de mobilisation, et après chacun est chargé d'en prévenir d'autres de sa section. La radio est partout dans les lieux publics. Une véritable intoxication par son essence même quel que soit le contenu.

— Ils parlent de roquettes dans le Sud...

— Bon, comme d'habitude...

Le mot même de « roquette » dont la presse use ad nauseam, qui fait penser à de la salade et sonne comme des croquettes pour chien, désigne tout de même, on finit par l'oublier, une fusée, guidée ou pas, transportant plusieurs kilos d'explosifs et destinée à tuer.

— ... ils parlent aussi d'alertes et d'infiltrations terroristes, oui, à la frontière.

— Mais elle est défendue, tu sais bien, la barrière de sécurité, enfin le mur...

— Quel mur ? Ils l'ont forcé ! Une invasion je te dis ! Le chaos, le chaos !

L'excitation de Nissim est telle, et son hystérie si palpable au téléphone, que je m'accorde le temps de la réflexion, ou plutôt de la vérification en vertu d'un vieux principe : toujours séparer l'événement du bruit qu'il fait – après un bon café. D'autant que ma journée est plutôt bien partie, l'esprit allégé par un mot du cher Vialatte glané la veille au soir dans l'une de ses chroniques, un mot aussi délicieux que mystérieux avec lequel je me suis endormi : « Le mois d'octobre est un mois très mensuel. » À moins que ce ne soit juillet, après tout peu importe.

Je me trouve à ce moment de la vie où l'on aimerait en faire moins mais plus intensément. D'autant que la barre est placée haut : être chaque jour pour soi-même un

Jugement dernier et ne rien se laisser passer. N'empêche que ce coup de fil matinal me taraude. L'inquiétude vient déjà chasser la légèreté. Il suffit d'ouvrir la fenêtre de l'appartement et de sortir sur le balcon : quelque chose a changé dans le bruit de fond de la ville. Il est plus nerveux, plus agité, plus électrique que d'habitude. Et si mon ami avait raison ?

Un écrivain ne comprend ce qui lui arrive que lorsqu'il l'écrit. Cela fait un an que la guerre du Kippour m'a rattrapé, que le visage d'Esther est revenu m'envahir et que ce livre s'est imposé. Il me faut juste éviter que ces pages soient irriguées d'un sang noir. Et me défendre de tout vertige malgré la mise en abîme. Rester lucide. Fuir la vanité et la vacuité de ceux qui se consacrent à l'invention de soi. Ne pas tenter de se débarrasser de ce qui serait un fardeau. Aborder des événements que l'on croirait déjà vus avec une nouvelle conscience. Écrire un livre qui ne soit pas un mol oreiller. Écrire, qui sait, pour parer Esther de pourpre et d'or. Depuis que je suis arrivé en Israël pour ce pèlerinage, elle revient me hanter la nuit. À croire que le noir installe sa présence. Si un livre n'est pas l'enfant de l'obscurité et du silence, à quoi bon l'écrire ? Je le prends pour un signe. Ne me manque qu'un coup de menton, de quoi donner l'élan et le désir viendra ensuite. Qu'importent les inexactitudes de détail si elles font surgir la vérité de l'ensemble. On n'écrit pas pour évacuer mais pour rendre commun ce qui nous étreint. J'ai souvent entendu que ce n'était pas le moment de remuer tout ça. À quoi j'ai toujours répondu par une question : quand est-ce le moment ? Ne cherchez pas : ce n'est jamais le moment. Ma mère aura mis cinquante ans à m'avouer qu'au lendemain de mon départ, en 1973, elle avait plongé dans une dépression. Ni elle ni mon père ne m'en avaient soufflé mot. Il a fallu l'annonce du projet de ce livre pour qu'elle s'en ouvre enfin à moi, discrètement, sans se plaindre ni formuler le moindre reproche. L'élégance morale est sans âge.

La pensée magique ne m'a pas imposé de me lancer dans ce projet de livre. Un autre l'a déclenché bien en amont après une dizaine d'années de ruminement, de maturation, de décantation : *Une femme fuyant l'annonce*. Une lecture éprouvante, haletante, bouleversante. Ora, son héroïne, ne me lâche pas depuis que je l'ai rencontrée en 2011 sous la plume de David Grossman et les mots de Sylvie Cohen, sa traductrice française. En réalité, ce personnage me hante : pour ne pas se trouver chez elle si deux envoyés de l'armée venaient à lui annoncer la mort au combat de son fils sous les drapeaux pendant la seconde Intifada, elle part sac au dos et sans téléphone portable pour un trek avec son ex-mari. Un temps, l'idée me traverse de mettre mes pas dans les siens. Si je m'écoute, je boucle mon sac et je pars moi aussi sur le Sentier national israélien, ce chemin de grande randonnée long de mille kilomètres du Nord au Sud. Sauf que ce serait faux car je ne suis pas là pour fuir mais pour retrouver. Une fausse bonne idée donc une vraie mauvaise. Son livre est comme gravé dans la douleur. Une œuvre d'imagination qui s'est employée à conserver des traces jusqu'à les absorber ; mais le processus fut si puissant que cette œuvre n'a plus été lue comme une fiction mais comme une trace même.

Le génie des lieux est parfois si inspirant qu'il fait remonter en nous des livres que l'on avait mis à distance. Outre le roman de David Grossman, il y a *L'Invention de la solitude* de Paul Auster sur la mort de son père, un petit livre à ne pas trop secouer tant il est plein de larmes, que je ne peux m'empêcher d'offrir à tout ami qui vient à perdre le sien. Prendre un café à la terrasse du Mishkenot Sha'ananim à Jérusalem me renvoie à ma longue conversation avec l'auteur au même endroit, face au mont Sion, il y a des années de cela, alors que j'écrivais un livre de l'autre côté de la vieille ville, rue de Naplouse, chez les dominicains de l'École biblique et archéologique. En quittant Auster, j'étais tombé sur un autre écrivain américain, Russell Banks, qui répondait aux questions d'une soldate de la radio militaire. Probable qu'ils étaient les invités d'un festival littéraire. Disparus depuis l'un et l'autre. Plus j'avance sur ma route, plus je me rends compte que je connais davantage de morts que de vivants. Ils détiennent le mot de passe de vie à trépas. Ma mémoire est comme un cimetière, pleine de gens et de livres. À ceci près qu'ils ne meurent jamais tout à fait, les uns tant qu'on parle d'eux, les autres tant qu'on les lit. N'empêche que la mémoire peut montrer des signes d'épuisement, elle aussi. Nul ne vit toute une vie à son plus haut régime d'intensité.

Dans mes bagages, j'ai emporté quelques livres à peine, en évitant ceux qui traitent du conflit, histoire de garder du recul, de ne pas m'embrumer davantage et de laisser mon esprit baigner dans un bain de clarté. Parmi les romans, *Némésis* de Philip Roth. D'autres de ce même romancier que je ne cesse de relire auraient pu tout aussi bien s'imposer, *Patrimoine* ou *La Tache*. Mais non, il a fallu que ce soit son dernier livre, *Némésis* – comme disent les Grecs pour désigner le châtiment divin qui mène l'orgueilleux à sa perte et qui punit l'hubris, terme que beaucoup ne supportent pas d'entendre s'agissant d'Israël – et pourtant, il faudra bien s'y faire tant il s'impose. Je n'avais pas anticipé son actualité. Les Israéliens semblent parfois s'être enfermés dans une bulle cognitive qui les rendrait insensibles au sort des Palestiniens. C'était déjà vrai avant, ça l'est davantage encore à la faveur des événements. J'ai emporté également *Who by Fire* en m'imaginant que l'esprit des lieux, toujours lui, en décuplerait l'effet. Dans cette enquête fouillée, Matti Friedman reconstitue le volontariat de Leonard Cohen pendant la guerre du Kippour. Un léger doute me traverse toutefois car j'en ai déjà fait l'expérience naguère un samedi soir en lisant un roman de Simenon assis à l'entrée du seul restaurant correct de Lakeville, ce village du Connecticut où l'écrivain avait vécu pendant quelques années. Mon remarquable dispositif ne produisit qu'un seul effet : la plupart des clients firent une halte avant de pénétrer dans l'établissement pour se pencher vers moi et m'annoncer fièrement : « Savez-vous que cet écrivain a vécu ici ? », ce qui finalement m'empêcha de lire *Un nouveau dans la ville* in situ. Matti Friedman a eu une série de rendez-vous manqués avec le chanteur, ayant raté son concert de 2009 en Israël car ce soir-là il devait garder ses jumeaux de dix-huit mois à la maison. Dommage car

Leonard y accomplit un geste historique à la fin de la représentation : s'autorisant de sa qualité de Cohen, issu de la lignée présumée des descendants mâles d'Aaron, frère de Moïse, son fameux chapeau trilby en guise de kippa, il tendit les bras devant lui vers les cinquante mille spectateurs en délire du stade de Ramat Gan et prononça la *Birkat Cohanim,* une bénédiction sacerdotale en hébreu comme il le faisait autrefois avec d'autres Cohen à la synagogue de Westmount, devant l'arche sainte face à la congrégation montréalaise de son adolescence. Qu'est-ce qui lui a pris ? Aucune idée. Probable qu'un parfum de *kairos* l'a submergé et lui a donné l'intuition qu'il ne pouvait réprimer ce geste de prêtre bénisseur. Ce livre de Matti Friedman est une mission impossible car les apparitions de Cohen dans l'Israël en guerre de 1973 n'ont guère laissé de traces : de rares clichés de deux photographes, Ron Ilan et Isaac Shokal, pas d'enregistrements retrouvés alors que sur une photo on voit un soldat effectuer une très professionnelle prise de son, pas davantage de films... Le récit, redevable aux notes personnelles et au journal inédit de son héros déniché au fin fond d'une petite ville de l'Ohio, est pourtant riche en révélations. On y apprend qu'il a finalement écarté une strophe de *Lover Lover Lover* qui disait : « *I went down to the desert to help my brothers fight...* » Il est vrai qu'il l'avait écrite en octobre 1973 pour les pilotes et pour les unités militaires au beau milieu d'un combat désespéré. L'a-t-il jugée trop sioniste après coup alors qu'il avait toujours considéré Israël comme son « foyer mythique » ? Sans qu'il ait eu besoin de s'étendre sur la signification d'une expression aussi opaque, nul doute qu'il a été très présent aux côtés des soldats au front, qu'il a traversé le canal de Suez en mettant ses pas dans les leurs, profitant du chaos qui régnait alors, et qu'il n'a pas manqué de courage. Mais au-delà, quant à ses motivations, ses buts, son refus d'en reparler, mystère. Cela dit, Bob Dylan a écrit, enregistré et chanté une chanson longue, dense, implacable et bien plus ouvertement sioniste que la sienne, avec une vigueur dans l'engagement qui ne laisse aucune place à l'ambiguïté : *Neighborhood Bully* (La Terreur du voisinage) en 1983, quand bien même ne la jugerait-il pas politique au motif qu'aucun parti de la Knesset en particulier ne peut s'en réclamer (!). Mais comme il prétend également, dans la même interview à *Rolling Stone*, ne pas être un parolier engagé... Sans jamais l'avoir reniée, il s'est bien gardé depuis de la chanter en public ou de l'inclure dans ses compilations. Elle n'a pourtant rien perdu de son actualité quarante ans après. De quoi horrifier ses fans actuels sur les campus américains.

D'autres livres encore, d'autres souvenirs de rencontres, tant de réminiscences qui n'en finissent pas de remonter à la faveur d'un détail insigne. Quel encombrement ! Comment ne pas se sentir pris dans l'étau de ressentis contradictoires, autant alourdi qu'enrichi, autant entravé que libéré, lorsqu'on a passé le demi-siècle échu à lire et à écrire ? Vient un moment où il faut lâcher les livres pour mieux aller vers les arbres, se déprendre de la confortable ouate des rêves éveillés les yeux grands fermés, cesser de dresser l'inventaire des moments de sa vie lorsqu'elle ne fut que luxe, calme et volupté, allumer enfin la radio et accepter enfin de prendre le réel en pleine gueule.

Une fois de plus, je me retrouve dans la guerre sans la faire. Ce 7 octobre, le pays se fige, comme paralysé par sa torpeur. Un voile noir tombe avec ce qu'ils appellent l'opération «Déluge d'al-Aqsa». Bien sûr, aussitôt la nouvelle diffusée à la radio, certains ne réfléchissent pas, sautent dans leur voiture et foncent vers la frontière sud pour sauver ceux qui peuvent l'être encore – et tous n'ont pas nécessairement un enfant dans la foule des danseurs massacrés, ou un frère dans un kibboutz incendié.

Mais qu'est-ce que c'est que cette histoire? Telle qu'elle se présente, elle paraît impensable. Et pourtant, il va bien falloir la penser.

D'emblée, l'intuition de vivre un moment inédit. L'annonce produit l'effet d'une déflagration. Un ami précieux m'a appris à toujours m'interroger intérieurement, en toutes circonstances: de quoi s'agit-il? Une question toute simple dans sa formulation mais si puissante dans ses perspectives: de quoi s'agit-il? D'un pogrom. Le premier depuis 1945, date qui pour l'Histoire sonnait en principe le glas des massacres de masse des Juifs. À mesure que les informations sur le carnage en cours parviennent en direct dans toute leur horreur, le mot s'impose pour le qualifier: pogrom – et non, comme d'ordinaire ailleurs dans le monde, tuerie, hécatombe, massacre, boucherie, bain de sang... «Pogrom» pour bien marquer la singularité de l'acte, comme le mot «Shoah» distingue la destruction systématique des Juifs d'Europe des autres génocides. Pogrom se définit comme «le massacre et le pillage des Juifs par le reste de la population (souvent encouragée par le pouvoir) ». Il connote la Russie tsariste et a rapidement fait des ravages en Europe centrale et orientale à la charnière des XIXe et XXe siècles. Aucun anachronisme pourtant dans son usage rétroactif en tout temps et sous toutes les latitudes. L'historien de l'antisémitisme Léon Poliakov fait remonter la naissance du phénomène à l'an 38 de notre ère avec les émeutes antijuives d'Alexandrie. Son collègue Raul Hilberg qui, pour sa part, documenta avec une précision inouïe la destruction des Juifs d'Europe pendant la Deuxième Guerre mondiale, le définit comme « une brève explosion de violence d'une communauté contre un groupe juif qui vit au milieu d'elle ». Avec le coup perpétré le 7 octobre par quelque sept mille militants du Hamas et civils gazaouis contre la population israélienne de la frontière, on y est. Il en a dessillé un certain nombre. Fin de l'innocence pour tout le monde. Et dire que tout cela arrive au moment où disparaissent les derniers témoins de la Shoah…

Plutôt la barbarie que l'ennui. On a dit et entendu cela à l'aube de grandes catastrophes européennes, comme si la lassitude était la plus grande menace régnant sur le Vieux Continent. Il est vrai qu'ici, dans le domaine du barbare, on est servi avec le lâcher de fauves du 7 octobre. Une Nuit de cristal en plein jour – mais en pire. Leur mise en scène relève du théâtre de la cruauté. Piller, détruire, brûler, violer, égorger, asphyxier, démembrer, exécuter, s'acharner sur les cadavres en leur pissant dessus avant de les traîner dans les rues, le filmer afin de le diffuser partout en direct et même envoyer les vidéos aux familles des victimes par le biais des téléphones portables saisis et des réseaux sociaux. Ivresse de la jubilation ! Mais comment continuer à qualifier de sociaux des réseaux qui servent à envoyer à des parents le film du viol et de la mort lente de leur fille ? Ce que les nazis considéraient comme le secret absolu du IIIe Reich, ceux-ci le brandissent fièrement en trophée comme une victoire. De quoi donner l'impression que les verrous de la civilisation ont sauté. Maudit spectacle dans un paysage si désolé que même les arbres ont rendu l'âme. On voudrait s'enfermer dans sa chambre et prier dans le secret de ses murs comme y invite Matthieu (VI, 6), mais cela ne suffirait pas pour s'y soustraire tant est puissante l'onde de choc de cette joie mauvaise. Il suffit d'en avoir vu, perçu, entendu quelques échos pour qu'ils résonnent encore en soi longtemps après. Que d'efforts sur soi faut-il faire pour parvenir à ne pas hausser le ton tout en racontant l'horreur absolue qui a accompagné cette razzia, et l'effroi dans une poignée de poussière. Combien en sont capables ?

Ce n'est pas vrai qu'il n'y a pas de mots pour dire toute cette infamie. Ou alors à quoi bon la poésie, la littérature ? N'ont-elles pas justement vocation à exprimer l'indicible, dévoiler les zones d'ombre, rendre lisible l'illisible comme la peinture rend visible l'invisible ? Alors, de grâce, épargnez-nous l'emphase et le pathos dont pâtissent tant de livres sur la destruction des Juifs d'Europe. Préservez-nous des trémolos dans la voix et des tremblements dans la plume pour finir par avouer que ce n'est ni transmissible ni audible. Car ça l'est, hélas, comme tout ce qui relève de l'humaine condition, quand bien même les recoins les plus sombres de l'âme auraient triomphé, et quand bien même l'homme aurait déployé son génie au service de l'inhumanité pour la plus grande gloire du Mal absolu.

Il y a cinquante ans, le général Gonen disait à l'issue des combats qu'Israël avait regardé la mort en face et que la mort avait baissé les yeux. Cette fois, elle a levé le menton. Les ennemis se servent du couteau encore rouge du sang de leurs victimes agonisantes dans la pièce d'à côté pour se goinfrer en s'asseyant à la table du chabbat interrompu. « Pourquoi ? » bafouillent des rescapés qui émergent hébétés de leur abri. Pourquoi cette sauvagerie indistincte car tous sont visés, civils et militaires, jeunes et vieux, les enfants jusqu'aux nouveau-nés, les grabataires recroquevillés dans leur lit, les chats et les chiens ? Personne pour leur dire qu'à cet endroit-là ce jour-là avec ces gens-là il n'y a pas de pourquoi, *hier ist kein warum*, et tant mieux si cela rappelle quelque chose à quelques-uns. Mais oserais-je le dire à la face de ces pères qui hantent les couloirs de l'hôpital Soroka de Beer-Sheva, ou qui, en désespoir de cause, retournent des corps inertes dans les fossés au bord de la route à la recherche d'une trace de leur fille qui voulait juste danser toute la nuit dans le désert ?

Dans ces moments-là, j'essaie de retenir la leçon du capitaine Dreyfus : même au bagne des îles du Salut, il persistait à penser à la beauté des choses. J'essaie, mais il faut vraiment y mettre du sien.

Plus de vingt ans ont passé depuis le 11 Septembre et les Américains n'ont toujours pas trouvé le chrononyme adéquat. Une date, faute de mieux. 9/11, comme ils disent. Deux chiffres dans toute leur sécheresse. Mais

« 7/10 » aura du mal à s'imposer aux dépens du pogrom. Peut-être pas ici en Israël mais certainement en diaspora où le mot noir de pogrom prend une résonance locale qui n'a jamais faibli depuis plus d'un siècle. La victime va devoir apprendre à vivre avec l'idée que le sentiment de sécurité, déjà bien relatif selon les lieux et les époques, a disparu.

Face à un groupe terroriste, la notion de victoire n'a pas le même sens que face à une armée. Surtout avec des gens qui ne vous reconnaissent pas, qui nient votre existence en tant que peuple et réclament votre annihilation en tant qu'État. Ils ne veulent pas de ce pays dans leur pays, c'est clair ? À la fin de cette journée de sinistre mémoire, un sentiment l'emporte : ils ont d'ores et déjà gagné la guerre qui s'annonce quelle que soit la suite des événements, car ils ont brisé quelque chose. Non pas le mythe de l'invincibilité de l'armée israélienne, déjà mis à mal en octobre 1973 et par la suite au Liban, mais quelque chose de moral : la conviction d'être à l'abri du pire en Israël. Qu'on lise l'événement de gauche à droite ou de droite à gauche, il avertit haut et fort en lettres de sang que désormais, nul n'est à l'abri. Il y a encore dix ans, on pouvait dire que pas une seule communauté juive dans le monde n'était persécutée. On y pense aujourd'hui comme à un âge d'or révolu. Désormais, c'est juste l'inverse. La menace est partout ou presque. Et le séisme psychique qui secoue les Israéliens est d'une telle intensité qu'il semble avoir aussi dilué toute temporalité précise dans un ensemble flou.

Jamais depuis 1945 autant de Juifs n'ont été assassinés en une seule journée. Mille deux cents morts à bout portant. Sans parler des milliers d'otages, de blessés, de rescapés afin que la souffrance prolonge la douleur par-delà les générations. Des vivants et des morts ont été kidnappés ce jour-là. Les cadavres aussi, une monnaie d'échange. Sans eux et leur ensevelissement dans les rites du judaïsme, le deuil est impossible. La présence des morts dans le débat quotidien est parfois si prégnante qu'ils ne sont plus morts mais juste invisibles. Une des premières otages libérées avait été annoncée morte dans une vidéo tournée par le Djihad islamique. Avec le terrorisme psychologique, toujours prévoir l'avenir des morts. Faire son deuil, drôle d'expression consacrée tout de même, tout ça pour dire qu'on passe du réel au symbolique. Pas de lieu sacré dans le judaïsme. Les pierres, même les plus vieilles, ne sont rien par rapport à la vie d'un homme. Le Mur ne vaut pas l'existence d'un soldat mort pour la libération de Jérusalem. Inaudible pour une partie de la population. La mort est un maître venu d'Allemagne, écrivait Paul Celan dans un poème de 1945. Le 7 octobre, un autre maître lui a ravi le sceptre du Mal. Il est venu de tout près pour exercer la terreur du voisinage sur cet homme qui ne peut s'échapper ni courir nulle part, à qui l'humanité demande de se coucher et de mourir quand on défonce sa porte, toujours en procès simplement parce qu'il est né – tout maniaque a un permis de le tuer, ce que chantait Bob Dylan. Un choc de cette nature laisse l'âme désemparée. Passé la sidération, quand saisira-t-on sa magnitude dans sa pleine dimension ? Sa densité étonne déjà car il déborde ce qui l'a précédé et ce qu'il annonce pour l'avenir. Chez certains, il dure et perdure tant que l'on serait tenté de leur appliquer ce que l'armée, qui l'a mis au point, appelle le protocole 6C. Une méthode de déchocage psychologique en six étapes permettant de remettre quelqu'un sur pied en une minute et demie de sorte qu'il puisse à son tour aider une autre personne en état de choc.

Le jour d'après a surgi dès le lendemain. Dès lors, nombreux sont ceux pour qui la vie a un arrière-goût de mort. Une question revient dans toutes les conversations : où était l'armée ? Le 7 octobre, ce simple message est devenu un appel désespéré au fil des heures. Mais depuis, il passe encore en boucle dans les cauchemars de tant d'Israéliens. Pourront-ils dire encore « l'armée » comme avant, avec la certitude, l'assurance de compter sur elle ? Ce pays est des rares où l'armée n'est pas un corps à part, au-dessus ; l'armée est stricto sensu populaire ; l'armée, c'est eux. Elle a leur confiance. Mais où était-elle ce jour-là ? Ils ne l'accablent pas, jamais. Ils en veulent à son chef suprême, le Premier ministre. Ils ne pardonnent pas à l'État de ne les avoir pas protégés et de ne pas sauver les otages. Une tache irréparable. On entend ça proféré d'un ton sans appel et on se retrouve d'un coup projeté dans une ambiance lourde comme un ciel d'orage sous réchauffement climatique.

S'il est vrai que mourir c'est s'en remettre aux autres, ça n'a jamais été aussi vrai. Ici tout le monde est concerné. Pas un citoyen qui n'ait un membre de sa famille, un proche, un ami, une relation, directement touché par le pogrom. La solidarité de la population s'organise dans l'instant avec une efficacité et un naturel qui ne m'avaient pas frappé en 1973. Chacun met la main à la pâte avant même d'être sollicité. Jamais je n'avais vu tout un peuple vivre ensemble un désastre intime.

Ça part d'un bon sentiment, le volontariat. C'est louable, même si on s'aide d'abord soi-même en aidant les autres – encore qu'on ne peut rester insensible à la réaction de ces soldats qui implorent qu'on cesse de leur envoyer des plats ashkénazes, la situation au front étant déjà assez pénible comme ça... Mais enfin il ne faudrait pas se prendre pour un héritier des Brigades internationales au motif qu'on met du houmous dans les rations ou qu'on collecte des chaussettes chaudes pour les soldats. On peut accomplir les plus grandes actions à condition de n'en jamais réclamer le crédit (proverbe chinois à méditer). Alors, du calme : pas d'héroïsme après une semaine de ramassage de pamplemousses dans un pays hautement sécurisé ou de confection de sandwichs pour les combattants dans un Éric Kayser sous le Dôme de fer.

En 1973 le pays était envahi, la question de la solidarité ne se posait pas. Marche ou crève. En 2023 il ne l'a été qu'une journée mais ça a suffi à créer une crise existentielle d'un autre type. Et on a vu se développer un phénomène qui n'avait pas eu lieu d'être en 1973 : une solidarité entre les habitants, favorisée et décuplée par l'Internet, les réseaux sociaux, le téléphone portable. Si elle existait autrefois, cela se savait peu ou pas. Tout le monde s'y est mis. Tout l'arrière se mobilise pour l'avant. Il paraît qu'en cherchant bien, dans le premier cercle de l'enfer, on trouve aussi ceux qui n'ont commis aucun crime mais qui sont restés indifférents aux crimes des autres pendant qu'ils étaient perpétrés.

C'est plus fort que moi, je ne peux m'empêcher de comparer 1973 et 2023, ne serait-ce que pour des détails anodins. Lorsqu'on regarde les photos prises il y a cinquante ans par les reporters de Gamma, Sygma ou *Match*, et plus encore *Promised Lands*, le documentaire de l'écrivaine new-yorkaise Susan Sontag produit par Nicole Stéphane, on est frappé par les coiffures. Tous, du moins parmi les réservistes, ont une chevelure longue, abondante, prolifique, pour ne rien dire des barbes et des moustaches. 1973, c'est le triomphe du système pileux en liberté, on croirait une bande de hippies ; 2023, la boule à zéro ou presque pour tout le monde. Ce qui n'est pas anodin, c'est qu'en 1973, une seule soldate avait été tuée, lors du bombardement d'une base à Révidim. Cette fois, le bilan est bien plus lourd. Désormais, les femmes participent aux combats. Elles sont en première ligne dans l'infanterie, dans le renseignement au-delà des lignes ennemies, elles sont tankistes ou pilotes de chasse. Elles sont partout, comme dans la vie – et elles meurent aussi.

Raz, le fils de mon copain Nissim, qui semble s'être mis en congé de toute activité professionnelle pour aider et soutenir, a choisi son créneau : réparer les vivants. Il n'est pourtant pas médecin mais développeur d'algorithmes dans la high-tech. L'important est d'être là. À quoi bon aller dans le Sud affronter le silence des ruines ? Ou dans le Nord endurer celui de tant de maisons vidées de leurs habitants ? La vie a déserté les deux pôles du pays. Autant rester à Tel-Aviv.

— Tu connais Frères d'armes ? me lance-t-il comme si je vivais là.

— Tout ce que j'en connais a priori, c'est l'origine du nom. Il vient de *band of brothers*, ça se trouve chez Shakespeare dans *Henry V*, tu sais ce fameux passage où Stendhal a trouvé l'expression « happy few » qu'il a importée en France, « *we few, we happy few, we band of brothers* », tu vois ce que je veux dire...

— Il a raison, mon père, tu es un peu *space* toi. Frères d'armes, c'est une ONG très active en ce moment. Elle a été créée par des réservistes, des haut gradés de l'armée parfois. Ils accompagnent les rescapés, les survivants, les blessés, les familles, les évacués du Nord et du Sud, les réfugiés... Ils ramassent les dons, les redistribuent, tout ça. Ils font un énorme boulot là où l'État, disons... Plutôt à gauche, les *brothers*, car ils avaient démarré leur association en s'opposant à la refonte judiciaire et à l'exemption de service militaire des ultraorthodoxes. Ton genre de beauté ?

— Tout à fait !

L'instant d'après, trois stations de bus plus loin, je me retrouve dans un vaste hangar, rebaptisé par eux « Centre d'opérations civiles », réquisitionné à Expo Tel-Aviv, une sorte de palais des congrès. D'innombrables rangées de cartons éventrés débordent de vêtements et d'objets de toutes sortes. L'intensité du travail de ces bénévoles est effectivement admirable. Tiendront-ils longtemps à ce rythme, la question se pose car la guerre à Gaza est partie pour durer.

— Tu sais, Raz, j'aimerais rencontrer ceux qui souffrent de problèmes psychologiques à la suite de ce qui s'est passé...

— Je vois. Alors, 2Break.

Il hèle un taxi devant le Luna Park tout près et lui demande de nous emmener dans le centre-ville vers le marché Sarona. L'endroit se situe au bout d'une petite rue mal éclairée. De ce qu'il m'en dit pour me préparer, j'imagine une sorte de *panic room*. Nous y pénétrons non sans appréhension car en émane un vacarme assourdissant mêlé à une sorte de musique qui l'est tout autant. Dans une première pièce qui a tout d'un capharnaüm, les participants revêtent une combinaison et un casque de protection, enfilent d'épais gants puis s'équipent de tout ce qui peut faire office d'arme de destruction, barres de fer, battes de base-ball, marteaux et autres. Ensuite c'est la « salle des colères » proprement dite. Une accumulation d'objets, d'engins, d'ustensiles et d'appareils hétéroclites. Vingt minutes durant, on s'y défoule sans limite dans un délire de destruction. Certains, si on les laissait faire, passeraient leur journée à hurler et à cogner. Détruire, disent-ils. 2Break a ouvert en 2015 dans un but ludique, à l'origine, comme c'est le cas ailleurs dans le monde en paix.

— Il y a des rescapés du 7 octobre qui viennent régulièrement ici évacuer leur colère tant c'est relaxant, m'assure Raz.

Il n'insiste pas, lisant sur mon visage mes doutes quant aux vertus thérapeutiques de 2Break. Il est vrai qu'à mes yeux, il n'est pas de meilleure thérapie que la conversation, pratique assez éloignée du défonçage de machines déjà hors d'usage à coups de pied-de-biche.

Pour mettre à distance ce concentré de violence, et la vision de ces gens qui saigneraient de colère refoulée si tout ça ne sortait pas d'eux, j'erre dans l'artère la plus commerçante de la ville, la rue Dizengoff d'ordinaire si animée et populaire et désormais sans touristes. Des magasins vides de clients ou à louer, des passants qui font semblant de vivre comme si tout était normal en sachant que rien ne l'est, une désolation. Ma déambulation est d'une tristesse sans nom.

Quand mes pas me mènent au musée des Beaux-Arts, je me mêle à des manifestations pour la libération des captifs du Hamas sur la place des Otages. L'atmosphère rappelle celle de la rue Kaplan un an avant où des dizaines de milliers de manifestants se retrouvaient chaque samedi soir pour dénoncer la refonte judiciaire, mais en plus grave, plus sombre même si l'émotion submerge la colère. Impossible de mettre la guerre à distance quand bien même voudrait-on ne pas demeurer prisonnier de l'événement, se soustraire à son emprise mortifère. Bien que les otages pourrissent chaque jour un peu plus sous la terre au-delà de la frontière, elle s'insinue partout ici. Il suffit de prêter l'oreille, des mots reviennent, notamment *mamad**. Ou encore *miklat**. Mais que répondre à cette femme dont la famille ne possède pas de *mamad* et dont le *miklat* se situe à plus de trente secondes de chez elle, laps de temps trop court pour le rejoindre après le déclenchement de la sirène d'alerte ? Doit-elle s'enfermer dans un placard ? Se murer dans la cage d'escalier ? Il y a « tunnel » aussi, compréhensible dans toutes les langues. Une véritable obsession. Du nord au sud, les tunnels donnent aux habitants l'image d'un pays en état de siège permanent sous terre comme sur terre. Oppressant, c'est peu de le dire. D'autant que cela me renvoie à une ancienne lecture qui le fut tout autant, celle de *Mars* dans lequel Fritz Zorn, qui attribuait son cancer à une éducation cancérigène – l'expression m'avait marqué –, se disait écrasé moins par la pesanteur du passé de sa famille, de vieille bourgeoisie protestante zurichoise, que par l'absence de la moindre lueur au bout du tunnel dans lequel sa vie le plongeait. Et il y a « Chypre ». La destination touristique est de longue date familière aux Israéliens. C'est la plus proche. Larnaca n'est qu'à trois cent quarante kilomètres et une heure d'avion. Ce qui est nouveau, c'est de penser à s'y établir, s'y réfugier ; ils sont de plus en plus nombreux à y acheter un terrain bon marché pour y faire construire une maison. Ou une bâtisse à retaper dans la partie grecque de l'île, naturellement, pour en faire une maison de famille. Parfois des groupes d'amis le font dans un élan collectif. Si cela continue, il y aura davantage de kibboutzim là-bas qu'ici ! N'empêche que ce mouvement est inédit. Au cas où la prochaine guerre tournerait mal. C'est dire l'état du moral, même si les profils des manifestants sont aussi divers que la société. Autant de personnalités déterminées que d'ombres errantes. Ça durera tant qu'ils se garderont de considérer leur pays comme un corps qui commence à se corrompre, comme si la mort était déjà à l'œuvre. Il y en a qui rêvent de repartir dans le tourbillon de la vie loin de la guerre. Ce pays qu'ils adorent est tellement exaspérant que parfois ils voudraient y mettre le feu quitte à le reconstruire à l'identique aussitôt après, mais au moins demeurerait le geste de l'avoir brûlé. L'image manquante aux milliers de photos prises par les photographes de l'Escadron de la photographie et des drones de la démocratie israélienne (IDPDS) qui s'est juré de documenter toutes les manifestations contre la refonte judiciaire et pour la libération des otages.

Un type m'intrigue. Il a le comportement vacillant de quelqu'un qui écouterait en boucle du rock chaotique de l'aube à la tombée de la nuit. Je m'y risque :

— Tout va bien, vous êtes sûr ?

— Pour renaître, il faut d'abord mourir.

Certes... Une femme a l'air désorientée comme si elle avait perdu son orient. Ça me rappelle ce fameux poème d'Auden, *Funeral Blues,* qu'on entend souvent dans les enterrements : «... Il était mon Nord, mon Sud, mon Est et mon Ouest... Videz l'océan, arrachez la forêt... car rien de bon ne peut advenir désormais... » Dire que je suis revenu en Israël chercher une énergie neuve et que je me retrouve pris dans une spirale ininterrompue d'enterrements de jeunes corps. Vient un moment où la circonstance rend les formules insupportables. Les « Que la terre lui soit légère » et les « Ne pleurez pas de l'avoir perdu, mais réjouissez-vous de l'avoir connu ». Cette femme en a assez, et même vraiment marre, d'entendre dire « Avec sa mort on perd beaucoup de bonté » à propos d'un gosse de dix-neuf ans qui a sauté sur une mine dans une rue de Gaza. Combien de fois des parents ont dit cela en portant leur enfant sous terre ? Jusqu'à quand ? Un peuple ne peut pas vivre éternellement sur le fil du rasoir. La peste soit des formules.

Il y en a qui conservent dans leur téléphone portable les messages de leurs disparus pour les appeler de temps en temps à seule fin d'entendre leur voix. Regarder des photos d'un absent, c'est une chose, de même que l'évoquer ou lire ses lettres ; ce qui change tout, c'est d'entendre sa voix comme surgie de nulle part, se laisser envahir par le grain, la tessiture, la vibration – et rendre les armes.

J'entends citer une pensée de Sun Tzu, le grand stratège militaire : « Gagnera celui qui sait quand se battre et quand ne pas se battre » – mais Nétanyahou connaît-il le chinois ? Un homme m'attrape doucement par le bras pour m'enjoindre de tendre l'oreille. Comment refuser de partager ce moment avec lui ? Son geste fait remonter une phrase dans ma mémoire et ma gorge se noue dans l'instant car elle charrie le ressac de souvenirs que je croyais bien enfouis : « En temps de paix, les fils ensevelissent leurs pères ; en temps de guerre, les pères ensevelissent leurs fils. » Hérodote a écrit ça, ou un autre, le contenu importe, pas l'auteur. La silhouette de mon père se profile devant moi, le visage en larmes au-dessus d'une tombe creusée pour quatre, articulant difficilement le kaddish. Mon grand frère est le premier de nous quatre.

Cette fois, c'est moi qu'on interpelle :

— Tout va bien, vous êtes sûr ?

C'est l'un de ces moments de la journée où l'on a croisé tellement de gens, on en a écouté tellement d'autres, que ce dense réseau ne permet plus de distinguer une silhouette de son reflet. Voilà où j'en suis, la pensée accaparée par l'une des nouvelles du jour, la mort d'une ambulancière dans l'explosion d'un immeuble piégé à

Rafah. Celui qui s'inquiète de mon état s'avère être un dentiste. Entre deux discours suivis d'une oreille distraite, il m'apprend que depuis le 7 octobre son cabinet ne désemplit pas et que les manifestations lui sont un prétexte pour respirer un peu. En fait, en raison du traumatisme national (mais il m'enjoint aussitôt de ne pas utiliser ce terme qu'il juge inutilement... traumatisant!), les Israéliens souffrent de plus en plus de douleurs dans les muscles de la mâchoire, leurs dents se fissurent, quand elles ne grincent pas en permanence. Ce seraient les effets collatéraux du stress, de l'angoisse, de la détresse. L'émail en prend un coup, les germes rappliquent, les gencives s'infectent. Près de nous, le frère d'un otage libéré participe régulièrement aux rassemblements de protestation, par solidarité avec les autres captifs. Lorsqu'il raconte le retour du sien, il dit que c'était un sentiment inexplicable, quelque chose de mieux encore que l'arrivée d'un nouveau bébé – et l'analogie me laisse songeur, elle me touche et m'interroge, même si je ne sais vraiment pas quoi en faire. D'autant qu'il est devenu soudainement plus sombre lorsqu'il nous a confié que depuis son retour, son frère ne rêve plus et qu'il désespère de jamais rêver à nouveau. Quant à moi, je pense à la souffrance de ceux qui sont sans nouvelles depuis le début car nulle part on n'a pu identifier leurs proches. Y a-t-il pire torture que de ne pas savoir? Sollicité pendant la Première Guerre mondiale pour chercher une épitaphe destinée aux soldats disparus, le poète Rudyard Kipling, qui ignorait ce qui était advenu de son propre fils, avait trouvé *known unto God*, « connu de Dieu seul ». Et tout est dit.

Des attroupements se forment ailleurs. En ne faisant

qu'y passer, j'ai l'impression qu'on s'y échange des informations : bataillon Netzah Yehuda de la brigade Kfir... vous en connaissez qui y étaient ? Unité d'élite Yahalom du corps du génie de combat... Brigade Alexandroni peut-être... Ils sont à court de nouvelles, n'en ont jamais assez, la moindre bribe est bonne à prendre, le plus petit éclat, à peine une lueur suffirait. Comme en 1973, les gens s'impatientent en guettant l'arrivée au pouvoir de ceux qui sauront remettre le pays à l'endroit.

D'autres un peu plus loin racontent eux aussi mais sans jamais se livrer à ce qui pourrait évoquer une compétition de la douleur. Si le taux d'empathie pouvait se mesurer à l'aide d'un compteur Geiger, ici il en exploserait rapidement le galvanomètre. Cet homme respectueusement écouté par le petit groupe qui se forme autour de lui vient d'apprendre que l'armée a récupéré le cadavre de son fils tué à Gaza il y a des mois :

— Personne du gouvernement ne m'a appelé, pas le Premier ministre, pas un seul ministre. On n'est pourtant pas nombreux dans ce cas. Trois familles à peine. Qu'est-ce que ça leur coûterait, trois appels de quelques minutes, juste pour apporter du réconfort ? Mais non, personne.

— À la radio hier, raconte une femme, j'ai entendu un reportage sur une ministre capable d'appeler des membres du Likoud pour leur anniversaire.

Avant, j'observais les avant-bras des personnages âgées au cas où un numéro y serait tatoué. Désormais je repère chez des plus jeunes des tatouages de prénoms divers, d'une date unique ou de « Tribe of Nova ». Des proches comme tombés au champ d'honneur de leur musique. Depuis des mois, les salons de tatouage sont bondés.

   Incroyable le nombre de nouveaux amis que l'on peut se faire dans les manifestations. Amis d'un jour ou davantage, qui sait. En tout cas on a du mal à se séparer même si l'on sait que dans quelques jours on se retrouvera. Ce jour-là, les conversations sont d'une telle intensité et l'émotion si forte qu'en sortant, je me sens dans un état d'étrangeté semblable à celui du lecteur occidental lorsqu'il s'immerge dans un roman traduit du japonais. Quelque chose de flou, car la temporalité est abolie. Pas de passé ni de futur. Tout est au présent comme dans les haïkus. S'ensuit un flottement assez enveloppant, ouaté, léger quand bien même le réel est violent. De quoi installer un climat intérieur qui me met à distance des autres. Pas de passé ? Ce n'est pas trop tôt, enfin un peu de légèreté, mais pas d'avenir, vraiment ? C'est à peine si l'on ose paraître décalé. On ne peut plus dire : Vous ne trouvez pas que les gens sont de plus en plus grands ou alors c'est peut-être moi qui me tasse ? Ou bien : Il y a de plus en plus d'étrangers dans le monde, non ? Mon humour est déplacé, je le sens bien, surtout après avoir entendu une rescapée d'un kibboutz massacré à la frontière demander qu'on traite ses enfants comme les autres et non comme des héros parce qu'ils ont survécu, elle ne veut pas de cette couronne-là sur leur tête et elle ajoute, résignée : « De toute façon, la perte les suivra toute leur vie. »

   Un mot manque à mon inventaire du jour : « maintenant ». Pendant le rassemblement, le père d'un soldat tué au combat à Gaza prend la parole et dit que la prononciation répétée de ce mot en public le réconforte sans le consoler. Il le traduit comme un appel à l'action immédiate pour ramener les otages à la maison et détruire les ennemis. Maintenant. Il répète : « maintenant ». C'est dit sans affect ni pathos. On pourrait le croire froid. Ce n'est que de la pudeur. Maintenant, une fois encore. Une répétition dans laquelle perce l'écho des mots si anciens et si actuels d'Hillel le Sage : « Si je ne suis pas pour moi, qui le sera ? Et si je ne suis que pour moi, que suis-je ? Et si ce n'est pas maintenant, alors quand ? » Il donne son nom. Il s'appelle Hagay Lober. Son fils était le sergent-chef Elisha Yehonathan Lober. Il n'est plus. Son nom rejoint tous ces noms lus tous les jours dans les journaux, entendus tous les matins à la radio et tous les soirs à la télévision. Ils rapprochent davantage encore la population des soldats et des otages. La guerre civile gronde dans les manifestations et dans les travées de la Knesset, les gens ne cessent de s'affronter et pourtant ils n'ont jamais autant fait peuple. Et dire qu'il y en a encore en Occident pour contester la nature démocratique de ce pays. Une dictature, voire un régime illibéral, ne tiendrait jamais plus d'une journée car les Juifs ne sont jamais d'accord entre eux. Il faut qu'ils discutent, qu'ils s'engueulent, qu'ils scissionnent. C'est leur manière d'être ensemble, ils n'en connaissent pas d'autres. La faute à des siècles et des siècles de pilpoul. Alors oui, *maintenant*, même si nul n'oserait rappeler que dans *Hatufim*, la célèbre série israélienne à succès qui tint le pays en haleine, Nimrod, Uri et Amiel, les trois soldats israéliens capturés lors d'une opération au Liban puis emprisonnés et torturés en Syrie par les Enfants du Djihad, un groupe d'islamistes, sont demeurés leurs prisonniers pendant dix-sept ans.

Pour les parents d'otages, la chute dans le vide. Attendre sans rien savoir. Ce silence a déjà quelque chose de sépulcral. La vengeance ? Certains doivent y penser. Tuer est un remède contre la tristesse d'une mère. On entend cela en Corse, mais on n'est pas en Corse. Ici, quoi qu'ils fassent tous et Dieu sait qu'ils font, ils seront toujours poursuivis par la mauvaise conscience de n'en avoir pas fait assez. D'avoir abandonné les otages à leur sort par lassitude, résignation, désarroi, impuissance. Dans le bus, je retrouve deux des manifestants de la place des Otages. D'anciens Français devenus israéliens il y a un certain temps déjà. On se reconnaît. On échange des banalités sur la conduite sportive du chauffeur, puis la femme me prend à témoin comme si je représentais autre chose que moi-même :

— En Irlande, vous vous en souvenez certainement, hein, les catholiques et les protestants se sont attaqués, terrorisés, entretués, torturés, plastiqués pendant une guerre civile de trente ans. Une horreur. Un bilan effroyable. Et vous savez comment leurs historiens appellent cette époque ? *The troubles*. Autrement dit, « les problèmes ». À Gaza, au bout de quatre mois, ils appellent déjà ça carnage, massacre, génocide – et pourquoi pas holocauste tant qu'on y est –, et le monde de reprendre en chœur sans s'interroger. Le comble, c'est qu'aujourd'hui les Irlandais sont les premiers à nous traiter de génocidaires !

L'homme qui l'accompagne, et que je tiens peut-être à tort pour son mari, se place devant elle face à moi et plus calmement, comme s'il était déjà revenu de toutes les injustices, qu'il était las de les dénoncer et qu'elles glissaient désormais sur lui, souffle :

— Il faut bien comprendre qu'ils ne veulent pas de nous, nos voisins. Ils veulent nous voir morts, noyés dans la mer. Il faut nous battre, pas nous défendre. Nous battre ! Commencez par ça si vous voulez nous comprendre.

J'aimerais tant lui dire de tenir bon en tenant tête, de persévérer dans sa nature, de ne pas se laisser entraîner et corrompre par l'adversaire sur son terrain, d'« étonner la catastrophe », comme il est écrit dans *Les Misérables* et comme le reprennent ceux qui adorent se bourrer le mou pour n'avoir pas à s'engager vraiment, mais il m'enverrait probablement Hugo à la figure et je ne saurais lui donner tort. Il exhale une odeur de nuit blanche. Sa colère rentrée le consume et le pétrifie.

— Et vous, vous êtes quoi ?
— Moi ? Je suis BDS*.
— Je ne le crois pas !
— Baruch de Spinoza, il signait BDS, mon philosophe de chevet.

Les comprendre, je ne veux que ça et plus encore depuis le séisme du 7 octobre. Pourtant, je me résous intérieurement à ce que certains actes naturellement taxés de monstruosité ne soient pas ainsi exfiltrés de l'humanité ordinaire, la nôtre, dans ce qu'elle peut avoir de plus lâche, veule, criminel et inhumain. Tout ne fait pas sens, il faut l'accepter au lieu de vouloir toujours tout expliquer. Arrive un moment où il devient de plus en plus difficile de trouver du sens chaque matin au réveil. Le maniaque du pourquoi est guetté par la folie s'il ne consent pas à la part d'irrationnel et d'absurde de l'humaine condition. Au fond, si je m'applique tant à creuser la dimension psychologique du pogrom, c'est peut-être que, inconsciemment et confusément, je recherche un contact avec des psychologues dans le vain espoir d'en retrouver une. S'appelle-t-elle encore Marciano ? Combien de fois a-t-elle changé de nom depuis ? Est-elle seulement de ce monde… Il paraît que le gouvernement accorde trente mille shekels de prime aux psychologues qui accepteraient de s'installer près de la frontière avec Gaza. Il est vrai que la demande y est forte. Mais j'imagine mal Esther répondre à une telle sollicitation à soixante-dix ans. Nous avions le même âge et c'est probablement la seule chose qui n'ait pas changé. Pour le reste… Je ne vais tout de même pas lancer des recherches dans tous les endroits de pays où elle disait autrefois qu'elle aurait aimé travailler.

En revenant cinquante ans après, je prends le risque de me retrouver dans mon propre bal de têtes ; mais comme mes amis Alain et Dov ne sont pas du voyage et que je n'ai pas l'intention de revenir sur mes pas au mochav, je ne pense plus qu'à ce qui me ramènerait à Esther. La revoir me suffirait à prendre la mesure du temps. Nul besoin du spectacle de corps dégradés, de visages ravagés, d'esprits en ruine. Le temps est un grand destructeur et un grand corrupteur.

Je suis venu seul en Israël mais une foule vit en moi car je suis désormais riche et lourd de ma famille de papier. Des personnes dont j'ai fait des personnages. Il y a tant de monde en moi qu'il est peut-être temps de me dépeupler. Quitter le petit peuple de mes livres que j'imaginais un jour, pour mes adieux, réunir comme voulut le faire Hergé avec tous les siens, dans l'un de ses ultimes projets demeuré à l'état d'esquisse, bloqués un soir d'hiver jusqu'à l'aube par une terrible tempête de neige dans la salle d'embarquement d'un aéroport. Ou dans la salle d'attente d'un service d'urgences. Celle de l'hôpital Tel-Hashomer de Tel-Aviv, où je viens de débarquer par la force des choses. Ici comme ailleurs dans le monde se découvre un concentré d'humanité ordinaire, à ceci près que celle-ci affronte jour et nuit une guerre sans fin. À toute personne à la recherche de modèles exemplaires dans lesquels puiser sa part d'indestructible, on ne saurait trop suggérer ce genre d'endroit pour y respirer un bon coup. J'ai honte de m'être faufilé là parmi des blessés bien plus graves que moi ; seulement voilà, ma main pisse vraiment le sang, j'en ai mis partout, après m'être agrippé à un bout de fer invisible sur la rampe en sautant du bus. Un stupide empalement, mais bien profond. On m'a posé un bandage dans une pharmacie en attendant mieux. En m'accueillant, l'interne de service croit me rassurer :

— Vous avez l'air effrayé ! C'est juste votre sang que vous avez perdu, pas votre âme…

— C'est que cet hôpital me ramène longtemps en arrière.

— Ah, vous êtes déjà venu à Tel-Hashomer ?

— Ici ou en France, ou peut-être les deux, je ne sais plus.

— Bon, je vais vous amener dans la salle d'attente parce qu'on a des urgences urgentes, là, on en a tout le temps, j'ai colmaté mais on va venir vous chercher pour soigner tout ça…

— Quand ?

— Un jour, *inch'Allah*…

Incroyable tout ce que l'on peut entendre dans une salle d'attente. Ici c'est un précipité de la population. Les riches se font soigner dans les cliniques privées ou à l'étranger, les autres à l'hôpital. On entend parler toutes les langues dans cette tour de Babel ethnique et religieuse. Une étrange tension règne, entre fin du monde et fin du mois. Nul n'a abandonné ses problèmes à l'entrée. En laissant traîner l'oreille, j'apprends que les Séfarades seraient plus susceptibles que les autres Juifs d'être atteints d'une forme précoce d'Alzheimer. C'est trop injuste. Une étude de 2018 le montrerait, ou même le démontrerait, ce n'est pas clair et je n'ose pas m'inviter dans la conversation. Si cette étude américaine n'avait pas coûté treize millions de dollars, on pourrait croire que c'est encore un coup des Ashkénazes pour tenter de nous écraser, mais non, cela semble tout à fait sérieux, attesté par des chercheurs en neurologie cognitive, il serait question de mutations génétiques qui augmenteraient leur vulnérabilité à cette dégénérescence avancée des cellules. Un homme debout dit en souriant à un autre de sa génération qu'à force de manifester pour les otages, il est plein de bleus, pas du fait des coups de bâton de la police qui réprime les débordements, et ce ne sont pas non plus des bleus à l'âme, mais des bleus aux avant-bras à force d'*abrazos*, de se consoler les uns les autres, de se tenir. Un autre, particulièrement nerveux, qui fait les cent pas, s'est juré de ne plus fumer si sa fille s'en sort vivante. Le genre de pari stupide lancé contre le destin. Mais je suis mal placé pour le juger car lorsque j'étais encore trentenaire, alors que depuis huit jours mon père survivait tant bien que mal à une septicémie dans un bloc de réanimation à l'hôpital Ambroise-Paré de Boulogne-Billancourt, j'avais fait le serment que s'il s'en sortait je me raserais entièrement la tête, ce que je fis au risque de lui provoquer un choc fatal lorsqu'il découvrit stupéfait ma tête de bagnard à son réveil.

Un couple bavarde à côté de moi. Le mari reproche à sa femme de parler de schizophrénie « alors qu'on n'en sait rien et puis on ignore même ce que c'est vraiment la schizophrénie, les médecins eux-mêmes ont l'air impuissants face à ça alors comment veux-tu qu'ils aident notre fils à s'en sortir, je déteste ce mot, il est trop péjoratif, ne l'emploie pas, dis comme les Japonais : maladie déchirée de l'esprit, ça passe mieux ». Assise en face de moi, une femme n'arrête pas de téléphoner. C'est peu dire que cela me dérange dans ma lecture ; cette tyrannie est si universelle que j'ai renoncé à la déplorer ; je la subis, voilà tout. Elle a dû capter mon exaspération car elle se penche vers moi, mais avec un sourire qui fait tout pardonner, pour se justifier : elle est médecin bénévole au sein d'une association qui aide des gens très âgés à affronter cette période difficile entre toutes, pour les assister dans leur parcours du combattant lorsqu'ils sont malades, c'est d'ailleurs pour en visiter un qu'elle patiente dans cette salle d'attente, elle dit que cette organisation à but non lucratif rassemble quelque mille cinq cents médecins de toutes les spécialités, que leur réaction de la rejoindre spontanément, de témoigner de leur empathie et de se libérer juste pour aider lui a mis du baume au cœur. Je sors un stylo de ma poche pour noter le nom de l'association, sait-on jamais.

— LeMaanam, articule-t-elle. Il y a environ cent trente mille personnes qui aident téléphoniquement comme je le fais depuis tout à l'heure.

— Mais... il y a beaucoup plus de vieux dans le pays, non ?

— Bien sûr, mais ceux-là ont tous un point commun : ils étaient des enfants ou des adolescents pendant la Deuxième Guerre mondiale, ce sont tous des survivants de la Shoah, parfois sans famille, isolés, plongés dans une solitude à crever. Le simple fait de devoir aller acheter un médicament leur est un problème insurmontable. Et puis la mémoire... L'autre jour, l'une de ces personnes se morfondait d'avoir oublié son matricule, dans

l'affolement elle le cherchait partout comme si elle avait perdu sa carte d'identité, alors qu'elle l'avait sous les yeux, sur son avant-bras, j'en aurais pleuré. Savez-vous, monsieur, ce que signifie *LeMaanam* ?
— Je l'ignore.
— « En leur honneur ».

Comme toutes les blouses blanches semblent bien affairées, je m'accorde un saut à la cantine. Un instant d'hésitation entre le plat du jour et le plat du jour, mais qu'importe. Pour une fois que je n'ai pas à demander que l'on retire les lardons... Étrangement, l'atmosphère est moins paisible que dans la salle d'attente. À ma droite, ils sont quatre à ma table à s'engueuler. La politique, naturellement. Plus que jamais. Il est question de trois hommes portés disparus depuis le 7 octobre et confirmés otages par l'armée trois mois après. Leurs noms émergent de l'échange : Weiss, Yablonka, Shtivi. Leurs prénoms aussi : Idan, Ilan, Hanan. La conversation s'enflamme comme s'ils étaient leurs frères. C'est le cas, symboliquement. Tous cousins. L'état de siège resserre les rangs alors que dans ce pays personne n'est d'accord avec personne. À ma gauche, je surprends une conversation bien plus calme entre deux blouses blanches qui s'avèrent être des kinés. Ils comparent l'état de leurs patients. Ceux, relativement jeunes, qui ont l'épaule en partie détruite par l'usage des lance-grenades et souffrent de lésions nerveuses périphériques ou de lésions osseuses, et les plus âgés, qui se sont fracturé la hanche dans la rue en courant vers des abris. L'échange prend un autre ton, à croire que l'évocation de la santé mentale plonge immédiatement dans une certaine gravité, lorsque l'une de leurs collègues vient leur apprendre l'ouverture à l'hôpital d'un centre d'aide psychologique pour les combattants des tunnels souffrant de troubles de stress post-traumatique. Elle dit que, depuis le 7 octobre, on manque de psychologues et de psychiatres pour les aider et, après un temps en suspension, elle ajoute ceci qui me glace : on manque de psys pour aider ceux qui les aident. Comme en Ukraine au même moment. Dans une guerre psychologique, ils sont toujours en première ligne. Quelqu'un à table évoque alors le cas d'une certaine Yaffa, une thérapeute du traumatisme en formation pour se spécialiser dans la thématique du deuil, qui se trouve actuellement à Tel-Hashomer, « son » hôpital, mais en tant que patiente après avoir perdu son fils sur le front sud.

Depuis le temps que je traîne en Israël, en vacancier, en volontaire, en reporter, en écrivain, il fallait que ce soit ici, dans le cadre impersonnel et verni de la cantine d'un grand hôpital, que, en les écoutant, je prenne conscience que les Israéliens sont là depuis plusieurs générations, qu'ils ont construit tout ça de leurs mains, qu'ils sont ici chez eux, qu'ils n'ont jamais eu d'autre patrie, qu'ils sont prêts à mourir pour continuer à y vivre et qu'ils ne partiront pas, parce qu'ils n'ont nulle part où aller.

Dans les couloirs de l'hôpital, des chanteurs populaires viennent soutenir le moral des malades et des blessés au combat. Aux premiers accords de guitare, tout le monde fait silence, un attroupement se forme quitte à empêcher le passage des brancards, beaucoup filment la scène avec leur portable. Un vrai moment de fraternité. Entre deux alertes, le show se termine parfois près des ascenseurs ou dans la cage d'escalier. De toutes les formes de bénévolat, celle-ci est certainement l'une des plus efficaces. Elle met du baume au cœur, tire les larmes, émeut autant qu'elle réconforte. Aujourd'hui, Netta Barzilai, Ishay Ribo, Berry Sakharof, Shlomo Artzi, Hanan Ben Ari, Harel Skaat chantent là, demain ils seront peut-être dans une base militaire, à un enterrement ou au domicile de parents endeuillés ou encore auprès des évacués des villes du Nord et du Sud, sans cesse sous la menace des missiles et réfugiés depuis des mois dans des hôtels, le Royal, le Noga, le Leonardo ou encore au Carmel Forest du lac de Tibériade. Comme les clowns médicaux qui viennent remonter le moral tant aux enfants malades qu'aux blessés de guerre, qui sont parfois leurs propres parents, ils savent que jamais l'exploit d'arracher un sourire n'a représenté un tel enjeu.

De retour dans la salle d'attente, qui ne désemplit pas, en attendant qu'on vienne me chercher, je ferais bien une partie d'échecs puisque deux échiquiers sont disposés dans un coin isolé. L'un est occupé par deux vieux Russes qui ne semblent pas pressés d'en finir, c'est à se demander s'ils ne viennent pas ici dans le seul but de passer l'après-midi ; d'ailleurs, entre deux coups, ils papotent comme s'ils se trouvaient dans un jardin public de Leningrad à ceci près qu'ils parlent de grands maîtres internationaux – les noms d'Eliahu Levant et de Mark Tseitlin et de clubs de Beer-Sheva, la capitale des échecs en Israël, émergent de leur conversation. Ils me tuent, ces deux-là, d'autant que je ne parle pas un mot de russe. Plutôt que de lire, je m'assois devant l'échiquier libre, on verra bien. C'est vite vu. Une femme énergique s'installe sans un mot ni un regard, replace prestement les pièces sur les bonnes cases, tire ses longs cheveux en arrière avant de les coincer avec un chouchou aussi jaune que les pin's exprimant le soutien aux otages et à leurs familles. C'est la femme de la cantine, celle qui était à ma table et ne s'en laissait pas conter. Elle paraît si déterminée qu'elle prend l'initiative du tirage au sort, qui lui donne les blancs et donc le coup d'engagement. Sa concentration est telle que j'ai à peine le temps de justifier mon niveau en bredouillant que je n'ai pas joué depuis un certain temps, histoire d'atténuer ma défaite à venir, elle s'en tape, elle joue et attaque d'emblée. Un quart d'heure lui suffit à m'étendre. On se serre la main, ce qui me donne au moins l'occasion d'apercevoir son visage avenant qui tranche avec la fermeté de sa poigne, ses traits réguliers et dans son regard cette formidable volonté dont elle n'a cessé de témoigner pendant toute la partie. La conversation s'engage avec des lieux communs sur l'explosion du niveau israélien aux échecs depuis l'alya russe.

— Ici vous habitez ? demande-t-elle d'un ton légèrement soupçonneux.

— En fait je suis de passage.

— Français ? Ça trompe pas, l'accent.

Le sien aussi est assez distinctif. Pas en hébreu mais en français. Un héritage de ses grands-parents, des Séfarades qui se sont occupés de son éducation et ont tenu à lui transmettre la maîtrise d'une grande langue étrangère, un atout pour la vie dans un pays dont la langue nationale est considérée dans le reste du monde comme assez ésotérique, au même titre que l'islandais ou le tagalog.

À la manière dont elle en parle, on sent combien elle les a aimés, bien au-delà de la gratitude. Une sacrée personnalité. Cela se devinait à son jeu rapide, direct, précis. Plutôt cash. Une bonne quarantaine d'années mais peut-être fait-elle plus jeune que son âge, un visage harmonieusement dessiné, des traits fins, un mouvement des mains aussi éloquent qu'épuisant. Eden est ingénieure. En temps normal, elle construit. En temps de guerre, elle détruit. Comme j'ai un peu de mal à comprendre, elle sourit :

— Même si je n'ai plus tout à fait l'âge d'être rappelée par l'armée, je suis réserviste dans le génie militaire. Une unité d'ingénieurs de combat. Un sale boulot, tu vois, mais il faut le faire. Tant de nos soldats sautent sur des mines. Avec les démineurs et les bulldozers, il faut détruire des routes et des rues. Dans les puits de tunnels piégés, la déflagration suffit à les blesser salement. Tout ce fric que le Hamas a mis à les creuser au lieu d'aider la population ou de leur construire des abris… À Gaza, il y a carrément une ville sous la ville. On n'en croyait pas nos yeux ! Et ça débouche dans des écoles et des hôpitaux ! Les otages sont planqués au fond des labyrinthes, derrière des doubles murs et des fausses parois. On a de moins en moins affaire à du béton et de plus en plus à de l'acier, notamment pour les portes blindées. Alors on cherche, on trouve, on détruit et ça recommence. On localise les corps, les cadavres, pour les ramener aux familles. La guerre sous la terre, c'est vraiment la pire. D'autant que le Hamas a même réussi à creuser sous le niveau de la nappe phréatique. Mon mari, lui, c'est plus cool.

— Il est ingénieur de combat lui aussi ?

— Dans la vie, Uri est archéologue au département des Antiquités. D'habitude il cartographie des tunnels, des chambres, des grottes et des canaux sous la tour de David à Jérusalem avec d'autres archéologues et une équipe de physiciens. Ils espèrent parvenir jusqu'au mont du Temple par le sous-sol. Mais depuis le 7 octobre, il a été réquisitionné par l'armée. On l'a affecté à la base militaire de Shura où il y a une immense morgue improvisée. Il travaille avec des médecins légistes à l'identification des corps du pogrom. Des cadavres méconnaissables, des fragments de décapitation, des morceaux de vies éclatées, des visages énucléés et criblés de balles. Si tu savais ce qu'il me raconte quand il veut bien. Comment on peut violer une femme en vie tout en la mutilant à coups de couteau, ça me dépasse, sauf à la considérer comme de la viande. Les gens comme Uri ont une expertise pour retrouver, analyser et faire parler de minuscules petits bouts d'os très très vieux, alors des très très jeunes...

À mesure de son récit, un haut-le-cœur me gagne. Moi qui me croyais dessalé...

— Pardon si j'ai l'air un peu ailleurs mais... qui guettes-tu dans cette salle d'attente ?

— Ma fille, Nurit. Une nuit, elle n'a plus senti le côté gauche de son corps, elle s'est crue paralysée de la main droite et... Ils l'ont mise en coma artificiel et ils l'ont intubée. Elle a passé une semaine en réanimation. Ça y est, elle s'en est sortie. On va la ramener bientôt à la maison. On attend que le médecin nous dise ce qui lui est arrivé vraiment, tu vois. Son cœur, son petit cœur, d'un coup, paf! À force d'annoncer la mort aux gens... elle est psychologue à l'armée, elle fait son service militaire, encore un an...

Soudain, mon esprit s'embrume. Je reste sans voix. Ma fébrilité doit être manifeste car Eden s'inquiète :

— Ça va, tu es sûr ? Tu veux peut-être faire une autre partie, la revanche, euh... mais, à propos, comment tu t'appelles ?

— Raphaël.

Sonnée, elle se rejette contre le dossier de sa chaise. Prise d'un accès nerveux, elle défait son chouchou, chiffonne ses cheveux en se frottant la tête, la met entre ses mains durant un long moment comme si ça l'aidait à réfléchir, sinon à se rassembler.

— C'est marrant. Ma mère a connu un Français pendant la guerre du Kippour. Un amour de jeunesse, son premier amour. Et puis plus rien, disparu, plus de nouvelles. Il s'appelait comme toi.

— Ta mère, c'est Esther ?

Ma question la tétanise. Elle fronce les sourcils, se retient d'éclater de rire.

— C'est toi, Raphaël ? Le Raphaël de maman ? Meeeerde alors !

On se lève d'un même élan. Sous le coup de la révélation, on s'apprête à se prendre dans les bras mais elle se ressaisit :

— Pour aider tu es revenu ? Encore volontaire ?

— Non, juste pour être là cinquante ans après. Je sais, c'est égoïste, mais je crois que je n'ai plus l'énergie nécessaire.

— Dis plutôt que tu n'y crois plus, c'est ça, non ?

Sa question me laisse muet, quand un médecin vient vers nous :

— Madame Zuckerman ? Professeur Eizencot, chef du service de cardiologie. Votre fille va aussi bien que possible vu la circonstance. Bientôt...

Puis il s'interrompt et s'adresse à moi d'un coup de menton accompagné d'un mouvement qui signifie ici comme ailleurs : Vous êtes de la famille ? J'aimerais lui répondre qu'être de la famille c'est être ensemble aux enterrements sauf qu'en ce moment, dans ce pays qui est un village et son peuple, la famille s'est élargie, elle est devenue nationale, internationale car chaque matin depuis le 7 octobre, partout dans le monde où il reste encore des Juifs, il en est parmi eux qui se réveillent en lisant en ligne dans le *Times of Israel* les noms des soldats morts au combat la veille à Gaza, des tirs de sniper ou des mines placées par le Hamas ou dans le Nord sous les missiles quotidiens du Hezbollah – leurs noms, celui de leur unité, leur grade, les conditions de l'engagement ayant mené à la mort (le mot de Miguel de Unamuno n'a jamais été aussi vrai : « moi et ma circonstance »), leur localité d'origine, leur qualité de conscrit ou de réserviste et leur portrait souriant, des gamins pour la plupart fiers de leur uniforme tout frais, ou des réservistes plus âgés au treillis fatigué ; et parfois je tombe sur le même nom que le mien et tous les jours je redoute de découvrir parmi les morts du jour le fils d'un ami et c'est comme si c'était le mien, toute annonce obtient ainsi le statut d'événement national, ce qui correspond exactement au ressenti israélien de tout temps, la veille on ne les connaissait pas mais de ce jour ils deviennent nos proches, nos intimes, la famille Bibas et les autres car tout se sait en temps réel, tout ce que la censure militaire ne retient pas, rien n'est diffusé avant que la famille n'en ait reçu personnellement l'annonce, alors oui, professeur, je suis de la famille. Devant ma gêne à articuler une réponse, Eden s'en charge instinctivement en me prenant ostensiblement la main, balayant ainsi la question comme si elle était déplacée.

— Alors, qu'est-ce qui est arrivé exactement à *notre* Nurit, personne ne nous a rien dit.

— Le syndrome de tako-tsubo.

— Quoi ?

— Une attaque cardiaque aiguë qui peut simuler un accident coronaire, en particulier un infarctus. Ça survient le plus souvent chez la femme à la suite d'un stress émotionnel intense. Ça ne correspond pas à une atteinte artérielle comme pour l'infarctus mais à une atteinte des petits vaisseaux coronaires internes, une déchirure soudaine qui provoque une sidération myocardique. Vous me suivez ?

On répond d'un signe de tête parfaitement coordonné.

— Vous me suivez. C'est le plus souvent réversible, mais il y a des accidents. Fibulation ventriculaire, arrêt cardiaque, la mort parfois. Mais quand ça guérit, c'est complètement.

Je risque une question :

— C'est héréditaire ?

— Non, pourquoi ?

Sa curiosité me fait baisser les yeux.

— Professeur, elle s'appelle comment déjà cette maladie… le syndrome du mawashi-geri ?…

— Trop compliqué, comme toujours, avec cette manie

qu'ils ont de donner les noms des découvreurs. On l'appelle aussi « le syndrome du cœur brisé ». Tenez-vous-en à ça, c'est plus facile à retenir.
Je l'attrape par le bras alors qu'il nous tourne déjà le dos.
— Une dernière question si vous le permettez. Il y a, disons, cinquante ans, ça existait déjà ?
— Ça existe depuis très longtemps mais avant les travaux de ces Japonais, en 1977, on ne savait pas ce que c'était. Maintenant on sait. Allez, on m'attend là-haut...
Il n'est pas encore arrivé à l'ascenseur que déjà Eden m'interroge avec les mains :
— Ce délire c'est quoi, qu'est-ce qui t'a pris avec l'hérédité ?
— Ce qu'il vient de décrire, c'est exactement ce qu'a vécu Esther, donc la grand-mère de Nurit si j'ai bien compris, ici même et pour les mêmes raisons il y a cinquante ans.
— Comment tu sais ?
— J'étais là.
Stupéfaite par le rembobinage de l'histoire, l'accélération du temps et le télescopage des situations, elle a un mouvement de recul.
— Besoin d'un café. Fort. Tu peux acheter ça à moi ?
La cafétéria a les attraits d'un parlement de bistro où l'on se retrouve le vendredi matin pour défaire le monde. Son effervescence me ramène aux chères *tertulias*, vieilles institutions des cafés espagnols où l'on se retrouve le vendredi après-midi pour refaire le monde. Quand je reviens, Eden est songeuse, comme perdue dans ses pensées. Elle fredonne : «*Mmmm... I don't want a broken*

heart... *And I don't want to play the broken-hearted girl...
Mmmm...* »

Ça me rappelle vaguement quelque chose entendu à la radio, dans un taxi ou dans un film.

— Tu sais pas ? Une chanson de Beyoncé qui date d'il y a presque vingt ans...

J'ai connu des femmes au cœur innombrable, et des hommes au cœur plus solide que l'acier. Mais aussi loin que ma mémoire me permet de remonter, je n'ai connu personne au cœur brisé.

— Bon, *ciao* !

Eden se lève d'un bond, me laissant à peine le temps d'en faire autant. On vient enfin me chercher pour me soigner. En dix minutes, l'affaire est emballée. Je la retrouve à l'arrêt de bus parmi une foule qui rouspète en raison du retard. Les passagers sont pressés comme des sardines. Nous voilà à un souffle l'un de l'autre, accrochés à la même barre.

— Tu ne m'as pas dit comment tu as rencontré maman ?

Le récit s'impose donc quoiqu'en accéléré, mais ce n'est pas ce qu'elle brûle de savoir. Seul l'intrigue le pourquoi et non le comment de notre rencontre, la raison de ce coup de foudre de jeunesse. Mais comment parler de ce qu'on ne peut expliquer ?

— Ton numéro de téléphone, tu le donnes à moi ?

À peine l'a-t-elle inscrit dans son portable que celui-ci se met à sonner, un jingle inconnu qui ajoute à la cacophonie et au balagan régnant dans le bus. Sa conversation l'absorbe, elle saute du véhicule qui s'apprête à refermer ses portes d'un claquement, sans se retourner ni m'adresser un seul regard. Mais le soir même, un texto s'affiche sur mon écran : « Samedi déjeuner chez moi avec famille et amis pour fêter retour Nurit à la maison. Viens aussi, toi. Alfasi Street. Rez-de-jardin à côté du club de gym. Interphone Zuckerman. » Israël, quoi.

Le jour dit, je m'y présente, arrivé le premier et encombré d'une boîte de chocolats dont Eden me déleste aussitôt en la jetant sur une table. Le mobilier et la décoration révèlent le mode de vie confortable d'un couple aisé. La bibliothèque est discrète, pleine mais ne déborde pas et le parfait alignement des livres ne trahit pas des lecteurs voraces ; quelques lithographies d'art contemporain aux murs ; deux vélos sur le balcon... « Bobo » se dit aussi en hébreu. La reine d'un jour sort de sa chambre pour me saluer chaleureusement :

— Alors c'est toi, l'ami de la famille, l'amoureux de mamie ?

— Et toi, je suppose...

— Nurit, la ressuscitée du cœur brisé.

— Alors comme ça, toi aussi, comme ta grand-mère, tu as choisi d'annoncer ?

— C'est drôle...

— Quoi ?

— Tu as les yeux bleus comme maman. Les mêmes...

Une grâce divine inonde son visage. Est-ce l'effet de

sa résurrection ? Un mot la fait hésiter à répondre. Cette idée de choix. Manifestement, la réponse se médite, se rumine, se pèse au trébuchet. Il n'en faut pas davantage pour la faire démarrer au quart de tour.

— Au fond, oui, j'annonce comme mamie car j'aurais pu choisir une autre spécialité. C'était ça ou servir dans le corps de défense des frontières parmi les *tazpitaniyot* en face de Gaza. Quand on voit le massacre, ça restera la honte de ce gouvernement. De simples guetteuses rivées toute la journée sur leur écran d'ordinateur avec ordre de ne jamais le quitter des yeux sous peine d'être punies. Et même pas armées en plus, sauf lorsqu'elles prenaient leur tour de garde. Même pas entraînées à se défendre alors qu'elles étaient sur une base militaire ! Quinze assassinées, six prises en otages le 7 octobre à Nahal Oz. Les « yeux de l'armée » ! Elles avaient pourtant averti leurs supérieurs du danger des jours avant puisqu'elles voyaient leurs futurs bourreaux s'entraîner. Elles leur avaient envoyé des mails, leur manière de sonner le chofar...

— Vraiment ?

— Mais oui, ça renvoie à Ézéchiel et son bouquin, tu sais bien : « Si la sentinelle voit venir l'épée et ne souffle pas dans la corne de bélier, elle paiera de son sang l'effusion qu'elle n'a pas réussi à éviter. » Ils avaient jugé leurs mises en garde « fantaisistes ». Forcément, des femmes ! Im-par-don-nable.

On va encore parler des *mehdalim*, les fameuses « négligences » comme il y a cinquante ans. Un air de choses vues, lues, entendues. Les fous seraient-ils vraiment les seuls à croire que l'on peut répéter ses erreurs et s'attendre à des résultats différents ?

— N'empêche que je l'ai échappé belle.

— Finalement, tu fais comme ta grand-mère. Tu annonces la mort...

— On n'annonce plus, comme avant. On *informe* la famille. Tu parles d'un progrès !

Une image me revient aussitôt à la mémoire. Elle s'impose si puissamment dans l'instant qu'elle me brouille la vue en s'interposant entre la jeune soldate et moi. Un plan-séquence d'*Il faut sauver le soldat Ryan*. De tout le film de Steven Spielberg, c'est celle qui m'arrache encore des larmes chaque fois que je le revois. Elle se situe dans la première partie, dans l'Amérique profonde. La caméra filme de dos une femme faisant la vaisselle ; par-dessus son épaule, on distingue au loin à travers la fenêtre une voiture dont la portière est frappée du logo de l'armée progressant sur la route jusqu'à la maison ; la femme ralentit ses gestes à mesure que l'automobile se rapproche ; on la sent intriguée, puis inquiète ; la caméra la suit toujours de dos lorsqu'elle sort sur le perron ; quand elle voit un haut gradé à la poitrine constellée de décorations sortir de la voiture accompagné d'un prêtre et se diriger vers elle la mine grave, ses genoux lâchent, elle s'affaisse dignement, sans un mot, elle a compris ; ces images, les plus sobres d'un film saturé de spectaculaire, sont pourtant celles que je retiens d'abord car si une femme qui tombe ce n'est rien, une mère qui s'effondre en apprenant la fin glorieuse de trois de ses quatre jeunes fils, c'est un monde qui s'écroule. Nurit, elle, comprend mon émotion dès que, la gorge nouée, je prononce le titre du film.

— Combien de fois on nous l'a projeté ! Mais tu sais

quoi ? Spielberg s'est inspiré d'une histoire vraie, celle des frères Sullivan, tous morts au combat sauf le petit dernier. Cette tragédie est à l'origine de la *Sole Survivor Policy*, ou si tu préfères «la politique du seul survivant», une règle devenue une loi, qui ne s'applique plus seulement aux fils mais aussi aux filles désormais puisque...

— Mais tu n'en as pas assez de la mort des autres ? Tu prends ça trop à cœur, jusqu'à le briser.

— *Roméo et Juliette* est une histoire d'amour et pourtant la mort la hante. Et puis il y a pire que l'annonce de la mort : l'attente de l'annonce de la mort. La pensée des otages ne me quitte pas, rien à faire, ça m'obsède. Des filles comme moi. Ça aurait pu être moi.

Des invités commencent à arriver mais nous sommes pris dans l'étau de notre conversation, comme si rien d'autre ne comptait. Plus je l'observe, plus sa faille intime se révèle : une partie d'elle prend acte chaque jour de l'effondrement du monde dans lequel elle est née tandis qu'une autre réclame le droit à l'insouciance et à la légèreté. Son langage en est le reflet. Une certaine prudence naturelle dans le choix du lexique. Même hors service, elle se garde bien d'employer l'expression brutale «névrose cardiaque» et lui préfère le mot plus doux de «palpitations».

— Quand j'y repense, je crois que je sais ce qui m'a provoqué le choc l'autre jour, tu sais, la cause du syndrome de kawa-saki ou *whatever*. C'est l'erreur. Oui, celle d'avoir à annoncer des mois après à une famille que leur fils, dont l'armée disait qu'il était otage, était en fait mort le 7 octobre. Son corps avait été enterré par erreur. On l'a finalement identifié après une longue enquête. Pour les siens, c'est un cauchemar sans fin. Et moi, je devais leur expliquer tout ça et le justifier. Tu vois le garçon assis sur le canapé ? C'est Dror, mon petit ami. Il termine médecine. L'armée l'a affecté à Abu Kabir, tu imagines.

Un nom tristement célèbre. Celui de l'institut national de médecine légale, à Jaffa. Depuis le pogrom, il ne désemplit pas, tant et si bien qu'ils ont dû monter des antennes ailleurs dans le pays. Toutes les autopsies criminelles passent par eux. Pour les victimes du 7 octobre, on dit qu'ils ont accompli des miracles sous la pression quotidienne des familles afin d'extraire l'ADN d'infimes fragments d'os cramés. Tout ce qui reste parfois de leur être cher. C'est cela que Nurit veut me faire comprendre. Cette fois, ce n'est pas comme en 1973. Il n'y a pas que la mort des soldats à annoncer. Il y a des disparitions. Il y a des otages. Annoncer, des mois après le 7 octobre, que l'on a enfin pu identifier les ossements de ce qui fut un corps. Et parfois annoncer l'inverse et oser dire en face que le corps que l'on croyait être, en fonction de la dentition, celui de leur fils ou de leur fille et qui a peut-être déjà été inhumé n'est pas celui que l'on croyait. C'est peut-être le plus délicat, cette fonction d'« attributionniste » qu'ont les médecins légistes. Quelle responsabilité, quel poids moral... Attributionniste, j'emprunte le mot aux experts en peinture, sauf que là, il ne s'agit pas de tableaux anciens qui ont dissimulé leur véritable auteur sous la poussière des siècles, mais de cadavres éparpillés de jeunes qui dansaient et chantaient encore jusqu'à l'aube il y a quelques mois à une rave party dans le désert du Néguev.

Le récit d'Eden a quelque chose d'hypnotique qui dédommage d'une vaine quête de sens à toute cette horreur. En l'écoutant, j'ai l'impression d'assister à la naissance d'un personnage qui se construit en se disant, à travers ce qu'elle dit d'elle, par ses propres mots.

— Tu me comprends ? De toute façon, c'est impossible tant qu'on n'y a pas été confronté personnellement.

Un jour, j'ai rencontré dans un hôpital à Paris quelqu'un qui savait annoncer. Un homme d'expérience, un médecin qui avait de la bouteille. Il anticipait pour mieux l'amortir l'effet de souffle que l'annonce provoquerait inévitablement. Mes parents étaient tout ouïe alors qu'il ne disait pas grand-chose ; ils avaient tellement mis à distance le spectre du mal absolu qu'ils avaient intégré son impossibilité. Leur déni prenait appui sur leur intime conviction. Ils ne se projetaient pas dans la perspective d'une mort imminente mais dans l'hypothèse d'une maladie à soigner. Ces choses-là n'arrivent pas qu'aux autres mais enfin, pas à lui, mon père, pas à soixante-sept ans. Après avoir consulté un spécialiste de l'organe touché, ils se trouvaient pourtant bien face à un oncologue. On ne va pas chez un boulanger pour acheter de la viande, mais dans ces moments-là, la raison, la logique, le bon sens, ne l'emportent pas toujours sur l'émotion. Le professeur avait eu la délicatesse de ne pas prononcer le mot qui tue, le mot même de cancer, préférant parler à demi-mot, comme pour rendre la chose moins effrayante, de lésions au foie et au pancréas. Il ne disait pas « c'est grave » mais « c'est sérieux ». Il lâchait des bribes de diagnostic d'une économie lexicale qui forçait l'admiration. Tout passait par ses silences oppressants et son regard, sombre et lourd comme un ciel plombé avant l'orage. Il mentait par omission, un mensonge de finesse comme on le dit dans la langue de Pagnol. Lorsqu'il s'aperçut que je ne disais rien mais que j'avais capté ses messages, quelque chose advint entre nous. L'essentiel, en fait : Votre père en a pour six mois tout au plus. C'est ce délai implacable qu'annonçait son regard tandis que mon père, soutenu dans sa demande par ma mère, envisageait déjà de reporter les premières chimiothérapies en raison d'un voyage d'affaires en Afrique auquel il tenait. Un dialogue de sourds s'ébauchait. Plus mon père évoquait ce déplacement, avec le sourire et sur un ton allègre car il fondait de grands espoirs sur ses résultats, plus le professeur se renfrognait, me lançait des regards implorant mon aide pour expliquer à ce condamné en sursis que ses jours étaient comptés. Il se voulait empathique tout en veillant à conserver une certaine distance clinique. La quadrature du cercle. Comme pour la résoudre, il plaça une feuille de papier sous leurs yeux, crayonna un schéma et murmura une explication. Manifestement, il comptait sur moi pour traduire et me faire son interprète auprès d'eux dans la voiture ou à la maison. En le quittant, nous avons un peu erré dans les couloirs de son service à la recherche de la sortie. Après être entré par erreur dans le bureau d'une secrétaire, mon père, désorienté par la circonstance, a ouvert la porte de la salle d'attente. À peine en eut-il franchi le seuil qu'il s'arrêta net, stupéfait par le spectacle de ces malades squelettiques au teint vitreux, au visage émacié et au crâne déplumé, certains s'appuyant sur leur canne bien qu'ils fussent assis. L'image était si saisissante qu'elle lui annonça ce qui l'attendait mieux qu'un médecin n'aurait su le faire. Il se retourna alors vivement vers nous, et d'un ton déterminé nous lança : « Vous ne me ferez jamais rentrer là-dedans ! » Et pourtant, il retourna souvent dans cette cour des miracles, durant six mois exactement, à croire que c'était écrit.

— Raphaël, où tu es ? Tu es là mais tu es ailleurs !
— Pardon, Nurit.

Ayant maladroitement renversé quelques gouttes de mon jus de tomate sur mon pantalon, je l'abandonne un instant pour passer aux toilettes. Dès que j'en sors, la voix énergique d'Eden me hèle depuis la cuisine où elle s'affaire. Elle ne me demande pas de la rejoindre : elle m'enjoint de le faire ! Comme Esther ne va pas tarder à arriver, je me doute un peu de son propos, mais mon regard est attiré par les magnets qui constellent la porte du frigo. Il y en a un notamment reproduisant un visage glabre taillé dans un bloc d'ivoire.

— Ce n'est pas ton oncle, celui-là ?
— Bingo !
— Il a sacrément épaissi. Il sera là ?
— Il vit à Berlin depuis des années. Il a amassé une petite fortune dans le business de la sécurité. Mais comment tu l'as reconnu depuis le temps ?
— À son sourire de tueur. Ça, c'est pour la vie.
— Deux mots sur ma mère, me dit-elle en posant le plat de houmous sur la table pour se retourner vers moi, l'œil aux aguets, les bras croisés. Il faut que tu saches. On a de bonnes relations mais... Un jour, elle nous a abandonnés, largués, nous, son mari, ses enfants, sa famille. Carrément plaqués ! Elle nous a quittés pour un

homme. Ça ne se fait pas, non ? Puis il y a eu Ofir, l'autre enfant...

— Ah... Quel genre ?

— Du genre prêt à se battre violemment pour défendre des idées modérées. Je lui en ai longtemps voulu, jusqu'à ce que je la trouve pathétique. Alors le pardon mais pas l'oubli. On ne guérit pas de ces blessures-là. Ça cicatrise à l'extérieur mais ça saigne de temps en temps à l'intérieur. Mais bon, une mère, c'est pour la vie. Bonne ou mauvaise, quoi qu'elle ait fait, ce sera toujours la mienne. Des comme elle, il y en a plein les romans. Mais cite-m'en un où l'auteur a de l'empathie pour une femme qui a fait ça, un seul, allez ?

— *Les Heures*, *The Hours* de Michael Cunningham.

Alors que je lui parle du destin des trois héroïnes hantées et secrètement reliées par un autre roman, *Mrs Dalloway*, ainsi que du film admirable qui en a été adapté et même de l'envoûtante musique de Phil Glass, je la vois qui pianote fébrilement sur son téléphone, absorbée par sa tâche.

— Ça t'intéresse ce que je te dis ?

Sur l'écran qu'elle me braque sous les yeux, la confirmation de ses commandes en ligne pour les deux livres, le film et sa bande originale.

— Mais c'était quel genre de couple, tes parents ?

— Bien séparément, pleins de qualités, sereins, attentifs aux autres. Mais ensemble, quelle bombe à retardement dans une maison ! À tout instant ils menaçaient de la faire s'effondrer sur ses fondations. Si reposants chacun pris à part, si toxiques dans leur relation à deux.

Toxiques... Le tombé de la phrase, la nudité du mot,

c'est bien elle. Eden me brosse alors le portrait d'un tandem qui n'a tenu que par ce fil ténu qu'est l'illusion de faire couple aux yeux des autres, un mensonge social si pratique mais qui laisse un goût amer dans la bouche lorsqu'une soirée s'achève, qu'il est temps de rentrer à la maison, de se mettre au lit, d'éteindre la lumière et de se tourner le dos jusqu'à l'aube. Chacun de son côté dans la fiction de leur vie commune. L'un comme l'autre des êtres empêchés. Puis son visage se décompose avant de retrouver ses couleurs et elle a un sourire légèrement forcé tout en regardant derrière moi. Je me retourne. Malgré mes efforts pour dissimuler ma stupeur, je ne peux m'empêcher de mettre ma main devant ma bouche. Un vrai moment de sidération comme je n'en avais pas vécu depuis longtemps.

— C'est toi, Esther, c'est vraiment toi ?

Un instant d'hésitation, on se sent elle et moi embarrassés par nos bras, ne sachant trop qu'en faire mais ne pouvant décemment garder nos mains dans les poches. Pas de doute, c'est elle. Le regard, le sourire. D'un même élan, on s'empoigne, on se prend mutuellement dans les bras. Notre étreinte doit être longue et puissante car elle provoque une certaine gêne chez Eden ; elle si fière, je la vois pour la première fois baisser les yeux. Quand nous nous déprenons enfin, je désigne la cuisine d'un geste ample pour me donner une contenance :

— Drôle d'endroit pour des retrouvailles !

— Surtout cinquante ans après. C'est bien ça, cinquante ?

Je hoche la tête sans un mot comme si, au fond, moi non plus je n'en revenais pas de tout ce temps écoulé alors que depuis que je suis de retour en Israël pour ce pèlerinage très personnel, je ne cesse de remâcher l'épaisseur de ce demi-siècle échu. Soudain, en la revoyant, mes fantômes prennent corps.

— Mais où tu as mis tous tes cheveux ! s'exclame-t-elle en riant.

— Tu es victime d'un effet d'optique. En fait, je les ai plaqués, ou alors c'est eux peut-être qui m'ont plaqué, va savoir...

— Alors, tu l'as retrouvé finalement ?

— Euh... qui ça ?

— Mais Leonard Cohen !

— Imagine-toi que j'ai été jusqu'à Hydra, parfaitement, dans la mer Égée, j'ai vu sa maison, celle où il a vécu avec la Marianne de la chanson et j'ai dîné à côté dans le restaurant dont il avait fait sa cantine, *Xeri Elia* (L'Olivier sec) quand il n'était pas « chez Manolis », avec des photos de lui partout sur les murs. J'ai mis mes pas dans les siens jusqu'à ce que je comprenne que c'était là que j'avais le plus de chances de le trouver absent. Dire que tu te souviens de ça...

— Mais tu nous as rendus fous avec ton Leonard ! Une véritable obsession.

— J'ai toujours ton disque, même si je n'ai plus l'appareil pour l'écouter. Quant à mon chanteur, il est mort. Un astéroïde a été baptisé Leonard Cohen.

Cette évocation de nos derniers moments ensemble doit lui paraître si intime qu'elle en rougit. Tous les invités étant arrivés, Eden nous entraîne vers le petit jardin attenant au salon. Son ardeur à me présenter à chacun me fait sentir qu'elle veut éviter qu'Esther et moi ne fassions bande à part. Elle se doute bien que sa mère et moi, nous finirons tout de même par nous parler. En attendant, le petit groupe auquel elle m'agrège fait cercle autour de Nurit. Ils sont plusieurs de sa génération, mêlés à d'autres plus âgés, à être mobilisés également dans les services psychologiques de l'armée. La guerre, les otages, les tunnels, ils ne parlent que de ça. L'Iran à l'origine de tout est loin ; la mort est tout près, palpable. La mort, leur quotidien, sans la routine car on ne s'habitue pas à être un oiseau de malheur. Certains d'entre eux ont assisté à deux ou trois enterrements dans la même journée. La conversation dévie sur l'oraison funèbre prononcée par l'écrivain David Grossman pour son fils Uri, vingt ans, tué dans son char le dernier jour de la deuxième guerre du Liban, celle de l'été 2006, un événement déjà ancien mais que tous connaissent malgré leur âge car tous ont la conviction de vivre dans une zone de tragédie.

— Tu te souviens comment Grossman a appris la mort de son fils ? demande Ron à son voisin. Il l'a évoqué devant la tombe, entre deux sanglots bloqués dans la gorge. À trois heures moins vingt dans la nuit de samedi à dimanche, une sonnerie à la porte, un officier qui s'annonce dans l'interphone et en allant ouvrir, il se dit ça y est, la vie est finie.

Ces paroles d'adieu à Uri ne cessent de résonner depuis le 7 octobre chaque fois qu'on met en terre un jeune devant une immense foule en larmes constituée de parents aux visages dévastés, les mains tendues, la paume retournée face au ciel, qui tous demandent pourquoi, mon Dieu, pourquoi, de personnes âgées à l'avant-bras tatoué d'un numéro qui savent qu'il y a eu pire pour des Juifs que de mourir en défendant leur pays ou leur maison ou même un idéal et c'était de mourir pour rien, de partir en fumée sans raison, et enfin des jeunes de vingt ans en uniforme militaire qui se soutiennent les uns les autres pour ne pas vaciller, la tête trouvant toujours une épaule amie pour s'y poser.

— L'oraison de Grossman, reprend Ron, je la connais par cœur mais je veux surtout en retenir le titre : « Notre famille a perdu la guerre. »

Les mots me manquent pour dire la nature du silence qui enveloppe alors notre petit groupe dans un coin du jardin. Ils sont pourtant tous dessillés par la nature même de leur activité. Seulement voilà, ils ne s'y font pas.

— Et vous, vous n'avez pas l'air entamé par tout ça ? me demande ma voisine.

Bien sûr que je le suis, comme nous tous, simplement je mets à distance, je cloisonne, indispensable, sinon on coule, tous. C'est ce qu'on appelle la résilience, à ceci près que chez moi, elle est immédiate, instantanée, probablement parce que j'ai de l'entraînement, ce qui me permet de maîtriser suffisamment la tragédie collective pour ne pas en faire une névrose personnelle. C'est devenu un réflexe naturel. Je ne ferais pas un bon Ashkénaze, j'aime trop le soleil et contrairement à eux, lorsque j'épluche un oignon, ce n'est pas l'oignon qui pleure. Derrière moi, une voix murmure : « La mise à distance, toujours. » La voix d'Esther.

Lorsque l'émotion gagne du terrain, la gravité suit. Pour faire diversion, notre cénacle s'éparpille vers les buffets. Un homme me bouscule légèrement en se servant et mon verre en déborde. Mais à la manière dont il s'excuse, le sourire aux lèvres et l'œil complice, sa maladresse paraît délibérée.

— Alors, monsieur le Français, tu ne te souviens plus de Tomer ? dit-il en me tendant une main fraternelle.

— Tomeriko ! Ça alors... Pour moi, tu étais...

— Un Elifelet. Sache que depuis, ce poème de Nathan Alterman est devenu une chanson populaire. Quand je l'entends, je pense à toi. Vraiment. Lorsque c'est gravé jeune dans la mémoire, des paroles, une musique, un refrain et celui qui vous les a révélés, c'est pour la vie, au moins.

Délicat de lui demander ce qu'il est devenu, tant à l'époque son avenir paraissait compromis. Aujourd'hui, on dirait qu'il était TSA, code entre initiés pour dire qu'il souffre d'un trouble du spectre autistique, de manière à ne pas le stigmatiser. Le temps n'a pas entamé sa grâce naturelle. Le reflet de son innocence d'autrefois brille encore dans son regard, ses gestes, son phrasé. Comme sa canne m'intrigue, il dissipe aussitôt ma curiosité :

— Un jour, j'attendais le bus à la gare centrale. Et puis boum ! Ici, si tu échappes à la guerre, aux accidents de la route et à la vie conjugale, il reste encore les attentats pour te tuer ou presque. Sept ou huit opérations du pied et puis voilà. À vie. Mais il y a pire, non ?

Tenaillé par l'indiscrétion, je tente indirectement de lui demander ce qu'il fait de ses journées, juste pour voir s'il a finalement réussi à socialiser avec le reste du monde.

— Je soigne.

— Comment ça ?

— Comme ça !

— Quelle drôle de famille, tout de même ! Votre goût pour l'intransitivité me fascine. Ta sœur annonçait, ta nièce annonce et toi tu soignes. Mais quoi ?

— Des animaux, pardi ! Vétérinaire, c'est ce que je suis. Je préfère parler aux bêtes. Au moins on se comprend.

Des éclats de rire me distraient de son récit avant de m'en éloigner. Une image se présente un peu plus loin dans le jardin, elle s'offre même avec une telle évidence qu'elle m'impose de sortir discrètement mon portable pour prendre une photo. Trois femmes riant aux éclats. Trois femmes puissantes jusque dans la maîtrise de leur fragilité. Trois générations du même sang reliées par le souvenir d'un cordon ombilical qui peine à disparaître. Leurs traits révèlent l'héritage comme si elles avaient promis à la chaîne des aïeux de ne jamais l'interrompre. Si je devais légender cette photo, je le ferais avec des mots échappés pour l'occasion d'un sonnet de Shakespeare : « Mais si tu vis sans souci de lignage / Tu mourras seul, emportant ton image ». Elles composent un tableau vivant. Esther, Eden, Nurit. La grand-mère, la fille, la petite-fille. Peu importe la raison de leur rire, d'autant qu'elle pourrait décevoir bien que leurs silhouettes se ploient, se tordent, se balancent sous l'effet de cette joie partagée. Seule compte la possibilité de les immortaliser à jamais dans la claire conscience que la photographie est liée à la mort, qu'elle fixe des instants décisifs qui se dissiperont aussitôt après avoir été capturés. Le lien secret entre ces trois femmes s'inscrit en filigrane dans cette image qui demeurera pour l'avenir la preuve que cela s'est passé, la trace que ça a été. Il s'en dégage une douceur qui n'appartiennent qu'aux attitudes non préméditées. Pas de pose dans cet éclat de la vie comme elle va. Leur mouvement crée un tremblé dans l'image.

Le moment est si fort que j'en éprouve déjà la nostalgie. Une étrange sensation m'envahit, comme si par ce portrait de groupe j'anticipais déjà la disparition à venir de ces trois femmes alors que seul m'importe le désir de graver dans un cadre leur rire commun l'espace d'un instant, ce jour-là, dans cet étroit lieu clos de la rue Alfasi à Tel-Aviv qui a le charme indéfinissable des jardins mal entretenus. Elles m'émeuvent tant que je me retiens de courir vers elles pour les étreindre à les étouffer de peur de les perdre un jour. Trois femmes rayonnantes que mon regard métamorphose en trois sœurs de douleur. Parfois je me demande si, depuis mes premières prises de vues dans les cimetières parisiens à l'âge de seize ans, je n'ai pas la mort aux trousses.

— Les trois grâces ! ironise Tomer en regardant la photo sur l'écran par-dessus mon épaule.

Le trio se scinde. Esther s'installe sur un canapé dans un coin du salon, met un disque, retire ses chaussures, replie ses jambes sous ses fesses et s'isole du monde sans même recourir à des écouteurs. Il est vrai que l'adagio du *Concerto pour clarinette et orchestre* de Mozart y invite. Dès les premières notes, elle paraît déjà transportée *out of Israel*. Son besoin de consolation est impossible à rassasier. Mon impuissance à l'aider me fait honte. La musique est son refuge, non pour en jouer mais pour en écouter, s'y immerger, s'y lover en position quasi fœtale. Dans ces moments-là, on se couperait les doigts jusqu'à l'os à essayer d'ouvrir la boîte de conserve dans laquelle

elle s'enferme mentalement. Elle dit volontiers que la musique la met à l'abri de la psychose et je ne chercherais pas à creuser plus avant car elle n'est pas du genre à abuser de ce genre de notion. D'autres sans aucun doute, mais pas elle. Tandis que je me glisse discrètement à son côté sur le canapé sans dire un mot ni esquisser un geste vers elle, fût-il des plus délicats, j'ai bien l'impression que la musique l'aide à être un peu mieux malheureuse. Terrible, cette mélancolie que dégage sa personne même lorsqu'un large sourire illumine son visage. Des gens se donnent la mort parce qu'ils n'ont plus de plan de vie. Esther a-t-elle perdu le plan ? À cet instant précis, ma présence sur ce canapé me paraît soudain inopportune.

En me déplaçant d'un groupe à l'autre au gré de mon humeur, j'ai l'étrange impression de passer d'un monde d'âmes tièdes à un monde de cœurs brûlants, pour reprendre une distinction de Camus. Une discussion assez vive m'attire un peu plus loin. La situation, bien sûr, son évolution sur tous les fronts y compris celui de l'intérieur. Comme un parfum de guerre civile à peine larvée. Notre cénacle étant majoritairement laïc, il n'y a pas débat. Au moins sont-ils tous d'accord pour juger que le Hamas a gagné la guerre au soir du 7 octobre car, quelle que soit la suite des événements, il a réussi à *moralement* briser Israël. Quelque chose de l'ordre de la confiance du peuple en son armée, paradoxe d'autant plus invivable qu'il s'agit d'une armée fondamentalement populaire. Du peuple, elle est l'émanation et l'incarnation. Imprévisible ? J'ai du mal à croire que les grandes oreilles d'Israël, si sophistiquées dans leur technologie d'avant-garde, n'aient pas entendu respirer le monstre de l'autre côté de la clôture. Son souffle était sur nos nuques et nous ne le sentions pas ? Allons... Un temps, il est question de Yuval Bitton, ce dentiste israélien qui avait diagnostiqué la tumeur au cerveau de Yahya Sinouar, le leader du Hamas, lorsqu'il était emprisonné à Nafha et qui lui avait ainsi sauvé la vie ; c'était en 2004 et près de vingt ans plus tard, le 7 octobre, les hommes de Sinouar ont abattu le neveu du dentiste au kibboutz Nir Oz. La conversation glisse imperceptiblement sur les réactions dans le monde à l'attitude d'Israël face aux menaces du Hamas et du Hezbollah. Les éléments de langage sont décortiqués un à un. Disproportionnée ? Encore faudrait-il savoir fixer la juste proportion, autant de personnes violées, torturées, asphyxiées, égorgées, brûlées, exécutées, massacrées exactement dans les mêmes conditions, voilà ce que cela signifierait, la bonne proportion. C'est alors que Tomer s'en mêle, à ma grande surprise, lui que j'imaginais toujours en retrait, pour ne pas dire hors du monde.

— Je regarde depuis des mois les reportages sur les manifestations contre Israël dans les télévisions étrangères et surtout les vidéos de rues sur les réseaux sociaux, en Europe, en Amérique et ailleurs. L'évolution est intéressante.

La sienne tout autant. Lui que j'avais connu si doux et si utopiste dans son adolescence paraît être revenu de tout, et sa vision du monde bien entamée par les événements. Sa parole doit être rare car d'autres invités s'agrègent à notre petit groupe et tendent l'oreille ; ils se doutent bien qu'il ne va pas les entretenir de l'anxiété qui a gagné les animaux de compagnie depuis le début de la guerre, de leurs tremblements et de leur agitation inhabituels. Tomer poursuit son analyse et il est probable que sa sérénité, qui tranche tellement avec l'émotion, la colère, l'indignation sinon l'hystérie qui sont l'ordinaire des prises de parole sur la question et tuent dans l'œuf la possibilité d'un vrai débat d'idées, les attire. Visiblement, Tomer n'a rien perdu de sa légèreté poétique. Les terroristes ne l'ont pas tuée ni même blessée, malgré sa jambe meurtrie et la présence de sa canne comme un rappel du danger permanent. Son inépuisable bonté ne l'a pas désertée. À croire qu'un demi-siècle de violence ne l'a pas atteint, du moins en apparence.

— Au début, les manifestants ont réagi avec leurs tripes et on les comprend. La mort des enfants et des adolescents est insupportable, et ce spectacle de désolation, ces immeubles effondrés, toutes ces vies en ruine…

— Et celle des adultes ? l'interrompt une voix.

— Ma compassion est insatiable mais limitée, je l'avoue. J'ai du mal avec les adultes, non, je ne peux pas.

— Pourtant eux aussi meurent sous nos bombes !

— Près de la moitié des milliers de Gazaouis qui ont violé la frontière pour nous envahir étaient des civils, ceux qui ont ramené des otages pour les traîner dans les rues de Gaza, les lyncher avec l'aide de la foule, cracher sur des cadavres, tous des adultes, des civils, ils ont tourné les vidéos et les ont diffusées. Ça ne s'oublie pas.

Aussitôt l'atmosphère s'embrase et la discussion dégénère. Quelques noms d'oiseaux fusent. Une bousculade s'ensuit dans un accès de testostérone. Certains sont prêts à s'empoigner. On se croirait à la Knesset. Le mari d'Eden, notre hôte, accourt pour calmer le jeu et faire dévier la conversation sur le reproche souvent adressé aux Israéliens : leur manque d'empathie vis-à-vis non seulement des Palestiniens mais aussi du reste du monde, pointant là leur incapacité à penser à partir d'un autre que soi. Il faut vraiment être dans le déni, enfermé dans sa bulle cognitive et déployer des trésors d'intelligence pour ne pas l'admettre. Il y a chez l'homme une mystérieuse propension à ne pas voir ce qui crève les yeux. Mais qui a le pouvoir de dépasser la honte et la culpabilité de n'avoir pas su protéger ? Tomer reprend le cours de son explication :

— En mettant des mots sur sa révolte, la contestation est devenue idéologique, ce qui était attendu. Troisième étape : on est passé à la haine, pure, viscérale, ancestrale qui décalquait sur les Israéliens celle dont les Juifs sont la cible depuis des siècles, en en reprenant la rhétorique, les arguments, les rumeurs, les calomnies, les réflexes. Bref, air connu. Mais cette haine a atteint un tel niveau de violence que j'ai renoncé à comprendre. Je ne suis pas psychiatre.

On croit qu'il en a terminé. Tout indique que cet aveu d'impuissance marque la fin de sa prise de parole. Quelques-uns commencent à quitter le groupe avant de revenir en arrière lorsqu'il reprend :

— Mais il se trouve que je suis vétérinaire et je puis vous assurer que l'agitation, l'agressivité, les hallucinations, la confusion mentale, la perturbation neuronale que manifestent sur les images nombre de manifestants à la vue d'un drapeau israélien, d'une kippa, d'une étoile de David ou de tee-shirts avec des portraits d'otages chez les contre-manifestants en face constituent l'inquiétant tableau des symptômes de la rage.

Certains en rient ou applaudissent sa démonstration ; mais je l'avoue, pour avoir observé le phénomène *in vivo* dans les rues de Paris, Dublin, Amsterdam, Madrid depuis le 7 octobre, je suis plutôt de ceux que son diagnostic accable tant il exhale un parfum de vérité. D'autant que l'une des vidéos qu'il évoque me revient à la mémoire : une voiture s'arrêtant brusquement en double file avenue Henri-Martin à Paris, sa conductrice éructant, hors d'elle, à la vue des joyeux convives d'un mariage juif sur le parvis de la mairie du XVIe et s'avançant vers eux pour leur hurler à la figure « Génocidaires ! Fils de putes ! Tout le monde sait que vous êtes des génocidaires ! » à plusieurs reprises avec des accents virant de la haine à la rage jusqu'à s'en étrangler. Scène de la vie quotidienne dans une France que l'on peine à reconnaître, une contrée où des centaines de milliers de lecteurs ont oublié que leur bibliothèque contient depuis 2010 un opuscule débordant d'indignation dans lequel Stéphane Hessel est plein d'indulgence pour ce Hamas « qui n'a pu éviter que des roquettes soient envoyées sur les villes israéliennes », ce qui s'explique par leur « exaspération », un pays où tant de choses ont changé, ou plutôt glissé, où ce ne sont plus les aristocrates mais les communistes qui incarnent le côté « vieille France » tant la gauche radicale a vrillé pour se complaire dans un antisémitisme vertueux. Il y a comme ça des gens qui ne se sentent bien dans leur peau que lorsqu'ils ont atteint leur point de déséquilibre. À l'heure de l'examen de conscience, combien prendront la mesure de leur responsabilité ?

L'antisémitisme a le sommeil léger. Face à lui et comme vis-à-vis de l'antisionisme et de la synthèse des deux, ici comme là-bas, la question à laquelle répondre n'est plus : que faire ? mais : que faire de toute cette haine ? Comment l'Occident et les États-Unis ont-ils pu les laisser devenir le nouveau *mainstream* ? De tant d'étudiants on attendrait qu'ils déploient leur intelligence critique sur l'histoire immédiate dont ils sont les témoins ; au lieu de quoi ils recyclent avec une naïveté et une inculture confondantes les lieux communs de l'antijudaïsme chrétien dans ce qu'ils présentent fièrement comme de l'antisionisme. Au passage, ils tuent le sens de la nuance et de la complexité qui devraient être l'alpha et l'oméga de leurs études et, partant, de leurs analyses. D'avoir à prononcer le nom même d'Israël leur fait saigner la bouche. Ils l'ont déjà voué à la *damnatio memoriae* en attendant de voter l'*abolitio nominis*. Qui saura les saisir par les cheveux et les forcer à regarder la Gorgone en face ? De Gaulle n'avait raison qu'à moitié : si la vieillesse est bien un naufrage, elle n'est pas la seule. M'est avis qu'un jour, lorsqu'ils seront plus âgés et qu'ils regarderont tout ça à nouveaux frais avec le recul de l'Histoire, certains d'entre eux seront tenaillés par la honte d'en avoir été. La facilité avec laquelle les campus ont fait d'Israël le méchant de l'histoire en lieu et place de l'islamisme radical ne cesse de me stupéfier. C'est un module adaptable d'une plasticité étonnante. La haine des Juifs est désormais tendance. Le lien avec Israël, réel ou supposé, en est le critère. La diabolisation du sionisme a entraîné celle de tout porteur du nom « Juif ». Après avoir longtemps défini l'antisémitisme comme la détestation des Juifs plus que nécessaire, on se surprend à désigner l'antisionisme comme l'exécration d'Israël plus qu'indispensable. On croit se rassurer en se disant que le temps fera son œuvre. Mais dans quel sens ?

Les souffrances causées par la haine ne produisent que des cendres inutiles. Difficile de ne pas verser dans le pessimisme. On a parfois l'impression de mordre sur du granit. La haine a partout regagné du terrain, décomplexée, désinhibée. Les digues morales héritées de la Deuxième Guerre mondiale ont sauté. Les médias arabes ne disent rien d'autre. Il n'y a plus d'Israéliens : il n'y a plus que des Juifs. Les médias occidentaux, c'est l'inverse. Comme l'antisémitisme est encore interdit par la loi dans de nombreux pays, ils l'ont remplacé par « sioniste », même si nul n'est dupe. Cela nous renvoie à la fin des années 1930. Le décret-loi Marchandeau ayant à plusieurs reprises frappé la rédaction de *Je suis partout* ouvertement antijuive dans nombre de ses articles, l'un de ses membres les plus brillants jusques et y compris dans ce registre, Robert Brasillach, inventa de le contourner en remplaçant « Juifs » par « singes ». La une de l'hebdomadaire en témoigna notamment en publiant un jour de 1939 un grand article intitulé « La question singe » et soustitré « Il nous faut organiser un "antisimiétisme" (*sic*) de raison et d'État ». Loué soit l'antisionisme : il permet d'être tranquillement antisémite en démocratie. En insistant encore, il parviendra peut-être à ses fins s'il a le nombre pour lui. La goutte creuse la pierre.

Désormais, chaque fois que le vent soufflera fort sur cette région, il s'en dégagera une longue plainte et les arbres raconteront la plus noire des tragédies. Jusqu'à quand ? On ne peut pas passer son existence à vivre en état de siège. Or le pays n'a jamais autant ressemblé à une citadelle assiégée. Au-dehors ils sont trop nombreux à vouloir arracher cette verrue en Terre sainte, ce substrat incongru de la modernité. Viendra le moment où ils pousseront si fort qu'Israël et son peuple finiront par tomber dans la mer. Alors, dans le reste du monde, face à ce scandale, les jours des Juifs seront comptés. L'Europe renouera avec ses penchants criminels. Ils n'étaient pourtant plus que seize millions, mais seize millions de trop. Les témoins de cette éradication disparaîtront petit à petit. Nul ne témoignera pour le témoin, mais qui l'annoncera au monde ?

Parfois, ce serait bon pour tous de laisser la planète souffler un peu. Je me dis cela depuis qu'un soir dans un dîner à Paris, au cours duquel un convive a lâché tout à trac : « Dites-moi, vous, les Juifs, vous ne vous reposez jamais face à l'Histoire ? Ça doit être épuisant, parce que déjà, nous, les autres, rien qu'à vous suivre, ça nous épuise… » Il est vrai que les Juifs ont un problème avec la légèreté. Mais après deux mille ans de persécutions à l'extérieur et soixante-quinze années de guerres à l'intérieur, comment conserver l'esprit léger ? En France, l'entre-deux-guerres correspond aux années 1920 et 1930. Israël n'a jamais cessé de vivre dans l'entre-deux-guerres depuis sa naissance. Du moins l'état d'entre-deux-guerres y est-il permanent. J'aimais beaucoup la vieille Golda quand elle disait : « Lorsque nos ennemis aimeront leurs enfants davantage qu'ils ne nous détestent, alors la paix viendra. » C'est bête mais chaque fois que cette phrase d'espoir me revient à la mémoire, ça me fout le cafard. Peut-être parce que je n'y crois plus. La vision des écoles et des hôpitaux de Gaza ou du sud du Liban dans lesquels sont entreposés des stocks d'armement me dissuade d'y croire encore. L'Histoire ment comme elle respire.

En me prenant par le bras, Tomer m'arrache à mes pensées les plus sombres. Il m'invite à m'asseoir avec lui autour d'un guéridon pour y poser nos verres et nos assiettes tandis que d'autres glanent des renseignements pratiques pour s'installer à Chypre. Il tourne autour du pot, lâche deux ou trois commentaires à propos de l'impact de la guerre sur ses patients, la détresse psychologique des chiens à l'annonce de la mort de leur maître, avant d'en venir au fait :

— C'est vrai que tu écris un livre sur nous ?

Les nouvelles vont vite. Cela fait à peine une heure que je m'en suis ouvert à Nurit dans le feu de la conversation, en lui précisant bien que j'avais commencé à jeter mes phrases, mes impressions, mes souvenirs un an avant « les événements », qu'il s'agissait moins de « nous » que de sa grand-mère Esther et de moi et que je ne pouvais faire autrement que tenir compte de leur impact sur mon histoire. À le voir se gratter la tête, je pressens déjà l'amorce de sa curiosité :

— Un roman ! Mais alors, tu vas inventer des gens ?

— Ce n'est pas indispensable, vois-tu. Ça consiste surtout à transformer des faits, des sensations, des sentiments, des réminiscences en mots.

— Tu parles des Palestiniens dans ton livre ?

— Bizarre, ta question.

— Je te la pose parce qu'il y en aura toujours pour te la poser, alors autant t'y préparer. Tu sais bien, tu vis en France, tu écoutes la radio, tu regardes la télévision : quand ils invitent un Israélien, ils invitent toujours un Palestinien, jamais l'un sans l'autre. Même qu'à une époque, pendant l'Intifada, c'était à se demander si les deux ambassadeurs, Élie Barnavi et Leïla Shahid, ne vivaient pas en couple. Ils étaient partout en même temps, quasi bras dessus bras dessous, alors que... Tu parleras de Gaza ?

Au seul énoncé de ce mot, deux ou trois personnes se rapprochent de nous, sans pour autant s'inviter dans l'échange, juste pour en capter des bribes.

— Je suis un écrivain et ma maison d'édition n'est pas un média du service public. Tu as vu *Platoon* ?...

— Le film sur la guerre ?

— C'est ça. Chaque fois qu'on demandait à Oliver Stone pourquoi on n'y voyait pas de Vietnamiens, il répondait « parce que lorsque nous étions là-bas mes camarades et moi, nous n'avons pas vu un Viet ou alors mort ; on leur tirait dessus jour et nuit sans avoir besoin de les voir parce que lorsque les GI en voyaient, en général, c'était trop tard pour lui ».

Il en est de même ici en Israël. Un combat de fantômes où les ennemis se voient peu sinon au dernier moment lorsqu'ils se tirent dessus. C'est dans les rangs des fantassins que l'on compte le plus de morts.

— C'est comme *Orgueil et préjugés*, dit Tomer – mais l'évocation du roman de Jane Austen dans sa bouche paraît si surnaturelle, incongrue, déplacée que d'un seul élan tous tournent la tête vers lui. Si Raphaël parle de la guerre à Gaza où il n'a jamais été, et des Palestiniens qu'il ne connaît pas, les mêmes lui reprocheront l'appropriation culturelle, pas vrai ça ?

Gagné par la nervosité, Tomer se met alors à tousser si fort et à devenir si rouge, à croire qu'un morceau de pita s'est coincé dans sa gorge, qu'on lui donne des tapes dans le dos et qu'on lui tend un verre d'eau tandis qu'il lève les mains au ciel tel Polycarpe de Smyrne implorant : Mon Dieu, mon Dieu ! dans quel temps m'avez-vous fait vivre !

— Ça se passe vers 1812, enchaîne Nurit pour soulager son grand-oncle et voler à sa rescousse. Ça ne parle que de fric et de complots de mariage. Poilant ! C'est à peine si on voit des soldats anglais, juste pour parader dans les bals avec leurs beaux uniformes rouges. Et pourtant, dehors en Europe, c'est la guerre et ses horreurs, la menace d'une invasion par les Français de Napo, mais ça relève de leur vie publique et ça ne doit pas se cogner avec la vie privée. Voilà, c'est comme ça. Alors tu peux y aller, Raphaël, ce n'est pas grave si tu ne parles pas des Gazaouis, parce que nous, on ne les voit pas, sauf quand ils nous tirent dessus ou qu'ils nous balancent des obus et en général là on n'a pas trop le temps de faire connaissance.

Sa sortie, paisible et réfléchie, nous laisse muets de sidération. Pas le moindre commentaire. Juste quelques échanges de regards assortis de haussements de sourcils exprimant notre incrédulité. Une main se pose sur mon épaule, celle d'Esther debout derrière moi. Un geste de réconfort et de soutien, manière de dire : Je suis avec toi quoi qu'il arrive. Lorsqu'elle se lâche enfin et manifeste une telle tendresse, en public qui plus est, je me sens prêt à lui chanter du Leonard, les deux syllabes d'Esther rappelant celles de Suzanne : « Il suffirait qu'elle me prenne par la main / Pour passer une nuit sans fin / Tu sais qu'elle est à moitié folle / C'est pourquoi tu veux rester »... mais non, ce n'est pas ce que je lui chante finalement :

— Tu voudras bien relire mon texte avant que je l'envoie à l'éditeur ?

— Deux fois plutôt qu'une : la première avec les yeux de la plus proche de tes amies lointaines, la seconde avec ceux de tes ennemis. Car tu en auras. Dès qu'on parle d'Israël sans lui cracher à la figure...

— Un peu pessimiste, non ?

— Je n'ai plus la patience d'attendre que la brave taupe de l'Histoire creuse au plus profond de la nuit jusqu'à ce que perce la lumière. *Khlass !* Tu te souviens de ce que tu me disais ? Il faut rester vivant jusqu'à la mort... il ne faudrait partir que lorsqu'on a fini de vivre... Tu tenais ça d'un prof de philo. Et aussi de ton père, attends, laisse-moi me rappeler... « Nul n'est à l'abri ! » Tu vois, ça m'avait frappée, je n'ai rien oublié. Cinquante ans après on en est toujours là. Ne te crois pas à l'abri de ceux qui ne nous aiment pas. Raphaël, qu'on le veuille ou non, nos destins sont liés, nous ici, vous là-bas.

Sa voix me bouleverse. Sans avoir rien perdu de sa jeunesse, elle porte en elle le poids de tant d'expériences, de drames et de tragédies, une voix dotée d'une vibrante humanité, une voix qui dit tant du grain des jours, la voix d'une âme désespérant de jamais parvenir à maîtriser ses ténèbres. Comment l'expliquer, si longtemps après ?

Quand deux personnes se sont chevauchées une nuit durant, une nuit au moins, cela crée entre elles un regard complice qui ne s'efface pas et que seuls les amants remarquent. Après tout, elle et moi, nous avons été jeunes ensemble et cela ne s'oublie pas. Dans cette histoire zébrée de lignes brisées, Esther représente la continuité. Un socle dans ma vie malgré l'éloignement, une matrice en dépit de la distance. Mais rien n'y fait, tout la ramène à l'annonciatrice de la mort qu'elle était lorsque nous nous sommes connus – et ma présence y est peut-être pour quelque chose.

— Tu as vu ce film, *The Messenger* d'Oren Moverman, sorti il y a quelques années, non, ça ne te dit rien ? L'histoire d'un vétéran de la guerre d'Irak qui se retrouve à annoncer la mort, comme notre petite Nurit, et qui se lie à la veuve d'un soldat.

— Comme toi aussi, non ?

Alors qu'elle baisse les yeux et se réfugie dans un interminable silence, le genre de blanc dans la conversation qui lui est si familier, sa sérénité de façade semble pour la première fois dissimuler un champ de ruines. Ses réactions demeurent intérieures, et ses mots incapables d'aller prendre l'air car ce sont autant de mots en feu. Ceux qui l'aiment s'effraient à la pensée qu'elle puisse mourir d'une pensée rentrée, une boule d'angoisse coincée à mi-chemin entre larynx et pharynx. Comment prétendre la percer à jour alors qu'elle s'enveloppe dans sa nuit intérieure dès que je tente de la déchiffrer ?

Enfoncée dans un silence poli car souriant, elle ne peut réprimer ce que son regard nous hurle : Ne voyez-vous pas que je brûle ? Dans ces moments-là émane d'elle une vibration qui peut conférer à un événement anodin une mystérieuse profondeur. Esther est tellement à l'écoute d'elle-même qu'en tendant l'oreille elle pourrait entendre son âme crier à l'intérieur. Elle est le genre de personne capable de ne plus boire et de faire semblant de manger juste pour se faire oublier tandis qu'elle se retire de nos existences à pas feutrés. Dans le gouffre de ses peurs, je n'entrevois qu'un nouveau précipice. Peut-être au fond que nul ne veut assister au spectacle de sa mort lente, cet abandon de soi que l'on attribue par facilité à la lassitude de la vie. Son mutisme parle pour elle. Ce qui arrive lorsqu'on a bien apprivoisé sa solitude. Elle semble vraiment avoir tissé entre elle et le monde extérieur un réseau d'impénétrabilité.

Tandis qu'elle cherche à donner le change, je tente de dissocier le privé du professionnel, de faire la part des choses dans son flot de paroles enthousiastes, mais en vain ; à quoi bon s'évertuer à les démêler alors que, si souvent, ils ne forment qu'un bloc d'amertume chu d'un désastre si intime qu'il en devient obscur à nos yeux. Dans sa voix, sur son visage, une lassitude sans fin. À l'image de la guerre sans fin qui dure depuis la naissance de la nation israélienne. Combien de temps un peuple peut-il tenir en passant sa vie en guerre dans la ligne de mire de ses voisins immédiats ?

Sa blessure, mal dissimulée par son sourire, ne demandait qu'à être creusée, encore fallait-il franchir le mur des apparences. Autant partir en quête des sources cachées du Nil. Maints traités talmudiques interdisent la destruction des livres de prières mais aussi des brochures, lettres, contrats contenant l'un des sept noms de l'Éternel en hébreu et, par extension, de ses dérivés ; dans leur élan, ils ont fortement encouragé les fidèles à les entreposer dans une *gueniza*, cette sorte de grenier dans une synagogue, en attendant de les enterrer dans un cimetière. Dommage qu'on ne puisse y mettre à l'abri pour les siècles à venir les non-dits et les silences d'Esther, l'unique qui éclipse toutes les autres.

Après le passage du temps, je redécouvre autrement sa nature profonde. Non qu'elle ait changé, c'est juste que mon regard a vieilli, il s'est autant enrichi qu'alourdi de l'observation du genre humain. Elle semble difficilement émerger d'un brouillard de mots, tous plus précis les uns que les autres quoique leur énoncé soit flottant. Là sans y être vraiment, l'esprit ailleurs, accaparée par un autre homme ou une femme, qui sait, en tout cas loin de nous, à distance de l'unité que nous formions autrefois lorsque nous partagions un même souci du monde comme il va et à l'époque le nôtre n'allait pas fort, un identique terreau d'angoisses. Elle disait alors avoir un double sens de la perception, voyant simultanément ce qui est bien et ce qui est mal, mais jamais l'un sans l'autre. Pourquoi m'étonner de la retrouver telle qu'en elle-même puisque, on le sait, tout être tend à persévérer dans son être ? Le temps qui passe ne se rattrape guère. Aurais-je pu faire ma vie avec un être aussi complexe et meurtri ? Tout couple est scellé par un pacte. En revenant vers elle, je me suis mis à le rechercher confusément dans l'espoir d'en découvrir la nature. Mais avions-nous seulement été un couple ? Bien davantage, nous avions vécu un grand amour partagé, le premier, bref et fugitif mais puissamment ancré dans une circonstance inoubliable.

On naît tous deux fois : le jour où l'on vient au monde et celui où l'on bascule à l'issue d'un événement de nature à nous disloquer jusqu'à nous envoyer au bord de l'abîme. On a deux vies : celle que l'on vit et celle que l'on raconte. Comment Esther s'est-elle construite durant toutes ces années ? Sa faille ne se laisse pas explorer. Tout ce temps à rattraper de son histoire me parvient par bribes lorsque ses proches m'en parlent, par bouffées lorsque cela vient d'elle.

D'avoir été séparé de son corps pendant cinquante ans me pousse à m'interroger sur le puissant attachement qui m'y a lié à travers le temps. Quel étrange phénomène que cette obsession alors que son corps a évolué tout en reflétant les métamorphoses du mien, qu'il s'agisse de la peau, de l'enveloppe, des formes. Mais son maintien, sa manière de se mouvoir, cette façon d'occuper l'espace, ce tour si particulier qui la distingue des autres, toutes choses qui lui donnent une allure folle et si excitante, cela n'a pas changé et n'a jamais déserté mes rêves éveillés. Tout a persisté en son absence. Une tentative d'explication serait vouée à l'échec tant il paraît évident que la vérité gît quelque part autour de sa personne, dans la vibration que produisent les particules en suspension qui s'en dégagent. Sa présence m'est aussi proche qu'inaccessible. Esther ne m'a jamais vraiment quitté au long de ce bouquet de décennies, et tout l'exprime dans sa tendresse, cet ancien fonds de complicité secrète qui ressurgit à la moindre occasion, comme s'il n'attendait que cela, caché dans les replis de notre histoire sans fin.

Mais la perspective de vivre ensemble a-t-elle jamais pétillé entre nous ?

L'après-midi s'achève. Des invités s'en vont, à regret si l'on en juge par les prolongations sur le pas de la porte. La lumière commence à faiblir dans le jardin. Un vent frais se lève si bien qu'Esther redresse le col de mon blouson afin de protéger mon cou. Un simple geste mais si affectueux, exécuté avec tant de naturel et de délicatesse, qu'il me touche davantage encore qu'une caresse sur la joue. Meryl Streep a un tel geste pour Clint Eastwood dans *Sur la route de Madison* et cela m'avait tellement ému que, dans mon souvenir, toute la tendresse du film s'y était réfugiée. S'armant d'un grand plateau qui traîne, Esther débarrasse le guéridon. Je l'imite et, comme je lui fais escorte jusqu'à la cuisine, sans se retourner, tout en vidant des restes dans la poubelle, elle me glisse à voix basse :

— Tout de même, depuis le temps, tu aurais pu m'écrire, tu m'avais oubliée...

— Si je t'oublie, Esther Marciano, que ma main droite se dessèche ! Que ma langue s'attache à mon palais...

— Mon Dieu, ça fait si longtemps qu'on ne m'a pas appelée par mon nom de jeune fille...

— Pour moi, tu resteras à jamais Esther Marciano. Comme si ma montre s'était arrêtée en décembre 1973 et que je ne l'avais pas remontée depuis. De toute façon, j'ignore ton nom actuel, ton adresse, tout...

— C'est ta faute : tu n'avais qu'à pas partir.

— Je ne suis pas parti, je me suis absenté. Tous les deux, on a vécu et maintenant on a l'âge de revivre. On se retourne et on donne du sens à cet autrefois commun qui demeurait un peu confus, brouillé.

— Arrête avec tes « autrefois », ça nous vieillit. Et pourquoi pas « jadis » ou « naguère » tant qu'on y est !

Toujours édifiant d'observer le travail du temps sur nos mémoires. Nous avons vécu *ensemble* les mêmes événements au même endroit au même moment, et les traces que nous en conservons à l'instant de les restituer diffèrent dans les détails et parfois du tout au tout. Pourtant je n'imagine pas de cadavre caché dans son placard et je ne crains pas que des révélations me menacent d'une intoxication psychique. Sa vie est cadenassée et elle seule en détient la clé. Tout à l'heure, en me servant à boire, Nurit a me semble-t-il prononcé le nom d'Ofir, celui qu'Eden a appelé « l'autre enfant » devant moi ; puis Nurit m'a dit tout bas, sur le ton de la confidence : « J'adore ma grand-mère et je me fous de ce qu'on dit d'elle, alors n'en fais pas cas si tu entends dire qu'elle est un peu *borderline* dans son genre. »

D'autres reproches fusent dans la bouche d'Esther, si anodins qu'ils sont de toute évidence formulés pour meubler, parler d'autre chose, se donner une contenance jusqu'à ce que la gorge se noue et qu'elle éclate en sanglots. Je voudrais alors me dissoudre dans l'épaisseur de la vie. Réfugiée dans mes bras, elle hoquette, ne parvient pas à s'arrêter, m'entraîne dans la chambre d'amis tant son attitude lui fait honte :

— Pardon, pardon, c'est ridicule, je n'ai pas le droit de pleurer, je suis là pour consoler, pas pour être consolée, mais tu sais c'est terrible de ne pas savoir, terrible, une torture, je ne souhaite ça à personne...

Son insouciance a disparu. Esther me donne l'impression

d'être une âme intranquille dans un corps inoccupé. Du genre à se demander en permanence comment faire pour surmonter l'épreuve que constitue la vie. Peut-être la question la hantait-elle déjà dans notre jeunesse, mais je n'avais pas été assez fin pour le percevoir. Auquel cas une autre énigme surgit de ses silences : dans quelle réserve a-t-elle puisé l'énergie suffisante pour la dépasser ?

— Tu as entretenu notre histoire ? J'en doute. Le passé ne revient jamais. Une fois détruit, c'est fini, terminé, *adios* ! Il faut le conserver mais vivant. Tu peux me traiter de conservatrice, cela m'est équilatéral.

— Quoi ? Tu ne voudrais pas parler *vraiment* français de temps en temps, que je puisse comprendre…

Défigurée, le visage balayé par ce souffle archaïque si méditerranéen qui sème la tragédie sur son passage, elle m'apparaît plus fermée que jamais, incorruptible geôlière de son château intérieur. Toutes défenses hérissées, elle demeure hors d'atteinte. Mais c'est fait avec une telle douceur que cela décourage une tentative d'effraction. Tout en essuyant ses larmes avec la manche de son chemisier, elle se déprend de moi, saisit le mouchoir en papier que je lui tends et me fait un signe de tête :

— J'ai assisté à une conférence de toi à l'Institut français du boulevard Rothschild il y a des années, mais je n'ai pas osé… Pas osé.

— Et si on allait prendre un verre au café, juste toi et moi, comme avant ?

En nous raccompagnant à la porte bras dessus bras dessous, sa fille et sa petite-fille échangent un sourire complice qui n'échappe à personne. Silencieux, il nous attire davantage de regards que s'il avait été claironné. Effet garanti. Mais que s'imaginent-elles ? On ne va tout même pas reprendre notre histoire là où on l'avait laissée.

En quittant Alfasi Street, on se retrouve dans Elifelet Street (ça ne s'invente pas et c'est peu dire que je le prends pour un signe), avant que nos pas nous portent naturellement du côté de Neve Tzedek (l'Oasis de justice), le plus bourgeois-bohème des quartiers de Jaffa et même de Tel-Aviv. Après en avoir délaissé quelques-unes à cause du bruit, de la foule de branchés, de la musique assourdissante, on se pose finalement à une terrasse de la rue Shabazi, une table isolée du café Suzana, en raison de son calme, de son charme et d'un critère que seule une Israélienne peut avoir intégré à son logiciel intérieur : la proximité de l'abri antimissiles.

— Fumer je peux ?
— Je t'en prie, ça me rappellera le vingtième siècle,

quand on rentrait à la maison avec nos vêtements qui puaient le tabac. Tu n'as jamais eu envie d'arrêter ?

— Jamais. Il y a tellement d'occasions de mourir ici alors une de plus ou de moins.

Une récente étude selon laquelle un Israélien sur cinq fume, et même deux sur cinq chez les craignant-Dieu, me revient soudainement à l'esprit. Dans l'instant, la minceur d'Esther m'apparaît anormale et spectaculaire. Toute sa personne en semble le reflet. Sa voix même a quelque chose d'émacié. Quel frêle esquif à la portée de n'importe quelle tempête...

— C'était mieux avant..., soupire-t-elle. C'est ça, ce que tu te dis, non ?

— C'est *toujours* mieux avant, parce que nous étions plus jeunes.

Ma position face à elle, ce que j'ai réussi à éviter plus ou moins lors du déjeuner chez sa fille, me contraint à une conversation silencieuse. À force de l'observer d'un regard non d'entomologiste mais de romancier, précis, détaillé, décortiqueur, harceleur, j'entrevois la possibilité d'une grâce, comme on le dirait d'une œuvre d'art qui vous frappe au bon moment. Quelque chose comme une réconciliation entre elle et une part d'elle-même qu'elle aurait bien aimé voir disparaître. J'aurais voulu dire d'elle ce qui jamais ne fut dit d'aucune, j'avais lu ça chez Dante et j'en avais été bouleversé, je n'imaginais même pas rencontrer un jour une femme qui aurait suscité un tel sentiment en moi. Ne dit-on pas que le premier amour est aussi le dernier ? *Words, words, words.* N'empêche que parfois il y a du vrai dans une formule. Qui sait si nos lignes de vie ne se sont pas court-circuitées et que nous n'avons pas vécu autre chose qu'une amitié incandescente et fugace ? Nous coexistons chacun avec une ancienne version de nous-mêmes ; il nous a fallu nous retrouver longtemps après, dans des circonstances similaires pour les faire coïncider. Simplement, il nous a fallu le recul du demi-siècle pour comprendre que la complicité, le rire et une communauté de soucis unissent bien plus durablement que le désir.

C'est aussi un demi-siècle de lectures en plus. Un enrichissement autant qu'un fardeau.

Ce même recul me confirme dans une ancienne conviction bien ancrée et tant pis si les psys ne sont pas d'accord : à vingt ans et quelques, on est fait. Notre maison intérieure est construite : poutres, charpente, etc., tant moralement, mentalement, que physiquement. Après, au cours des âges, la maison va peut-être s'agrandir, s'améliorer, s'embellir, ou au contraire se détériorer, mais l'édifice est planté. En pensant à quelques-uns de mes amis, j'en ai vu changer d'opinion politique du tout au tout en restant eux-mêmes ; car, défiant les apparences, ils sont en fait passés d'un absolu à l'autre. Esther n'a pas fondamentalement changé. Son caractère, son tempérament, sa personnalité, tout est en place comme au premier jour de notre rencontre. Seulement un peu moins, un ton en dessous. Ses accès de tristesse se sont mués en vague à l'âme. Pour que tout change, il faut que rien ne change. J'avais lu cette phrase énigmatique dans *Le Guépard* de Tomasi di Lampedusa, je l'avais entendue dans *Le Guépard* de Visconti, les deux fois dans la bouche de Tancrède, le neveu du prince Salina. Qui sait si à vingt ans Esther ne m'a pas rendu libre d'accueillir un je-ne-sais-quoi d'obscur en moi et qui sait si ce ne fut pas réciproque. Là se trouve le ciment invisible de notre complicité, ce qui explique que nous nous revoyions cinquante ans après comme si nous nous étions quittés la veille, la peau juste un peu plus plissée, secrètement unis par la nostalgie de l'émerveillement d'une rencontre. Une nostalgie heureuse mais ourlée d'une tristesse insondable.

Nos corps ne tombent pas en lambeaux. On ne les croit pas hantés par le spectre du délabrement. Pas encore. Je me retiens de pointer tout ce qu'il y a de flétri en elle, les rides au front, les plis à la naissance du cou, tout ce qui s'affaisse, les paupières jusqu'au regard qui reflète une certaine lassitude ; ce qui me retient, ce n'est pas le spectre de la goujaterie ou de l'inélégance, mais bien l'idée qu'elle me renvoie le reflet de ce que je suis moi-même devenu.

Ses deux mains sont délicatement posées sur la table. Ce qu'on fait lorsqu'on veut être saisie. Alors que j'avance la mienne, elle retourne sa main droite et m'offre ses lignes à lire, mais comme j'ignore tout de la chiromancie, il me suffit de constater qu'elle est chaude et humide avant de revenir à sa face dorsale. Comme quelque chose m'intrigue et que la faible lumière du café n'aide pas, je m'en rapproche jusqu'à ce qu'elle la retire brusquement :

— Eh oui, toujours là, le vitiligo et ses chères taches blanches.

— Je suis dé...

— Non, *don't say you're sorry*, pas désolé, laisse ça aux Américains. Donne-moi ta main, juste ta main dans la mienne, ça remplace tous les mots, la tendresse. Alors,

la mer Morte ? En cinquante ans, le niveau a monté, tu sais… Dépêchons-nous avant la prochaine guerre. J'en ai un peu sur le corps aussi, si tu veux tout savoir. Une vraie carte de géographie. Ça va, ça vient. On s'y fait au fond, on s'y fait, tellement que l'habitude les rend invisibles. Le maître, c'est le soleil et ici il y en a.
Plutôt qu'Ein Gedi, j'aurais préféré Dinard.
— Là-bas, je connais un hôtel sur la plage, la nuit, si tu dors à la belle étoile sur le balcon de ta chambre, tu as l'impression de coucher avec la mer et le souvenir en est des plus doux.
Toute introspection doit lui être une épreuve. Ses abîmes intérieurs doivent aboutir à un gouffre noir inaccessible à jamais tant à elle qu'à moi. Une chouette n'en percerait pas l'obscurité. Autrefois, son regard protégeait son mystère. Avec le temps, il s'est épaissi mais mon envoûtement de jeunesse, l'expérience aussi, ont laissé place au doute. Bien des rencontres advenues au cours de ma vie m'ont appris qu'un voile de secret pouvait dissimuler de grandes choses aussi bien que le néant… Sa main est toujours dans la mienne, naturellement, sans la moindre arrière-pensée.
— Tu sais, j'ai soixante-dix ans, murmure-t-elle comme pour se défendre.
— J'en sais quelque chose, imagine-toi. Quand on s'est connus, on avait le même âge et ça n'a pas changé. Quand il a eu soixante-dix ans, Leonard Cohen a dit que ce n'était pas la vieillesse mais ses contreforts. À partir d'un certain âge, on craint de perdre le courage des sentiments, l'audace de les avouer, parce que ça ne se fait plus, ce serait ridicule.

— On peut avancer en âge sans vieillir pour autant. On peut vieillir sans se retirer des apparences.

— Arrête, Esther ! La vieillesse, ce n'est pas qu'une question d'âge. On la sent venir lorsqu'on commence à perdre ses amis de toujours. Non pas perdus de vue, mais partis à jamais. Des pertes en rafales.

N'allons pas plus avant dans le labyrinthe des explications. Il suffit qu'elle allume une cigarette pour que son geste me rende déjà nostalgique, tant de notre histoire que du XXe siècle ; la fumée des Noblesse produit sur moi un effet de madeleine, en plus toxique ; impossible de réprimer un sourire en coin, celui de l'homme qui se croit revenu de tout et qui vibre pour si peu. Esther s'accroche au paquet vert comme à son passé alors que la plupart des soldats et kibboutznikim dont ces cigarettes avaient les faveurs ont opté pour des variantes moins nocives, la Virginia Blend ou l'American Blue. Elle repère ma mimique.

— Arrête, je sais ce que tu vas dire !

— Ah bon... Et qu'est-ce que je vais dire ?

— Noblesse oblige !

Ça lui est resté. Des bouffées de jadis remontent ainsi sans crier gare, suscitant en nous des rires, un émoi, un léger trouble que nul autour de nous ne peut partager. Moi qui déteste être prévisible, c'est raté.

— Tu peux me dire pourquoi tu as cherché à me retrouver ? Qu'est-ce que je t'ai fait ?

— C'est peut-être pour le découvrir que je suis revenu. On repart parfois à la recherche de ce que l'on ignore avoir en soi, mais c'est si profondément enfoui qu'on n'y arrive pas tout seul. À propos, la psycho... Finalement, tu as été jusqu'au bout ?

— Jusqu'au bout du bout même : la thèse de doctorat à l'université du Néguev à Beer-Sheva, rebaptisée université Ben-Gourion à la mort du vieux, quand tu étais là. *Neurocognitive Markers of Bipolar Disorder* : « Marqueurs neurocognitifs du trouble bipolaire », ça en jette, ça ! À l'époque, à la faculté de sciences du comportement, le sujet était original. Maintenant, il est assez banal. Après, comme je voulais être indépendante et ne pas être supervisée par qui que ce soit, je suis devenue psychologue professionnelle, ou plutôt psychologue-expert comme on dit ici.

— Dans le public ?

Elle me regarda avec l'air de dire : Tu plaisantes ? Telle la duchesse de Guermantes lorsque Swann lui annonce qu'il ne pourra pas bientôt l'accompagner en Italie car il sera mort.

— Trop d'administration, trop mal payé, trop de contraintes. Je travaille en partie dans mon propre cabinet, en partie dans une clinique privée mais conventionnée. La Koupat 'Holim, notre Sécu – il est mignon votre mot « sécu » –, rembourse un certain nombre de séances au patient. Nos confrères à l'étranger appellent Israël « le laboratoire du stress » ou « le pays du trauma » et ils n'ont pas tort. On parle même d'une pénurie d'antidépresseurs et d'anxiolytiques dans les pharmacies. Avant le 7 octobre, il y avait déjà un manque de psys, alors depuis, avec cette épidémie de TSPT, pardon, de troubles de stress post-traumatique... Je vois de tout – et pas seulement les enfants ou petits-enfants des rescapés de la Shoah qui n'arrivent pas à sortir du camp. Ça va du nouvel immigrant français complètement paumé, désorienté, largué, à l'ouest quoi ! – j'aime bien cette expression –, jusqu'à la victime de stress post-traumatique et ça ne manque pas en ce moment. Chaque fois que la menace existentielle est réactivée, ils se précipitent chez nous. D'où le prestige des psychologues. Voilà ma vie.

Son expérience de la guerre de 1973 l'a rendue sensible à jamais aux destinées fragiles. Lorsqu'elle évoque ces jours noirs, elle semble affranchie du poids des événements et de la logique de l'histoire. À l'écouter, à la regarder, je me demande comment elle tient.

— Je tiens, voilà tout.

— Mais ça ne me dit pas où tu trouves l'énergie, où tu puises le mental...

— C'est pourtant simple, je suis comme Israël : je tiens parce que je n'ai pas d'autre solution. Il faudra bien qu'on tienne tous, parce qu'on n'a pas le choix. Si une seule fois on perd une guerre, ils nous jetteront à la mer, tu le sais bien. Alors on tient, jusqu'à la prochaine.

— Le plus terrible, c'est que toi et ton père, vous disiez déjà cela il y a cinquante ans...

Esther baisse le regard. Est-ce l'évocation de ce père adoré ou la prise de conscience d'une tragédie sans fin ? Plutôt que de m'embourber dans ce chemin, je préfère la ramener à son métier :

— Tu dois avoir beaucoup de concurrents ?

— Oui, les rabbins ! Tu parles de conseillers... De temps en temps, il faut leur rappeler que c'est nous et non eux qui avons inventé le protocole 6C de premiers secours psychologiques, c'est Tsahal qui l'a mis en pratique sur le terrain de guerre, c'est le professeur Moshe

Farchi, et ils l'ont exporté à l'étranger chez les policiers, les pompiers et les autres pour sortir quelqu'un de la sidération ou de la détresse émotionnelle. Il paraît même que chez toi, en France, on s'en sert dans la prévention des suicides de la police...

— Pense un peu à toi, Esther. Aie de l'amitié pour toi. Tu sais, je te connais même si ça fait longtemps que..., lui dis-je sans finir ma phrase, mes deux mains enveloppant la sienne abandonnée sur la table jusqu'à la recouvrir.

J'ai l'impression qu'elle se cherche encore mais ne se trouve toujours pas. Toute une vie sans jamais se rencontrer, c'est possible ça ? Elle se lève pour aller aux toilettes. S'il est vrai qu'un vêtement est une idée qui flotte autour d'un corps, Esther apparaît tout enveloppée de spleen, matière évanescente des plus corrosive. Il lui en faut peu pour que son expressivité retienne l'attention des hommes comme celle des femmes. Un je-ne-sais-quoi dans la gestuelle, un presque rien dans l'allure. Disparu, ce port de tête de celle qui ne s'en laisse pas conter – et sa superbe. De son éclat d'autrefois ne demeure plus que son sourire accordé à une lueur scintillante au fond des yeux. Il résiste aux dommages du temps quand le reste autour subit inévitablement ses flétrissures. Son honnêteté foncière, une certaine incapacité à tricher l'ont rendue naturellement, par réflexe, solidaire de tous ses âges. On ne triche pas. Ses charmantes fossettes résistent encore à l'attaque des rides. Tout le reste dit : Je n'aime pas mon époque parce qu'elle est plus jeune que moi. Comme elle tarde à réapparaître, je regarde des photos dans mon portable en m'arrêtant sur celle que j'ai prise des « trois grâces », comme dit Tomer. Une étrange intuition me saisit, comme si « le syndrome de Mrs Dalloway », mais revisité à l'israélienne, avait frappé les trois personnages au centre de l'image. De ce que chacune m'a confié se dégage la puissante empreinte d'un roman sur leur imaginaire : *Une femme fuyant l'annonce*. Envoûtées, elles ne cessent de tourner autour. Elles ignorent comment en sortir sans avoir à affronter la nouvelle de la mort tout en redoutant qu'un jour ou l'autre, où qu'elles aillent sur cette terre, l'annonce les rattrapera.

Dès qu'elle revient à table, elle me lance tout à trac comme si elle l'avait médité :

— Ça me rassure de savoir que tu existes. Que tu existes encore.

Un long silence s'ensuit.

— Pourquoi tu ne dis rien, Esther ?

— C'est peut-être parce que je ne peux pas te dire que je vous aime... Tu ne sais même pas comment je m'appelle maintenant...

— Pour moi, Esther Marciano, à vie !

D'une guerre l'autre, elle m'a fait comprendre que si Israël est bien le pays du trauma, il est aussi celui de la résilience. Elle m'a appris comment se reconstruire sur un tas de cendres dans un mélange paradoxal de force et de tristesse infinies. On se repose tant sur cette fameuse résilience qu'elle finira par craquer sous le poids. On l'a tant et tant vantée, à l'égal des performances de la *start-up nation* et des exploits du Mossad, qu'on pourrait croire qu'il existe une industrie de la résilience, avec le Maguen David Adom, la Croix-Rouge locale, comme colonne vertébrale. Dans ce domaine également, Israël vise l'excellence. Sans même invoquer ceux d'entre eux qui ont survécu à la Shoah et qui ont réussi à se réadapter à la vie comme elle va, les habitants de ce pays ont ceci de particulier que, vivant constamment en état de guerre, habitués aux sirènes d'alerte et aux courses vers les abris où s'enterrer en attendant que passe l'orage de missiles, ils donnent l'impression d'avoir intégré la résilience à leur psychisme jusqu'à en faire un réflexe naturel.

À sa naissance, tout Israélien apprend qu'il vit à l'ombre d'un volcan. Ça forge un caractère. Jusqu'à quand va-t-on louer leur capacité d'endurance ?

Ce que m'a répondu Esther, Golda Meir le disait déjà lorsqu'on l'interrogeait sur le secret du rebond israélien après l'attaque surprise d'octobre 1973 : « C'est simple : ils n'ont pas d'**autre** choix, les Juifs n'ont aucun autre endroit où aller. » Mais elle disait cela il y a près d'un demi-siècle. Rien n'a changé, on en est toujours là, on leur pardonnerait tout sauf la faiblesse. Il serait donc écrit qu'ils n'en sortiront pas ? Lorsqu'on écoute ses discours ou ses interviews, rediffusés fort à propos sur les réseaux sociaux, on se rend compte à quel point la mère Golda nous manque ; mais surtout combien la sagesse, les paroles, les engagements de cette femme d'État, « le seul homme du gouvernement », disait-on, nous font défaut ; combien on peut éprouver de nostalgie, fût-elle critique, vis-à-vis du long moment travailliste que vécut le pays et combien Israël et ses dirigeants ont changé.

Chaque camp est désormais persuadé que l'autre est peuplé de monstres. Il ne tient qu'à eux que cette funeste conviction ne se transmette pas de génération en génération et qu'il n'en soit pas ainsi jusqu'à la consommation des siècles. Mais en ont-ils seulement la volonté ? Le traumatisme est tel des deux côtés, si profond, si enraciné, qu'il paraît inscrit dans une durée illimitée. Que faire pour que la vie gagne et que le 7 octobre ne soit pas un moment calcifié de l'histoire ? Les lieux de mémoire du judaïsme, c'est la mémoire elle-même. L'historien Pierre Nora a vu juste. Si j'étais un artiste conceptuel, là où ont été massacrées les mille deux cents victimes du 7 octobre j'incrusterais des *Stolpersteine,* ces fameux pavés de la mémoire que l'on trouve sur les trottoirs, devant les habitations ou les lieux où travaillaient les victimes des atrocités nazies. Imaginez ce morceau de désert tapissé de mille deux cents plaques comme celles que j'avais photographiées à Salonique. Imaginez le soleil dur du Néguev se reflétant sur le laiton de ces pierres d'achoppement de béton ou de métal de dix centimètres de côté conçues pour que le marcheur y trébuche. Imaginez ces noms, ces dates de naissance et de mort. Au fond, Macbeth avait peut-être raison : et si la vie n'était qu'une ombre qui marche, un conte raconté par un idiot avec beaucoup de bruit et de chaleur, et qui ne signifie rien ?

À cette heure tardive, la plage de Tel-Aviv se vide progressivement de ses familles. Le dîner à préparer, le bain des enfants, les devoirs à faire... Nul ne s'aventure dans l'eau. On dit que ces jours-ci le courant est mortel. D'ailleurs il y a eu des morts, quelques corps de nageurs emportés. Depuis mon arrivée, pour la première fois je ne me sens plus cerné par la troupe des ombres non plus que par mes fantômes familiers. Ai-je trouvé ce que je cherchais ? De toute façon, la quête s'est dissolue.

Nous sommes tous les deux côte à côte, à nu face à l'horizon, les genoux ramenés sous le menton, les bras enlaçant les genoux. Pas un bruit, sinon la rumeur du ressac. Un moment rare, suspendu dans le temps. Nous sommes les enfants de notre paysage même si, on le sait bien, c'est l'imagination qui fait le paysage. Pour un peu on en viendrait à se demander ce qui meurt avec nous quand on meurt, à qui nous manquerons quand nous partirons, ou encore si nous ne sommes que ce que notre passé a fait de nous, et autres joyeusetés. Seuls nos actes resteront. La passion n'a qu'un temps ; dans l'idéal, la complicité lui succède : notre cas, au fond, alors que nous ne sommes même pas un vieux couple.

— À quoi tu penses ?
— Puissent nos vies s'achever par beau temps.
— *Hallelujah, laudate Deum* et tutti quanti !

En vérité, je pense au récit qu'elle m'a fait de sa vie. Le problème n'est pas tant qu'il soit plein d'angles morts et de trous béants mais qu'ils crèvent les yeux. J'ai d'abord cru qu'elle ne voulait pas rentrer chez elle parce que personne ne l'y attendait. En fait, Esther fuit comme si elle courait à sa perte en restant chez elle. Il s'agit de partir de chez soi dans l'espoir que le colis, la mauvaise nouvelle, retourne à l'expéditeur en raison de l'absence du destinataire. Ces choses-là se remettent en mains propres ; mais s'il n'y a pas de mains pour les recevoir ? Le message n'est pas annulé, hélas, il est juste reporté à un peu plus tard. Fuir l'annonce, mais laquelle ? Une drôle de musique

nous atteint, venue du lointain. L'écho du muezzin mêlé à celui d'une sirène d'alerte.
Il se fait tard. La carte postale s'assombrit. Des nuages viennent du nord et du sud, du proche et du lointain. Il est temps de rentrer.
— On se voit demain ?
— Demain, je pars. J'aurais dû le faire hier mais quand ma fille m'a invitée à ce déjeuner avec « devine qui ? ton Raphaël ! », j'ai remis mon départ de vingt-quatre heures.
— Tu pars où ?
— Je fais le Shvil.
Le Sentier national israélien. Je m'en serais douté. Comme Ora, l'héroïne du roman de David Grossman. Une randonnée pédestre de mille kilomètres avec le strict minimum dans le sac à dos du Nord au Sud, du kibboutz Dan au pied du mont Hermon, à la frontière libanaise, jusqu'à Eilat au bout du désert du Néguev.
— Tu m'accompagnes ?
— Je ne sais pas, avec ces roquettes et ces missiles qui viennent de partout et même du Yémen maintenant... Tu pars longtemps ?
— Disons quelques semaines. Ça dépendra de l'humeur et des rencontres. Tu verras, c'est comme marcher dans la Bible. *National Geographic* l'a classé parmi les vingt meilleures randonnées au monde, tu te rends compte ?
— Non mais franchement, quand tu penses que même les Houthis du Yémen s'y sont mis ! Mais qu'est-ce qu'on leur a fait à ceux-là !
— Tu colles trop à la situation.
— Non mais tu as écouté la radio ?

Je pourrais me justifier, dire que le sentier n'est plus ce qu'il était, ce qui gêne l'intégriste du trekking en moi... Le fait est que depuis le 7 octobre, il a été légèrement redessiné pour des raisons de sécurité. Il s'est rétréci : un peu moins de Nord, un peu moins de Sud.

— Raccompagne-moi au moins chez moi. On mangera ce qu'il y a dans le frigo.

Quelques stations de bus plus tard, nous y sommes. Sa rue est courte et déserte. Le genre d'endroit isolé où l'on ne passe pas par hasard. Une maison petite mais confortable tant elle est arrangée avec goût. Je débouche la bouteille de vin qu'elle me tend tandis qu'elle sort d'un placard des verres galbés. À peine l'a-t-elle refermé qu'elle tourne la tête, attirée par un bruit au-dehors :

— Tu entends ? Une voiture s'est garée tout près.
— Tu attends quelqu'un ?
— Personne.

L'instant d'après on sonne à la porte. Elle demeure clouée sur place dans le coin cuisine. Je me lève puisque Esther, immobile mais aux aguets, semble pétrifiée. Deux silhouettes se profilent par la fenêtre. Un officier et une soldate. L'homme s'apprête à sonner à nouveau quand la jeune femme l'en empêche d'un geste énergique ; elle toque doucement avant de coller son oreille à la porte. Ils sont silencieux. En soulevant légèrement le rideau de voile, on distingue mieux leurs visages, les yeux baissés. À distance, Esther me regarde fixement jusqu'à ce que je me rapproche d'elle pour lui prendre la main, sans un mot.

GLOSSAIRE

BDS : Acronyme de «Boycott Désinvestissement Sanctions», campagne d'opinion et mouvement de pression lancé en 2005 par la société civile palestinienne et relayé dans différents pays par des associations et organisations locales «pour faire plier Israël» en appelant notamment à son boycott dans tous les domaines.

Chutzpah : audace, culot, insolence.

Hevra kaddisha : «Société du dernier devoir», service de pompes funèbres préparant les corps des défunts selon les règles strictes de la loi juive et veillant à ce qu'ils ne soient pas profanés afin d'être présentés à l'Éternel dans leur intégrité.

Mamad : acronyme de *merkhav mugan dirati*, pièce sécurisée de neuf mètres carrés minimum dans une maison ou un appartement dont les murs en béton armé résistent aux explosions, à l'impact des missiles et aux éclats d'obus, et qui est équipée d'un système de ventilation filtré pour protéger les occupants contre les gaz nocifs. La pièce est appelée *mamak* lorsqu'elle est commune aux habitants de tout un étage d'un immeuble ou de tout le bâtiment.

Mehdalim : pluriel de *mehdal*, «négligence», «défaillance».

Mézouzah : boîtier contenant deux passages de la Bible copiés selon les règles de l'art sur un parchemin, fixé au chambranle des portes des lieux d'habitation permanente.

Miklat : abri antiatomique collectif dans la rue.

Oulpan : centre d'enseignement intensif de l'hébreu moderne à destination des nouveaux immigrants afin d'accélérer leur intégration.

Pilpoul : discussion très argumentée s'apparentant à une gymnastique intellectuelle entre un maître et ses étudiants, ou des étudiants entre eux, sur l'interprétation d'un point du Talmud.

Tsahal : acronyme de *Tsva Haganah Le'Israël*, « Force de défense d'Israël », autrement dit l'armée israélienne.

RECONNAISSANCE DE DETTES

Merci à Daniel Aberdam, Isaac Azancot, Alain Birn, Erik Henri Cohen, Nathalie Cohen, Sarit Cohen, Anne Freyer, Jean-Yves Jouannais, Dov Landmann, Michèle Landmann, Steve Marciano, Dominique Revidi, Elisabeth Shadmy, Marie-Pierre Vaniche, Daniel Vaniche.
Sans oublier, comme toujours, François-Marie Samuelson, Antoine Gallimard, Karina Hocine et Charlotte von Essen.

Je dois beaucoup à la lecture quotidienne du *Times of Israël*, d'*Haaretz*, du *Jerusalem Post*, du *Jewish Chronicle*, de la revue en ligne *K*, du site *Akadem*, ainsi que du *Monde*, du *Figaro* et de *Libération*, du *Washington Post* et d'*El País*.
Et aussi à :
Roland Barthes, *La Chambre claire. Note sur la photographie*, Gallimard/Seuil/Cahiers du cinéma, 1980.
Erik Henri Cohen, «Les volontaires juifs de France vers Israël durant la guerre de Kippour : contribution à l'étude des relations Israël-diaspora : approche socio-historique», thèse de doctorat en sociologie en trois volumes soutenue en 1986 sous la direction d'Annie Kriegel à l'université de Paris X-Nanterre, consultable à la bibliothèque, cote : T7054.

Leonard Cohen, *Poèmes et chansons 1. 1958-1968*, traduit de l'anglais par Anne Rives, Allan Kosko, Jacques Vassal et Jean-Dominique Brierre, 10/18, 1972 ; *Poèmes et chansons 2*, traduit de l'anglais par J.-C. Icart, 10/18, 1978.

Jacques Derogy et Jean-Noël Gurgand, *Israël, la mort en face*, Robert Laffont, 1974.

Israël-Bernard Feldmann, « La psychotraumatologie en Israël », https://vu.fr/AtWEK ; « La psychologie en Israël », *Israël Psychological Association*, http://www.feldmani.fr/?page_id=2

Matti Friedman, *Who by Fire. Leonard Cohen in the Sinai*, Spiegel & Grau, 2022.

David Grossman, *Une femme fuyant l'annonce*, traduit de l'hébreu par Sylvie Cohen, Seuil, 2011.

Jean-Michel Guesdon et Philippe Margotin, *Bob Dylan, la totale. Les 492 chansons expliquées*, Chêne-E/P/A, 2015.

Iris Lévy, « Les volontaires juifs de France vers Israël depuis les années 1940 », mémoire de master 1 d'histoire sous la direction de Pierre Vermeren et Philippe Pétriat, université Paris-I Panthéon Sorbonne, 2017-2018.

Pierre Razoux, *Tsahal. Nouvelle histoire de l'armée israélienne*, Perrin, 2006.

Hélène Romano (dir.), *Accompagner le deuil en situation traumatique. Dix situations cliniques*, Dunod, 2023.

Manon Walin, « Annoncer la mort des combattants français pendant la guerre d'Algérie (1954-1962) : étude des lettres de condoléances envoyées aux familles par l'armée », intervention lors de la journée d'études « Les sources macabres », AJCH, 14 novembre 2019, université de Lausanne.

*

La phrase de David Grossman citée en épigraphe est extraite de « Combattre l'arbitraire », discours de remerciement aux libraires et éditeurs allemands pour leur prix de la Paix, à Francfort le 10 octobre 2010, in *Dans la maison de la liberté. Interventions*, traduit de l'hébreu par Jean-Luc Allouche et Rosie Pinhas-Delpuech, Seuil, 2018.

*

Le poème d'Aragon cité p. 79 est extrait de « La guerre et ce qui s'ensuivit » in *Le Roman inachevé*, Gallimard, 1956.

Le sonnet 3 de Shakespeare p. 280 est traduit de l'anglais par André Markowicz, Mesures, 2023.

*

CHANSONS CITÉES, PAR ORDRE D'APPARITION :

Que sera sera, interprète Doris Day, paroles Raymond B. Evans et Jay Livingston, Jay Livingston Music, St. Angelo Music, Halit Music, Strictly Songs France, Universal Music.

Famous Blue Raincoat, paroles et interprète Leonard Cohen, Sony Music Publishing.

So long, Marianne, paroles et interprète Leonard Cohen, Sony Music Publishing.

Broken-hearted Girl, interprète Beyoncé, paroles Tor Erik Hermansen / Kenneth B. Edmonds / Mikkel Storleer Eriksen / Beyonce Giselle Knowles, B-day Publishing, Face 2 Music, Sony Music Publishing.

AVERTISSEMENT	13

50 ANS AVANT

6 octobre 1973	17

50 ANS APRÈS

7 octobre 2023	217
GLOSSAIRE	317
RECONNAISSANCE DE DETTES	319

Œuvres de Pierre Assouline (suite)

LOURDES. HISTOIRES D'EAU, Alain Moreau, 1980.
LES NOUVEAUX CONVERTIS. ENQUÊTE SUR DES CHRÉTIENS, DES JUIFS ET DES MUSULMANS PAS COMME LES AUTRES, Albin Michel, 1982 (Folio actuel n° 30).
L'ÉPURATION DES INTELLECTUELS, Complexe, 1985, réédition augmentée, 1990.
GERMINAL. L'AVENTURE D'UN FILM, Fayard, 1993.
BRÈVES DE BLOG. LE NOUVEL ÂGE DE LA CONVERSATION, Les Arènes, 2008.
LA NOUVELLE RIVE GAUCHE (avec Marc Mimram), Alternatives, 2011.
DU CÔTÉ DE CHEZ DROUANT. CENT DIX ANS DE VIE LITTÉRAIRE VUS À TRAVERS LES PRIX GONCOURT, Gallimard, 2013.
L'ENTRETIEN QUE NOUS SOMMES, Tracts de crise n° 56, Gallimard, 2020.
COMMENT ÉCRIRE, Albin Michel, 2024.

Anthologie

OCCUPATION. ROMANS ET BIOGRAPHIES, Bouquins/Robert Laffont, 2018.

Romans

LA CLIENTE, Gallimard, 1998 (Folio n° 3347). Prix Wizo, choix Goncourt de la Pologne.
DOUBLE VIE, Gallimard, 2001 (Folio n° 3709). Prix des Libraires.
ÉTAT LIMITE, Gallimard, 2003 (Folio n° 4129).
LUTETIA, Gallimard, 2005 (Folio n° 4398). Prix Maison de la presse.
LE PORTRAIT, Gallimard, 2007 (Folio n° 4897). Prix de la Langue française.
LES INVITÉS, Gallimard, 2009 (Folio n° 5085).
VIES DE JOB, Gallimard, 2011 (Folio n° 5473). Prix de la Fondation prince Pierre de Monaco, prix Méditerranée, prix Ulysse.
UNE QUESTION D'ORGUEIL, Gallimard, 2012 (Folio n° 5843).
SIGMARINGEN, Gallimard, 2014 (Folio n° 6007). Prix littéraire du Salon du livre de Genève.

GOLEM, Gallimard, 2016 (Folio n° 6327). Prix Cabourg du roman.
RETOUR À SÉFARAD, Gallimard, 2018 (Folio n° 6698). Prix des Vendanges littéraires de Rivesaltes.
TU SERAS UN HOMME, MON FILS, Gallimard, 2020 (Folio n° 6971). Prix des Écrivains du Sud.
LE PAQUEBOT, Gallimard, 2022 (Folio n° 7274).
LE NAGEUR, Gallimard, 2023 (Folio n° 7388). Grand prix de l'Association des écrivains sportifs.

Dictionnaires

AUTODICTIONNAIRE SIMENON, Omnibus, 2009, Le Livre de poche, 2011.
AUTODICTIONNAIRE PROUST, Omnibus, 2011, Tempus, 2019.
DICTIONNAIRE AMOUREUX DES ÉCRIVAINS ET DE LA LITTÉRATURE, Plon, 2016.

Rapport

LA CONDITION DU TRADUCTEUR, Centre national du livre, 2012.

Composition : IGS-CP à L'Isle-d'Espagnac (16)
Achevé d'imprimer sur Roto-Page
par l'Imprimerie Floch
à Mayenne, en janvier 2025.
Dépôt légal : janvier 2025.
Numéro d'imprimeur : 106314.

ISBN 978-2-07-304729-8 / Imprimé en France

618701